à mon fils Aristide

MAITRISER L'ART DE LA PNL

La programmation neurolinguistique

Groupe Eyrolles
61, Bd Saint-Germain
75240 Paris Cedex 05
www.editions-eyrolles.com

DU MÊME AUTEUR
CHEZ LE MÊME ÉDITEUR

Comprendre la PNL

Maîtriser l'art de la PNL

PNL et communication

Le grand livre de la PNL

Déchiffrez nos comportements

Soignez l'accueil dans votre entreprise

Cet ouvrage a fait l'objet d'un reconditionnement à l'occasion de son sixième tirage (nouvelle couverture). Le texte de l'ouvrage reste inchangé par rapport au tirage précédent.

ISBN : 978-2-7081-3450-8

Catherine CUDICIO

MAITRISER L'ART DE LA PNL

La programmation neurolinguistique

Deuxième édition
Septième tirage 2007

EYROLLES

Sommaire

Avant-propos

Depuis le début des années 70, la programmation neurolinguistique a beaucoup évolué et développé de nombreux modèles de plus en plus performants et complexes. Au cours des stages d'initiation, ce sont essentiellement les techniques et modèles de base qui font l'objet de l'enseignement et, de ce fait, les techniques avancées ne s'abordent qu'au cours de formations longues.

Dans *Comprendre la PNL*, nous avons présenté ces techniques de base et montré quelles applications pratiques on pouvait en attendre ; cette fois, nous allons plus loin dans notre étude et proposons au lecteur de découvrir au long de ces pages les plus récentes connaissances de la PNL et ses techniques avancées.

Notre objectif et notre préoccupation majeure sont de donner une information qui soit à la fois une référence théorique et pratique.

Ce livre s'adresse à tous ceux qui, ayant déjà découvert la programmation neurolinguistique, souhaitent approfondir leurs connaissances en ce domaine, dans un esprit d'exigence vis-à-vis de l'information et de sa mise en pratique. Les personnes qui suivent des stages de formation de niveau praticien et maître praticien trouveront dans ce travail une synthèse de l'enseignement qu'ils reçoivent, un récapitulatif des principaux modèles théoriques et d'intervention ainsi qu'un lexique des termes techniques de la PNL. Ce livre représente également un outil pédagogique pour le formateur car il contient de nombreux exercices issus de l'expérience des stages didactiques et de développement personnel.

Nous souhaitons apporter par ce travail une synthèse des acquisitions actuelles de la PNL qui puisse servir de base à de nouveaux développements, dans un souci constant d'améliorer notre compréhension de l'expérience subjective et des relations humaines garantes d'une meilleure efficacité dans la communication.

Introduction
Les techniques avancées de la PNL

Dans leur ouvrage commun, *Les Secrets de la communication*, John Grinder et Richard Bandler ouvraient la voie à une approche différente de l'efficacité dans l'échange psychothérapeutique en fondant leur démarche sur une utilisation rationnelle des données sensorielles observables. Ils ont, pour illustrer leur approche, pratiqué à maintes reprises au cours de séminaires des interventions *en thérapie secrète* demandant au sujet de ne surtout pas révéler verbalement le contenu de son problème. Ceci pouvait aisément donner lieu à une caricature de la PNL en exagérant l'importance des signes du comportement non verbal par rapport aux commentaires de la personne.

Ce procédé se révèle pourtant très bien adapté à un but didactique car il permet au sujet désigné pour une démonstration de ne pas révéler devant tout le groupe ses difficultés, mais il ne résume pas à lui seul la PNL qui ne saurait faire abstraction du langage, considéré comme moyen d'expression. Aussi nos deux compères se sont-ils brillamment rattrapés en élaborant des techniques d'analyse et d'utilisation du langage minutieusement décrites dans *The Structure of Magic*.

Un second cap reste cependant à franchir car ce niveau de la PNL conduit rapidement à ses limites bien que celles-ci se révèlent déjà une base solide lorsqu'il s'agit de clarifier sa communication et de mieux comprendre celle des autres.

Jusqu'à présent, la PNL s'est surtout préoccupée du *comment* de la communication et, ce faisant, elle a adopté une attitude descriptive doublée d'une démarche et d'un langage rigoureux mais, si cela suffit largement dans la plupart des cas, cela ne suffit plus lorsque l'on aborde des domaines plus subjectifs. Lorsqu'on se pose des questions concernant le *pourquoi* d'une action — *pourquoi* pouvant se situer aussi bien dans le passé, le présent ou l'avenir — les outils de base de la PNL deviennent insuffisants pour décrire et expliciter ce qui se passe dans l'expérience subjective de la personne.

Bien entendu, nous savons que nous sommes dans le cadre des critères et des croyances mais, ce qu'il nous manque, c'est un outil que nous souhaitons aussi précis que souple et facile à utiliser.

L'outil, nous le possédons, ou du moins nous l'élaborons, il s'agit des *techniques avancées*, qui comprennent essentiellement les métaprogrammes et les différents modèles pour les mettre en pratique : stratégies avancées, modèles d'acquisition, de compréhension du temps subjectif, modèles pour gérer les émotions, questionnement et interventions en une phrase. Nous développerons toutes ces techniques dans cet ouvrage.

La complexité même du matériel à étudier ne permet pas la création d'un outil simple sans risquer de passer sous silence des éléments significatifs. Le principe des techniques avancées de la PNL reste le même que celui des techniques de base, il s'agit essentiellement d'affûter à l'extrême l'observation, après avoir intégré de nouvelles distinctions et construit de nouveaux modèles.

Dans ce travail, les différents points de repère constituant les techniques avancées seront définis, illustrés d'exemples, et placés dans les contextes où leur utilisation se révèle pertinente. Soyons conscients du fait qu'il s'agit là de moyens d'analyse, d'interprétation et de prévision des comportements, en conséquence, ils ne serviront pas seulement dans l'interaction mais aussi dans la compréhension des messages écrits, par exemple.

Après avoir acquis les données de base de la PNL, le lecteur trouvera ici les moyens de progresser et d'élargir son observation et son influence tant sur lui-même que sur les autres, grâce à une compréhension de plus en plus précise des éléments subjectifs de la communication.

Cet ouvrage s'adresse tout particulièrement à ceux qui, ayant déjà une certaine expérience de la PNL, souhaitent aller plus loin dans leurs découvertes, il concerne également tous ceux qui ont besoin dans leur activité d'évaluer rapidement et avec précision les compétences et les orientations subjectives d'un individu ; enfin, les formateurs y trouveront une synthèse et de nombreux exemples d'utilisation sous forme d'exercices, de tests et de questionnaires à effectuer individuellement ou en groupe, aisément adaptables au contexte didactique, au développement personnel ou à la relation d'aide. Enfin les personnes qui se forment trouveront un manuel théorique et pratique basé sur le contenu des stages de niveau *maître praticien*.

Définir et utiliser les métaprogrammes : un autre niveau de la PNL

La notion de métaprogramme apparaît dans la PNL dès lors qu'elle s'intéresse au niveau subjectif représenté par les croyances comportementales et les critères qu'elles génèrent. Comme nous l'avons souligné, les outils de base manquent alors quelque peu de précision pour fournir à leur utilisateur des données pertinentes, pour la compréhension, l'évaluation, l'interprétation et la prévision des comportements. Nous avons déjà abordé la question des critères et des croyances dans un précédent ouvrage [1] mais, cette fois, nous irons beaucoup plus loin dans l'exploration de ce territoire.

Les métaprogrammes fonctionnent également à un niveau descriptif, ils agissent au niveau de ce qui s'observe dans la communication, s'associent aux données recueillies par les informations visuelles, auditives et kinesthésiques, complètent et clarifient le contenu du discours. Il ne faudra malgré tout jamais perdre de vue le fait que l'analyse d'un comportement à travers les distinctions des métaprogrammes n'exclut en rien l'utilisation des techniques de base de la PNL, telles que : l'établissement du rapport, le mimétisme comportemental, la reconnaissance des systèmes de représentation sensorielle, etc. Les métaprogrammes viennent enrichir ces données mais ne les remplacent pas.

Dans ce travail, nous montrerons donc, après les avoir définis, quel est le champ d'action des métaprogrammes, comment ils permettent de mieux comprendre les comportements, dans quels contextes et sous quelle forme les mettre en pratique.

D'abord, nous devons nous souvenir que nous construisons, à partir des données de nos perceptions sensorielles et de celles de notre expérience subjective, des représentations du monde ou cartes de la réalité, et que celles-ci diffèrent d'une personne à l'autre en étant aussi particulières à chacun de nous que le sont nos empreintes digitales ou la qualité de notre voix.

Les métaprogrammes sont un moyen de codage de ce qui semble dans la communication appartenir au monde subjectif, c'est-à-dire aux croyances comportementales et aux critères. Ils possèdent ceci de particulier que chacune de leurs distinctions contient ou implique la plupart des autres un peu comme deux miroirs face à face reflètent les objets placés entre eux à l'infini. Quand on étudie une distinction des métaprogrammes, il est possible d'en déceler d'autres qui la définissent et entrent dans sa composition. Quand on étudie une expérience subjective ou une parcelle de celle-ci, elle contient également son propre métaprogramme. Les individus possèdent également un métaprogramme pour leurs expériences subjectives et leurs comportements, cependant, en appliquant un filtre plus étroit, on peut découvrir une multitude de combinaisons possibles entre les éléments des métaprogrammes d'une même personne variant en fonction des contextes étudiés.

---

1. Voir *Comprendre la PNL*.

Nous avons montré l'étroite relation existant entre le comportement extérieur, l'organisation intérieure encore appelée processus internes[2], et l'état intérieur de la personne ; nous avons situé ces trois éléments à l'intérieur d'un cercle représentant les croyances et les critères (voir schéma). C'est précisément ici que prennent place les métaprogrammes.

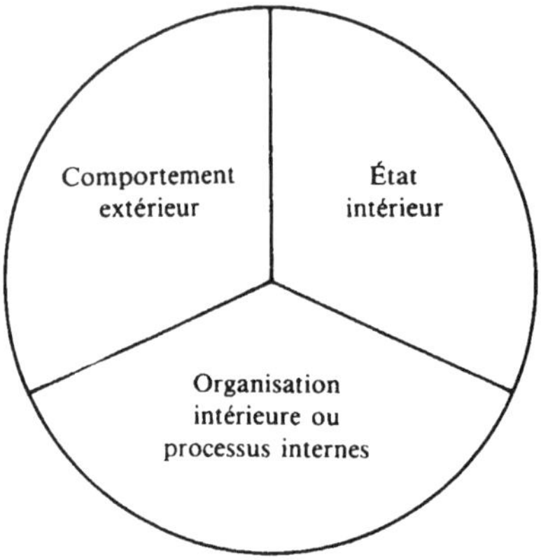

Schéma de la PNL

Comme le comportement extérieur, l'organisation intérieure ou processus interne et l'état intérieur, les métaprogrammes s'appliquent à l'individu aussi bien dans l'interaction qu'individuellement. La personne est considérée comme un ensemble et l'objectif consiste à éclairer, expliquer ou analyser un comportement ou une expérience subjective déterminés par une croyance ou un critère. Les métaprogrammes décrivent alors ce comportement, ils lui donnent un code, et le fait de pouvoir le formuler, d'en découvrir la stratégie offre l'accès à la compréhension, à la prévision et aux moyens de le modifier.

2. Les processus internes, en anglais « internal processes » remplaçant l'expression « internal computation », correspondent à ce qui se passe dans notre pensée lorsque nous apprenons une compétence, un comportement ; ils représentent l'aptitude à générer des programmes comportementaux et définissent des séquences : l'expression « processus interne » correspond au terme *programmation* de PNL.

Sans doute est-il important de préciser de nouveau que l'analyse et la détection des métaprogrammes se placent dans le contexte d'un système ou d'un ensemble comprenant les personnes impliquées dans l'interaction d'une part et, d'autre part, l'individu considéré en tant que système possesseur de particularités *écologiques* personnelles. Ces particularités constituent les différences essentielles qui existent entre les personnes, et les métaprogrammes nous permettent d'analyser en quoi et de quoi elles se nourrissent, s'entretiennent et s'autoproduisent. Par exemple, nous parvenons en détectant les distinctions des métaprogrammes à établir la stratégie qu'applique une personne dans une activité quelconque, nous savons alors en même temps pourquoi elle le fait, qu'est-ce qui l'incite à le faire, à continuer et comment elle s'y prend pour y arriver. Cette démarche nous conduit à mettre en évidence l'existence d'un critère fondamental duquel découlent les comportements (motivation pour agir, action, motivation pour continuer, etc.). Chacune de ces étapes constitue un contexte, chaque contexte possède son métaprogramme ; les recoupements que l'on effectue entre chaque contexte objectivent dans la plupart des cas l'existence d'un métaprogramme lié à un critère qui sert de guide à l'ensemble des comportements de la personne observée.

Pour parvenir à identifier avec précision ce métaprogramme fondamental, nous devons définir le contexte (ou l'objectif) de façon telle que celui-ci ne puisse faire l'objet d'aucune autre formulation ou description ; par exemple, il peut s'agir d'une image à laquelle rien n'est à ajouter ni à retirer. Ce n'est qu'en procédant ainsi que l'on découvre le métaprogramme de la personne.

Nous insistons sur ce point parce qu'il est absolument nécessaire de passer par une définition des plus claires de l'objectif ou du contexte pour ensuite parvenir à modifier un comportement ou une opinion en une seule intervention (phrase, question, comportement, etc.).

Cette idée n'est ni nouvelle ni spécifique de la PNL : l'écrivain Alberto Moravia dans une récente interview accordée à *Europe n° 1* (mai 1986) précisait qu'il écrivait son texte jusqu'à ce qu'il ne lui soit plus possible d'en donner une autre version, une autre traduction ; son idéal est d'arriver aux mots justes, mais une fois l'œuvre terminée son sentiment d'insatisfaction lui permet d'entreprendre un autre travail, qui sera à son tour écrit et réécrit. Bien entendu, tous les écrivains ne procèdent pas ainsi ; Michel Tournier (août 86, interview accordée à *France-Inter*) affirme pour sa part qu'un texte n'est jamais vraiment terminé, cependant il ajoute qu'il applique des règles très précises pour rédiger ses contes afin, dit-il, que le lecteur puisse en imaginer la suite. Cela me laisse supposer que l'artiste remanie son texte aussi jusqu'à ce qu'il obtienne l'objectif très clairement défini qu'il se donne initialement. Ces exemples esquissent la voie que nous voulons suivre ici ;

ceux qui maîtrisent parfaitement les techniques avancées de la PNL peuvent, en posant une ou deux questions à leur interlocuteur, savoir qui il est, ce qu'il veut et comment répondre en n'utilisant qu'une seule phrase. Ceci se révèle particulièrement important dans les situations où nous ne voulons pas nous accorder le droit à l'erreur, quand il s'agit de prendre une décision importante, de s'engager dans une tâche à long terme, de sauver une négociation bloquée, etc.

Lorsque nous enseignons la PNL, nous travaillons en ce sens mais dans un milieu protégé où nous devons nous tromper si nous voulons apprendre quelque chose et tirer les conséquences de nos erreurs, car notre objectif demeure cette compréhension quasi instantanée de l'autre. Cela ressemble sans doute plus à un idéal qu'à un véritable objectif et ce, de fait, ne sera probablement jamais atteint du fait même que nos outils d'investigation et d'analyse ne s'appliquent qu'à la partie restreinte de la communication accessible à nos sens. La PNL a progressé rapidement et tout se passe comme si, actuellement, elle observait les personnes à l'aide d'un microscope alors qu'il y a encore quatre ou cinq ans elle ne disposait que d'une loupe.

Partant du principe de l'existence de cartes de la réalité, spécifiques à chaque individu, et de celle de filtres perceptifs (systèmes de représentation sensorielle universels de modelage de l'expérience), on ne pouvait qu'aboutir à la notion de métaprogramme.

Nous définissons ce terme de programme de la manière suivante :

L'expression programmation neurolinguistique

concerne les trois éléments représentés sur le schéma, c'est-à-dire l'organisation intérieure encore appelée processus interne, l'état intérieur et le comportement extérieur.

— Les processus internes correspondent à ce qui se passe dans notre pensée lorsque nous apprenons une compétence, un comportement ; ils représentent l'aptitude à générer des programmes comportementaux et définissent des séquences : l'expression processus interne correspond au terme *programmation* de PNL.

— L'état intérieur correspond à la situation émotionnelle spécifique à un contexte et détermine le comportement extérieur.

— L'état intérieur et le comportement extérieur qui le manifeste correspondent au terme *neurolinguistique* de PNL. La programmation neurolinguistique concerne donc ce qui intéresse la perception sensorielle de l'environnement et les adaptations comportementales et émotionnelles qui en résultent.

Cela étant posé, un métaprogramme se constitue de la combinaison des précédentes données dans un ordre spécifique à la personne qui le détient.

Le terme méta se comprend d'une part en tant qu'élément intermédiaire ou élément de relation, d'autre part en tant qu'élément déductible (à rapprocher de l'idée de commentaire — un programme à propos du programme) d'une organisation préexistente.

Par exemple, il existe une double distinction appartenant à la catégorie des fonctions des métaprogrammes désignée par les expressions aller vers/s'éloigner de[1]. Une personne qui applique la distinction aller vers a tendance à agir parce qu'elle pense qu'elle trouvera beaucoup d'avantages dans une situation qu'elle ne connaît pas, tandis que celle qui applique la distinction s'éloigner de agit pour fuir quelque chose, l'inconnu lui fait peur et elle devra atteindre un seuil élevé d'inconfort avant de se décider à bouger.

Que se passe-t-il en fait ? Rien d'autre qu'une certaine dynamique d'action ; qu'est-ce qui pourrait permettre de savoir en croisant ces deux personnes sur le quai d'une gare, une valise à la main, que l'une va au-devant d'un idyllique inconnu et que l'autre fuit quelque chose par trop désagréable ? Ce n'est que l'application de ce métaprogramme qui fait la différence ; le vécu subjectif de cette expérience est totalement différent chez ces deux personnes qui pourtant prennent le même train. Le métaprogramme s'applique donc bien comme un témoin actif, c'est un commentaire sur l'expérience vécue, et comme un élément de relation car il permet en effet à la personne de créer un lien de cause à effet entre ce qu'elle vit et le comportement qu'elle choisit en fonction de cela. On peut dire en d'autre termes que le métaprogramme relie le critère à satisfaire au comportement, tout en le justifiant dans le contexte personnel ou interactionnel où il se manifeste.

La notion de métaprogramme présuppose l'apprentissage ou la mise en pratique d'un programme comportemental à partir d'une organisation préexistente ; pour illustrer ceci d'un exemple, nous pouvons nous référer à la métaphore de Gregory Bateson à propos de l'apprentissage.

Il suggère que tout se passe comme si initialement nous apprenons à connaître le contenu d'une boîte, puis nous découvrons qu'il existe d'autres boîtes renfermant des objets différents avec lesquels nous faisons alors connaissance ; ces étapes constituent un apprentissage quantitatif, mais il existe une autre forme d'apprentissage, qualitatif cette fois, qui consiste à apprendre à créer d'autres formes de boîtes et des relations entre elles.

Ceci peut également s'illustrer par la théorie des ensembles dont on trouve une description et des applications pratiques à la psychologie dans l'ouvrage de Paul Watzlawick *Changements*.

Lorsque nous apprenons à reconnaître les différentes distinctions des métaprogrammes, nous nous situons à un niveau quantitatif, nous pou-

1. Voir *Comprendre la PNL*, chapitre 6.

vons développer notre aptitude d'observation et d'analyse d'une façon très fine et très performante ; mais lorsque nous devenons capables de créer des relations (séquences, associations, dissociations, liens de causalité) ou de nouvelles distinctions, nous agissons alors à un niveau qualitatif.

Au cours de stages de PNL, des acteurs ont appris à utiliser les métaprogrammes, ce qui leur a permis d'entrer beaucoup plus facilement dans la peau de leurs personnages (niveau quantitatif) mais aussi d'improviser avec une grande authenticité les comportements de ceux-ci (niveau qualitatif). Ceci s'explique par le fait que la détection et la compréhension d'un métaprogramme offrent la possibilité de prévoir les comportements qu'ils génèrent avec une précision remarquable. Le risque d'erreur demeure bien sûr présent car cet outil permet de prévoir à l'intérieur d'un contexte précis fait de différents paramètres qui ne s'appliquent, rappelons-le, qu'à la partie de la communication accessible à nos sens. En d'autres termes, les métaprogrammes ne sont pas une recette pour lire la pensée d'autrui, seulement une technique sophistiquée d'observation des comportements.

La plupart des enseignements que nous recevons au cours de notre vie scolaire, universitaire et para-universitaire nous donnent une somme de connaissances ; nous restons dans le domaine de l'avoir car l'apprentissage demeure le plus souvent au niveau quantitatif ; la PNL se donne pour objectif dans son enseignement de permettre aux personnes d'être et d'avoir une compétence, car elle agit à la fois au niveau qualitatif et quantitatif de l'apprentissage. Cependant, il nous semble peu réaliste de croire qu'on puisse à ce point dissocier ces deux plans. Les plus grands créateurs possèdent précisément tous dans leur domaine une vaste somme de connaissances de type quantitatif dont ils disposent et se servent dans leur activité. Qui peut encore croire que le talent ne doit rien au travail ?

Quoi qu'il en soit, nous présenterons les métaprogrammes comme nous avons procédé pour les techniques de base de la PNL, c'est-à-dire en étudiant une par une chaque distinction, tout en sachant bien que nous les utiliserons globalement ensuite, puisque l'ensemble des signes émis dans la communication se perçoit comme un tout.

La difficulté majeure de cet outil réside non dans sa mémorisation mais dans son intégration à la pratique car il s'agit de faire fonctionner simultanément plusieurs filtres qui s'entrecroisent et se recoupent. Pour y arriver, nous procéderons étape par étape de la façon suivante :

— reconnaître les différents points à observer ;

— mettre en évidence les séquences et les répétitions (stratégies) ;

— déléguer à la compétence inconsciente la reconnaissance des phénomènes congruents ;

— réfléchir consciemment aux composantes des incongruences.

La notion de compétence inconsciente se fonde sur l'expérience que nous avons tous des tâches effectuées de façon automatique : on fait quelque chose sans avoir besoin d'y réfléchir ; ces tâches ont cependant initialement été apprises puis intégrées plus ou moins laborieusement. On trouve à ce propos une extraordinaire description de la compétence inconsciente dans l'ouvrage de Herrigel *Le Zen dans l'art chevaleresque du tir à l'arc* ; ce petit livre montre la difficile progression de l'auteur dans l'apprentissage du kyudo (tir à l'arc traditionnel japonais), puis l'aboutissement lorsqu'il parvient à dire à propos de son expérience : « Quelque chose tire à ma place. » De longues années d'apprentissage lui ont permis de déléguer une partie des tâches à accomplir à sa compétence inconsciente. Herrigel cite également le cas de son professeur capable d'atteindre une cible éloignée avec pour seul éclairage la flamme vacillante d'une bougie. Nous appelons compétence inconsciente cette manière de focaliser son attention : certaines tâches sont comme *automatisées* par un apprentissage répétitif et s'effectuent sans que la personne ait l'impression d'y participer de façon volontaire et réfléchie, d'autres tâches au contraire sont effectuées en pleine conscience. Cette répartition de l'attention se retrouve également dans les phénomènes simultanés d'hypo et d'hyper-vigilance caractéristiques de l'hypnose.

Il existe pour illustrer la notion de compétence inconsciente de nombreux exemples dans la vie courante. Lorsqu'on apprend à conduire une voiture, on doit au début employer toute son attention pour appuyer au bon moment sur la bonne pédale, où reconnaître l'emplacement et la fonction des différentes commandes manuelles ; mais, lorsque l'on conduit depuis quelque temps, on a progressivement délégué toutes ces tâches à sa compétence inconsciente, l'attention se porte alors sur les anomalies qui pourraient surgir au cours de la conduite. L'apprentissage des techniques de la PNL fonctionne aussi de cette façon : nous intégrons progressivement un ensemble de données et de techniques qui nous permettent ensuite de nous concentrer sur le contenu en étant à l'affût de ce qui pourrait se présenter d'inattendu ou d'incongruent dans les messages émis et perçus au cours de la communication. C'est ainsi que cette démarche augmente nos moyens de compréhension des autres et de nous-même.

Il existe, dit-on, quatre sortes de personnes :

1) ceux qui savent qu'ils savent ; on les considère comme des chefs et on fait confiance à leur compétence ;

2) ceux qui ne savent pas qu'ils savent ; notre rôle est de leur faire découvrir leurs compétences ;

3) ceux qui savent qu'ils ne savent pas généralement ceux-ci cherchent à savoir.

4) enfin ceux qui ne savent pas qu'ils ne savent pas ; ils représentent le modèle type de l'incompétence.

Nous pensons que les représentants de cette dernière catégorie sont forts rares car nous n'en rencontrons qu'exceptionnellement dans les stages de PNL !

Lorsque nous évoquions la sommaire distinction entre talent et travail, c'était aussi pour préparer le lecteur à ce qui va suivre. En effet, la PNL est encore aujourd'hui enseignée dans le cadre de la psychothérapie bien que certains stages soient organisés pour d'autres catégories professionnelles ; la plupart des étudiants qui se soumettent au cursus classique (*programmer, master programmer,* en français *praticien* et *maître praticien*) en deux à trois ans proviennent de professions d'aide ou de santé. C'est qu'un des objectifs plus ou moins avoués de la méthode consiste à tenter d'expliquer et d'enseigner l'art de Milton Erickson. Richard Bandler et John Grinder s'étaient déjà attaqués à la tâche de modéliser le savoir-faire de Milton Erickson qui, rappelons-le, est considéré comme un maître dans la pratique de l'hypnose thérapeutique en raison des résultats qu'il a obtenus et de la façon dont il les a obtenus.

Nous avons déjà évoqué le nom de ce célèbre personnage à travers des ouvrages qui lui sont consacrés [1], il n'en demeure pas moins que l'expérience montre au moins deux choses :

1) La PNL a mis au point les moyens d'un codage en termes techniques du comment des stratégies éricksoniennes.

2) La PNL n'a pas ceux d'expliquer pourquoi ces stratégies sont appropriées bien qu'elle s'y applique.

Bien entendu, des modèles ont été développés (nous en évoquerons certains plus loin) de la stratégie d'objectif à l'utilisation du menu d'influence, pour essayer de savoir que faire et quand le faire ; cependant, le territoire d'intervention de la PNL s'arrête là où commence celui de l'art. En effet, à un certain niveau de compétence, nous sommes confrontés à des phénomènes artistiques et si nous pouvons à leur propos tenir un discours descriptif et circonstanciel, nous n'avons pas les moyens de savoir ce qui précisément les constitue. Nos pouvons, par exemple, comparer deux représentations (graphiques, musicales, cinématographiques, psychothérapeutiques ou n'importe quelle autre forme de communication) voisines au plan de la structure et avoir à leur encontre la certitude que l'une est artistique et l'autre pas. C'est la difficulté majeure qui survient dès l'instant où l'on tente de rendre enseignable la pratique de Milton Erickson.

La PNL nous apprend à coder les phénomènes perceptibles par nos sens qui apparaissent dans une interaction, c'est peu mais c'est déjà très important car les choses ne prennent généralement de sens et d'existence dans la perception subjective qu'à partir du moment où il devient possible de

1. *Milton Erickson, un thérapeute hors du commun*, par Jay Haley.

leur donner un nom. Lorsque les étudiants découvrent les modèles de la PNL, ils ont souvent l'impression de déjà les connaître et c'est dû au fait que ces éléments existaient dans leur expérience mais n'étaient pas explicitement nommés, cela peut s'assimiler à l'expression familière : « Mettre des points sur les i. »

L'intérêt principal de la PNL réside dans le fait que ses techniques sont sorties et s'appliquent avec succès en dehors du cadre de la psychothérapie puisqu'elles se fondent sur des mécanismes de pensée très largement partagés par tout un chacun tels que l'association et la dissociation dans le présent, le passé et le futur.

La PNL a tendance à s'inspirer de phénomènes courants, habituels dont elle travaille à mettre la structure en évidence, à l'inverse d'autres démarches qui observent l'inhabituel ou le pathologique pour expliquer à partir de cela la structure du quotidien.

Nous devons reconnaître qu'en dépit de ses sources thérapeutiques la PNL ne se révèle pas dans ce domaine la panacée que certains supposaient enfin émerger, peut-être tout simplement parce qu'elle s'adresse plus dans ce cadre à des personnes qui ressentent un léger malaise qu'à celles qui relèvent de la psychiatrie et qu'elle demeure essentiellement une technique d'observation et un moyen de codage. Une école américaine de PNL avait fondé sa publicité sur une technique susceptible de guérir une phobie en trente minutes ! L'information n'était pas fausse mais le contexte de l'application se révélait beaucoup plus restreint qu'il n'y paraissait en première lecture : il s'agissait d'apprendre à effectuer des dissociations visuelles/kinesthésiques [1] dans des cas de comportements d'évitement isolés, c'est-à-dire n'atteignant qu'un seul contexte de l'existence des sujets.

En ce qui concerne Milton Erickson, nous ne pouvons que reconnaître son immense talent : il s'agit bien en effet d'une pratique artistique remarquable. Au cours de certains séminaires de PNL, nous avons pu voir et étudier des enregistrements vidéo de ses interventions, cela nous a permis de comprendre ce qu'il s'y passe ; néanmoins, il n'a pratiquement rien écrit à propos de ses méthodes à l'exception de quelques articles et de conférences. Les livres dont nous disposons aujourd'hui sont des récits, des descriptions et des tentatives d'explication de sa pratique, qui demeurent dans la plupart des cas au niveau anecdotique (en traduction française, l'ouvrage de Jay Haley cité plus haut dans ce chapitre). A travers ces comptes rendus d'entretien, nous pouvons déceler et mettre en évidence une structure logique, un comment et un pourquoi codifiés ainsi après-coup, mais l'élément artistique demeure hors de portée de la PNL, de la même façon qu'il est possible de comprendre et d'intégrer la technique de la composition

1. Voir chapitre 5.

musicale sans pour autant être capable ensuite de produire des chefs-d'œuvre.

L'apprentissage des techniques avancées de la PNL peut faire de nous de bons ou d'excellents artisans, ou révéler en nous un talent qui ne s'exprimera pour autant qu'à travers une acquisition d'informations et de compétences. Au cours d'un stage, chacun apprend quelque chose qui se trouve à sa mesure et à sa portée (quand l'animateur effectue bien son rôle !) ; l'enseignement de la PNL nous montre que le changement est une réalité, il ne peut cependant transformer la médiocrité en génie. Si nous insistons aussi lourdement sur cela avant de commencer à présenter les métaprogrammes, c'est que nous tenons à dégager la démarche PNL de l'aspect quelque peu magique qui s'y rattache. Nous ne nions pas pour autant l'existence ni l'efficacité de la magie, partant du principe que si ces phénomènes sont évoqués, c'est qu'ils ont forcément une existence au moins dans la subjectivité de ceux qui ont à faire à eux. Cela dit, nous préférons penser que nous pouvons agir sur nos comportements et par conséquent sur ceux des autres impliqués alors dans l'interaction ; c'est un peu moins confortable car cela suppose une prise de responsabilité, mais à long terme cela apparaît plus rassurant que de s'en remettre à la fatalité ou à la providence selon l'orientation de son métaprogramme.

Dans cet ouvrage, nous allons aborder de nouveaux éléments qui, associés aux modèles et techniques de base, permettent de les perfectionner et de gagner en précision et en rapidité dans la communication.

Les distinctions des métaprogrammes constituent autant de filtres qui vont déterminer des comportements ; chaque personne possède son propre métaprogramme et utilise de ce fait de façon préférentielle certaines distinctions, il en est même qui ne les utilisent jamais ; lorsqu'on les découvre, ce sont précisément celles-ci que l'on a quelques difficultés à retenir. Nous considérons qu'il est difficile voire impossible de changer ou de transférer d'une personne à une autre la totalité d'un métaprogramme, cependant, on peut toujours enrichir et élargir un métaprogramme en lui ajoutant de nouvelles distinctions ou de nouvelles étapes dans ses stratégies.

Globalement, on distingue trois grandes catégories de filtres :

1) les cinq orientations du traitement de l'information,
2) les réponses comportementales,
3) les opérateurs.

Chacune de ces catégories se compose de distinctions spécifiques qui s'emboîtent les unes dans les autres pour constituer une forme particulière et originale totalement individuelle ; il est en effet quasiment impossible de trouver deux personnes ayant des métaprogrammes strictement identiques.

Nous proposons de les étudier dans les chapitres qui suivent et qui comprennent des descriptions détaillées de chaque distinction puis de passer aux applications pratiques présentées à partir du cinquième chapitre.

Chapitre 1

Traitement des informations par catégories ou orientations

Dans ce chapitre, nous allons envisager de façon détaillée comment les informations que nous percevons à travers nos filtres sensoriels et nos critères sont traitées, c'est-à-dire classées selon qu'elles se trouvent identifiées comme appartenant à l'une ou l'autre des catégories suivantes :

— **information**
— **lieu**
— **personnes**
— **action**
— **choses**

Ces cinq distinctions se complètent par une répartition soi/autres, selon que l'expérience traitée concerne la personne elle-même ou quelqu'un d'autre.

Le traitement de l'information porte parfois le nom de *catégories de tri*, traduction approximative de l'expression qu'utilisent les américains *sorting categories*. Les phénomènes envisagés ici concernent précisément la manière dont la personne prend en compte et donne un sens aux informations qu'elle recueille au cours des expériences vécues. L'une des façons les plus habituelles de donner un sens à une expérience, c'est de la reconnaître comme appartenant à une catégorie déjà connue, puis de se servir de ce filtre pour éventuellement lui conférer une identité propre, mais qui demeure à l'intérieur du cadre de référence que constitue cette catégorie dont elle a été reconnue comme partie.

Il est bien entendu permis de s'interroger sur le pourquoi de ce choix, c'est-à-dire de se demander quels sont précisément les éléments pris en considération pour arriver à reconnaître une expérience comme appartenant à telle ou telle catégorie. Nous ne répondrons pas directement à cette interrogation car elle sort quelque peu du champ descriptif de la PNL, néanmoins, l'étude des métaprogrammes nous conduit à nuancer l'habituelle opposition entre comment et pourquoi, c'est la raison pour laquelle nous suggérons de penser que l'un contient l'autre et inversement. Ainsi, en étudiant le comment d'un comportement, d'un critère, d'une stratégie, nous avons accès simultanément au pourquoi d'autant plus aisément que nous appliquons des distinctions faisant apparaître le cadre du temps (passé, présent, futur) et des liaisons de cause à effet.[1]

Le traitement de l'information forme un premier filtre qui se combine à l'action des systèmes de représentation sensorielle et à celle des universels de modelage de l'expérience[2], et donne de ce fait une idée d'ensemble de la manière dont la personne s'oriente par rapport à son environnement.

Les cinq grandes orientations — information, lieu, choses, personnes et action — sont complétées par l'application de la répartition soi/autres qui, soit représente une orientation à part entière, soit s'associe aux précédentes et vient alors préciser le contexte. Nous en donnons des illustrations pratiques sous forme d'exercices à la fin de ce chapitre.

Avant de poursuivre, nous devons avoir présent à l'esprit que les distinctions du traitement des informations représentent des catégories susceptibles de se chevaucher et de se remplacer, c'est une question d'interprétation.

Ainsi, lorsque nous étudions le comportement de quelqu'un dans un contexte donné, les grandes lignes de sa façon de traiter les informations apparaissent, mais un événement qui est pris en compte comme appartenant à une catégorie *action* par un individu peut fort bien être reconnu comme appartenant à une autre catégorie par une personne différente. Ce qui nous permet de le savoir, c'est d'une part le choix des mots et d'autre part l'observation du comportement, autant d'éléments sur lesquels nous avons auparavant fondé notre compréhension de la communication. Les métaprogrammes ajoutent d'autres moyens à notre étude et à notre compréhension, cependant la démarche reste la même et le mot clé demeure l'observation.

Ce qui nous intéresse lorsque nous étudions le comportement d'un individu sous l'angle des métaprogrammes, ce n'est pas tant l'énumération d'une liste de distinctions observées que leur utilisation préférentielle. La reconnaissance de l'utilisation préférentielle d'une orientation du traitement de

---

1. Voir au chapitre 4 : Le cadre du temps et les relations de cause à effet.

2. Se reporter à *Comprendre la PNL*.

l'information (action, information, lieu, choses, personnes, soi/autres) nous permet déjà de diriger notre propre recherche, s'il s'agit par exemple de se faire une idée claire d'une difficulté, bien que ce premier niveau se révèle insuffisant pour rendre compte de la richesse contenue dans l'expérience subjective d'une personne.

Nous allons à présent étudier les unes après les autres ces grandes directions que prennent sélectivement les informations que nous recueillons dans notre expérience subjective.

1 - L'information

Lorsque nous appliquons cette orientation au cours d'une expérience, cela nous permet de retenir et de sélectionner les informations que nous percevons en fonction de ce qu'elles apportent de nouveau ou de déjà connu dans ce contexte. Ensuite, le traitement *information* nous permet de trouver des mots pour exprimer ce que nous venons de rencontrer, enfin d'analyser ce que nous pouvons en apprendre ou attendre d'une autre situation comparable en termes de connaissance. L'orientation information se reconnaît dans des phrases telles que :

— Que s'est-il passé ?

— Quoi de neuf ?

— Comment, vous n'êtes pas au courant, mais enfin, tout le monde en parle !

C'est-à-dire, tout ce qui incite à penser que l'on a en face de soi une personne à l'affût de ce qu'elle peut apprendre de telle ou telle situation ; cela peut aller du commérage à la recherche intellectuelle. Lorsque l'on applique ce traitement au cours d'un voyage, c'est une façon très efficace de recueillir un maximum de données à propos des pays visités : histoire, géographie, coutumes et culture ou tout autre savoir tenant lieu d'information, mais cela comporte aussi le risque de parler de l'expérience au lieu de la vivre.

Il apparaît clairement qu'il existe des contextes où l'application de ce critère se révèle particulièrement efficace et d'autres particulièrement inappropriés ; il en va de même d'ailleurs pour toutes les distinctions du traitement de l'information et plus globalement de toutes celles qui composent les métaprogrammes.

Le fait de savoir à quelle catégorie appartient l'expérience dans le monde de la personne avec qui nous sommes en interaction nous permet de présenter nos arguments ou nos critères en respectant ces orientations. Cela constitue alors un excellent moyen d'accès à ses croyances et ses critères puisque précisément c'est ainsi que sont traitées les informations qui composent son expérience subjective.

Si vous souhaitez convaincre quelqu'un qui possède une orientation à dominante *information* de vous accompagner au cinéma, il vous faut lui montrer ce qu'il peut en apprendre pour lui-même ou pour les autres, selon la distinction de la répartition soi/autres associée.

Il demeure plus aisé cependant de convaincre cette personne d'aller au cinéma que de faire du jogging à moins que vous ne parveniez à exciter sa curiosité à propos des personnes que vous pouvez rencontrer ou des lieux qu'elle ne connaît peut-être pas, ou d'autres choses encore pourvu que cela vienne satisfaire un désir de savoir.

Nous introduisons la notion de prédominance de l'une ou l'autre des orientations du traitement de l'information car nous réfléchissons en ces termes à propos des comportements ou des expériences subjectives que nous cherchons à comprendre. Bien que nous possédions les moyens de nous adapter aux différentes situations que nous rencontrons, il apparaît que nous utilisons souvent le même filtre pour traiter des informations qui appartiennent en fait à des catégories différentes, et c'est là que surgissent les difficultés.

Un de nos clients fait preuve d'une forte orientation vers l'information, il utilise son système auditif de façon dominante avec des consultations longues et fréquentes de son dialogue intérieur, ce qui lui pose des problèmes de relations avec son entourage ; il se plaint car « il ne peut pas avoir de dialogue avec des gens bornés, qui n'ouvrent jamais un livre, ne vont pas au cinéma, ne réfléchissent pas au sens réel de leurs actes (sous-entendu d'après ce qu'ils auraient pu lire), etc. » ; en fait, il leur reproche simplement de ne pas appliquer le même filtre que lui. Ce client est parvenu à trouver une solution au fur et à mesure que son travail de développement personnel lui a permis de continuer à appliquer plus consciemment son orientation tout en donnant à sa curiosité d'autres objets et d'autres références que le contenu des livres. Le fait également de pouvoir jongler avec les autres orientations du traitement de l'information, c'est-à-dire de les reconnaître chez lui et chez les autres puis de s'en servir, lui a également donné une attitude de tolérance favorable à une meilleure entente dans son environnement.

Dans le contexte de la sélection de candidats pour un poste ou une tâche donnée, il est essentiel de reconnaître d'une part les catégories de traitement de l'information utilisées dans le contexte précisément défini de ce poste, et d'autre part celles qui composent les éléments indispensables de l'aptitude à cette tâche.

Par exemple, il est nécessaire à une personne qui se destine au journalisme de se servir d'une orientation *information*, et ce dans la plupart des situations professionnelles qu'elle rencontre, de plus avec une possibilité d'aller aisément d'une association *information/soi* à une association *information/autres* ; nous reviendrons plus loin sur l'importance de la répartition soi/autres, disons simplement que les métiers qui supposent une communication ou tout au moins un échange d'informations entre les personnes requièrent une certaine souplesse dans l'application de la répartition soi/autres.

Il est aisé de reconnaître l'utilisation du traitement *information* dans les phrases suivantes :

— J'ai rencontré Pierre qui m'a parlé de sa nouvelle voiture.

Appliquant une autre distinction, cette personne aurait pu retenir en premier des éléments différents, par exemple :

— J'ai rencontré Pierre, il avait mauvaise mine.

— Que s'est-il passé de mars 85 à juin 85 ? (au lieu de, par exemple : « Qu'avez-vous fait entre mars et juin 85 ? »)

— C'est une longue histoire et vous ne la comprendrez que si je vous explique d'abord tous les détails ! (au lieu de, par exemple : « Les choses ont commencé il y a déjà quelques années, pour comprendre la situation, vous devez connaître le détail des faits précis qui se sont succédés. »)

— Cela m'ennuie d'accepter cette invitation, j'ai le sentiment qu'une fois de plus il ne se passera rien d'intéressant à cette réunion (au lieu de, par exemple : « Cela m'ennuie d'accepter cette invitation, j'ai le sentiment qu'il n'y aura personne d'intéressant à cette réunion. »).

Récemment, nous échangions entre amis des impressions à propos d'un spectacle lyrique. Nous avons pu retenir les propos suivants :

— J'ai été tellement déçue par la musique que j'ai falli partir au premier entracte, vraiment cette musique ne m'apporte rien, cela cède à la facilité.

— Je reconnais que cette musique n'est pas très originale, cependant, pour ma part, j'ai beaucoup apprécié l'interprétation, les artistes ont tous fait une belle prestation et la soprano était remarquable, tant par son talent que par son physique.

La discussion aurait pu continuer longtemps ainsi, la première personne n'avait retenu de cet événement que le caractère peu original de la partition et la seconde avait essentiellement porté son attention sur la prestation des artistes !

Si nous analysons ceci en termes de métaprogrammes, nous reconnaissons en premier l'utilisation du traitement *information*, et en second lieu celle du traitement *personnes*.

A la fin de ce chapitre, après avoir étudié toutes les distinctions du traitement de l'information, nous allons apprendre à reconnaître et à passer d'une orientation à l'autre, comme nous l'avons fait lorsqu'il s'agissait de traduire son langage de termes visuels en termes auditifs, c'est-à-dire d'un système de représentation sensorielle à un autre. Avec un peu d'entraînement à l'observation de ces nouvelles données, il devient possible de traduire les messages que l'on veut faire passer dans le langage du traitement de l'information qu'utilisent nos partenaires.

2 - Le lieu

Traiter les informations perçues au cours des expériences en s'orientant vers le lieu consiste à les classer selon leur appartenance ou leur relation avec un endroit quelconque ou une provenance.

Certains d'entre nous ont besoin de savoir d'où vient celui ou celle qu'on leur présente pour commencer à faire sa connaissance ; avant cela ou en l'absence de cette information, la personne demeure un réel étranger et le contact ne peut s'établir de façon positive. On dit de ces personnes qu'elles appliquent un traitement de l'information orienté vers le lieu.

La personne qui applique ce traitement attache une grande importance à son environnement, c'est même parfois l'élément déterminant de son attitude : l'environnement affecte le comportement d'une façon telle qu'il détermine de façon flagrante l'efficacité de celle-ci. Nous sommes tous, bien entendu, sensibles à notre environnement, celui-ci détermine en partie nos comportements, mais ce qui nous intéresse ici, ce sont précisément les différences individuelles, celles qui caractérisent certains individus au-delà des moyennes observées. Nous devons garder présent à l'esprit que dans ce travail nous cherchons à étudier l'expérience subjective ; nous nous garderons de généraliser ou de normaliser pour nous contenter de relever quelques constantes à l'intérieur desquelles nous situons des différences individuelles.

Pour en revenir au traitement de l'information orienté vers le lieu, nous pouvons remarquer qu'il constitue pour certains un élément déterminant, par exemple, dans le choix de leur activité. Qui d'entre nous n'a jamais entendu dire :

— Pour rien au monde je ne voudrais travailler (vivre) dans un endroit pareil !

Ou à l'inverse :

— C'est un endroit où il fait bon vivre !

Ces expressions font partie du langage familier et elles décrivent assez justement l'aspect subjectif de l'orientation vers le lieu ; ce qui importe en réalité dans ces affirmations, ce n'est pas le lieu en lui-même mais bien la façon dont il est perçu par la personne qui parle.

Si quelqu'un dit à un ami qu'il revient de vacances, il trouve certainement tout naturel que ce dernier lui demande en retour où il les a passées ; cependant, si l'ami en question utilise un traitement de l'information orienté vers le lieu, il va chercher à se faire décrire précisément l'endroit concerné. Un individu orienté vers l'information aurait très probablement cherché à savoir ce qu'il s'était passé pendant les vacances dont on lui parle et ne se serait intéressé au lieu qu'en tant qu'élément d'information.

Dans certaines activités professionnelles, l'orientation vers le lieu se révèle quasi indispensable : il peut s'agir du tourisme, des métiers de l'environnement, de l'architecture, de l'urbanisme, de la conception de paysages, de la décoration et de bien d'autres choses encore. En revanche, dans certains contextes, l'orientation vers le lieu constitue un handicap si la personne qui l'applique la privilégie dans ses critères de décision, en particulier quand elle devient un frein important à la mobilité géographique. Certains préfèrent même une activité peu intéressante mais un cadre plus agréable, toujours selon leurs critères, car le lieu en lui-même ne compte que dans l'expérience subjective des personnes concernées.

L'orientation vers le lieu apparaît dans de nombreuses circonstances ; dans la littérature, cela se manifeste par les descriptions ; certains auteurs font effectuer de longues promenades à leurs lecteurs à travers les lieux où prennent place les événements que vivent leurs personnages. Cela va même plus loin en ce sens que le théâtre de l'action joue un rôle déterminant dans le comportement des personnages. Quelque fois même, le lieu est compris comme un élément d'une relation de cause à effet : c'est parce que l'action se situe dans cet endroit qu'elle se déroule ainsi ou bien encore il peut être présupposé que l'action n'existe que parce que le lieu existe. Il apparaît peut-être déjà au lecteur le fait suivant : le traitement de l'information orienté vers le lieu s'effectue essentiellement grâce à une représentation visuelle initiale, c'est-à-dire qu'une personne qui traite l'information de cette façon la perçoit en premier lieu visuellement. Si nous revenons à l'exemple de la littérature, les descriptions servent généralement à nous faire imaginer, en d'autres termes construire une représentation visuelle de ce que voit l'auteur ou de ce qu'il imagine. Pour le lecteur, la représentation visuelle est l'aboutissement du processus, en revanche, pour l'auteur, c'est le début, parfois même pour certains l'entrée de la stratégie *écrire*. En effet, pour décrire un paysage, il faut en avoir auparavant une représentation visuelle, il n'est pas obligatoire cependant que celle-ci soit une expérience réelle ni personnelle. A partir de l'image initialement perçue, l'auteur sélectionne des mots qui devront dans un second temps permettre au lecteur de retrouver l'image.

Une personne qui traite l'information avec une orientation *lieu* a tendance généralement à voir ce qui l'entoure tandis que, si elle utilise l'orientation *information* que nous avons décrite plus haut, elle a le choix entre la voir ou l'entendre initialement sans que cela revête une importance particulière.

Les personnes qui appliquent un traitement des informations orienté vers le lieu sont très déçues si le cadre qu'elles ont choisi pour une activité ne correspond pas à ce qu'elles ont imaginé ; c'est ce type d'orientation qui permet à certains d'entre nous de dire parfois : « J'ai été déçu par le film, après avoir lu le livre, je ne voyais pas cela ainsi. » Il s'agit toujours d'une question de critère parce qu'une autre personne devant le même film pourra affirmer : « C'est beaucoup mieux que ce que j'avais imaginé, et je pense que si j'avais été à la place du metteur en scène, je n'aurais pas agi autrement. » Le spectateur qui dit cela applique essentiellement une orientation *information*, mais aussi *personnes*, comme nous l'étudierons plus loin.

On reconnaît facilement l'utilisation d'une orientation *lieu* dans des phrases telle que :

— Cet endroit me déprime.
— Pour rien au monde, je ne veux partir d'ici.
— C'est finalement chez soi qu'on est le mieux.

Le lecteur attentif reconnaît dans ces affirmations de nombreuses transgressions du métamodèle pour le langage : il s'agit en effet de l'expression de critères donc de quelque chose de particulièrement subjectif et personnel à celui qui parle. Les critères se révèlent sans aucunement tenir compte, si ce n'est pour les accumuler, des omissions, généralisations et distorsions. La tâche de l'observateur se révèle donc des plus subtiles lorsqu'il veut déceler le fil conducteur des comportements d'une personne, en d'autres termes en tracer le métaprogramme ; il lui faut en effet prendre en considération aussi bien les transgressions du métamodèle pour le langage que les stratégies, sans oublier d'analyser le contenu du discours et l'accompagnement analogique de celui-ci.

Nous pouvons ouvrir une parenthèse pour souligner que c'est l'accompagnement analogique, tous les signes communicants autres que verbaux, qui, mis en comparaison avec le contenu du discours, donne accès aux critères importants. En effet, les signes analogiques de la communication viennent appuyer, souligner ou nuancer en augmentant ou en diminuant l'intensité, les signes du langage verbal ou éléments digitaux de la communication. En observant attentivement comment s'effectue cette *ponctuation* analogique, cela donne accès aux critères valorisés de la personne.

Notre objectif en PNL est de parvenir à maîtriser un grand nombre de données d'analyse et d'observation afin de rassembler à propos d'un contexte quelconque (personne, compétence, etc.) le maximum d'informations pertinentes et nécessaires à sa compréhension ou à sa transmission, dans le cas où la PNL cherche à bâtir des modèles d'acquisition de compétence.

Cette parenthèse étant close, nous allons conclure ce point avec quelques phrases pour montrer comment le traitement de l'information orienté vers le lieu donne à celui-ci une valeur de cause à effet.

— Les Auvergnats sont travailleurs.

— Les Belges sont accueillants.

— Il pleut toujours en Bretagne.

Ces exemples de généralisations montrent comment à partir d'une provenance une conclusion se construit ; les affirmations, si elles étaient complètes, se formuleraient ainsi :

— C'est parce qu'ils viennent d'Auvergne qu'ils sont travailleurs.

La personne qui affime cela explique et juge le comportement de quelqu'un à partir du lieu d'origine de cette personne.

Nous avons eu l'occasion d'avoir un entretien avec un consultant en recrutement et, à notre grande surprise, quand nous lui avons demandé ce qui lui paraissait particulièrement important de découvrir chez un candidat, il a répondu :

— Quand j'ai devant moi un candidat, quel que soit le poste, j'ai besoin de savoir où il est né et où il a vécu sa jeunesse, quelles sont ses origines, dans quels établissements il fait ses études, etc. C'est primordial, cela définit la personnalité, car on n'échappe pas à cela.

Il expliqua ensuite que, selon lui, les lieux « marquaient » à vie leurs habitants et que le fait de les connaître permettait de « bien situer » les personnes et de prévoir en grande partie leurs réactions et leurs comportements. Il se citait en exemple affirmant qu'il était provincial de naissance et qu'en raison de cela il avait des comportements spécifiques, différents de ceux d'un « vrai » parisien.

Il paraît vraisemblable de penser que ce consultant utilise en fait bien d'autres renseignements et informations pour connaître les candidats qui se présentent devant lui, mais, appliquant de façon très importante une orientation *lieu*, il a tendance à traduire des informations d'autres catégories (personnes, information, action, choses) pour les rapprocher de son critère préféré.

Lorsque nous aurons étudié toutes les distinctions du traitement de l'information, nous constaterons que, selon les personnes, l'utilisation sélective de l'une ou l'autre des orientations peut être comprise comme une *traduc-*

tion de l'une en l'autre. C'est le même phénomène que nous observons lorsque nous étudions les systèmes de représentation sensorielle ; le souvenir d'un même événement devient selon les personnes qui l'ont vécu une image, un son, un dialogue intérieur, une sensation, ces quatre éléments peuvent coexister dans le vécu subjectif ; ce qui est amené à différer, c'est la hiérarchie qui les organise. Le souvenir d'une expérience comprend la plupart du temps différents éléments appartenant aux différents systèmes de représentation sensorielle ; la même expérience donne lieu la plupart du temps à des souvenirs aussi spécifiques qu'il y a de témoins ou d'acteurs. Arrivés à ce niveau de l'apprentissage des techniques PNL, nous apprenons à reconnaître des différences et des nuances interindividuelles quelque peu plus subtiles que ne l'étaient celles caractérisant l'utilisation des systèmes de représentation sensorielle ; cependant, la technique demeure la même : observer.

3 - Les choses

Cette manière de traiter l'information concerne les personnes qui considèrent comme des objets tout ce qui peuple leur carte de la réalité, ou représentation du monde. Lorsque nous présentons cette distinction aux étudiants, ils effectuent souvent un raccourci facile entre l'orientation *choses* et le fait d'être intéressé par le côté matériel de la vie. Il est vrai que cela fait aussi partie de l'orientation *choses* du traitement de l'information ; cependant, cette catégorie est plus vaste et c'est précisément ce que nous allons étudier dans ce point.

Une mise en garde et une réflexion se sont imposées à la suite de cette compréhension spécifique de l'orientation *choses* ; la réflexion consiste à placer cette attitude dans le contexte culturel occidental dans lequel nous vivons et dans lequel cette démarche prend place : que nous le voulions ou non, nous sommes souvent prisonniers de la dualité esprit/corps, matériel/spirituel qui, bien entendu, donne la supériorité à l'aspect immatériel ou à la pensée. Cette dualité et vieille opposition se trouve actuellement remise au goût du jour dans le rapport guerrier à soi-même qui se manifeste dans de nombreuses attitudes décrites par des expressions telles que « vaincre ses émotions », « lutter contre ses habitudes », « se maîtriser ».

La PNL nous incite plutôt à tirer parti, à utiliser, à optimiser nos énergies. Par exemple, si quelqu'un demande à ce qu'on l'aide à vaincre sa timidité, le praticien PNL cherche d'abord à comprendre à quoi peut bien servir cette timidité, s'il existe des contextes où elle est utile ; dans un second temps, s'il procède à une intervention dans le but d'aider son client à changer, cela consiste dans la plupart des cas à lui permettre d'utiliser différemment la même énergie que celle qui produit de la timidité.

Lorsque nous abordons le traitement de l'information orienté vers les choses, la mise en garde annoncée plus haut, c'est d'éviter tout jugement de valeur à propos de cette distinction et de ses utilisateurs.

Comme toutes les autres orientations du traitement de l'information, cette dernière se révèle indispensable dans certains contextes et inappropriée dans d'autres. Lorsque nous appliquons l'orientation *choses* à ce qui peuple notre carte de la réalité, cela nous permet d'effectuer toutes les opérations qu'il est possible d'imaginer avec des objets matériels, ranger, classer, étiqueter, additionner, soustraire, collectionner, etc. Le lecteur comprend aisément, arrivé à ce point de la description de l'orientation *choses*, que ces opérations n'ont d'efficacité que si elles s'adressent réellement à des objets ; il devient progressivement évident que l'application de l'orientation *choses* aux objets vivants, si elle ne conduit pas forcément à des catastrophes, n'est pas pour autant adaptée dans ce cas.

Si l'on est incapable de se servir d'une orientation *choses*, on n'arrive ni à faire des économies, ni à gérer un budget, pas plus qu'à classer des dossiers ou des chaussettes. L'archéologue qui reconstitue des mondes disparus à partir de quelques objets applique à un moment de ce travail une orientation *choses*, il sélectionne des fragments que son savoir et son expérience lui font reconnaître comme des composants d'un autre objet. Lorsque l'on observe un site de fouilles archéologiques, la rigueur des méthodes, mais surtout la façon d'utiliser, de répertorier les objets et fragments découverts fait apparaître l'application de l'orientation *choses*. Dans ce processus précis, il est évident que l'archéologue emploie d'autres orientations selon la façon dont il s'est spécialisé dans son travail. Cependant, il apparaît que les méthodes qui consistent à enlever tous les objets caractéristiques (pyramides égyptiennes, châteaux vidés de leur contenu) de la vie ou de la civilisation étudiée sur le site procèdent essentiellement d'une orientation *choses*, alors que les tentatives de reconstitution (écomusées, par exemple) ajouteraient les dimensions *personnes* et *information*.

Comme nous l'avons suggéré plus haut, l'application de l'orientation *choses* à la vie affective se révèle tout à fait inappropriée, parfois cela peut même produire des conflits graves si cette attitude transgresse le besoin fondamental des personnes à être reconnues en tant que telles.

Cependant, à un moindre degré, nous semblons pour la plupart tout à fait disposés à être traités de la sorte, et bien peu réagissent lorsqu'ils entendent des phrases telles que :

— Je vais mettre ma belle-mère dans une maison de retraite.
— Jacques a trouvé une place dans une boîte d'informatique.
— Nadine se demande comment elle va caser les enfants cet été.

Ces remarques en apparence anodines procèdent pourtant d'une orientation *choses* appliquée à des personnes ; les verbes et certains noms communs caractérisent en effet des actions que l'on effectue avec des objets et non, en principe, avec des personnes. Ainsi, la personne qui prononce de telles affirmations applique inconsciemment aux autres le même traitement qu'aux objets qui l'entourent, elle rectifie sa carte de la réalité. En faisant cela, elle semble omettre, passer sous silence, peut-être même ignorer tout ce qui s'effectue ordinairement dans une relation entre êtres humains : parler, discuter, convaincre, négocier, persuader, conseiller, aider, expliquer, adresser, donner, recevoir, échanger, enseigner, etc.

Lorsque l'orientation *choses* s'applique aux personnes, aux êtres vivants d'une manière générale, elle implique des classements, des rangements, des répartitions d'individus selon un code spécifique. Quand on s'adresse à quelqu'un en utilisant un numéro, un matricule, on s'appuie alors sur une orientation *choses* ; la personne n'est plus un être humain mais une série de signes sur un papier.

Les analyses statistiques d'une population procèdent aussi d'une orientation *choses* sans pour autant que l'on puisse prêter une quelconque intention à cette méthode, ou à une autre. Quand on effectue des moyennes, et tous les calculs habituellement utilisés pour les études statistiques, on prend en considération des caractéristiques d'appartenance à une catégorie quelconque, c'est un travail qui aboutit à la construction d'un classement, d'un rangement : plusieurs *boîtes* contextuelles sont définies qui sont ensuite *remplies* ou non par les caractéristiques des individus que l'on veut y faire entrer, exemple : le nombre de sujets dont l'âge se situe entre 20 et 25 ans.

Ce travail intellectuel diffère de beaucoup d'une activité qui consisterait à *chosifier* l'environnement humain, cependant, si l'on y applique la définition de l'orientation *choses*, il entre bien dans cette catégorie.

D'autres exemples nous fournissent l'occasion d'observer en application l'orientation *choses*, tels que les activités qui entrent dans le cadre de la fonction gestion du personnel. Ce cas présente plus d'un intérêt car il suppose que les personnes concernées par cette fonction possèdent au moins deux orientations de traitement de l'information telles que nous les définissons : une orientation *personnes* que nous allons étudier en détail ultérieurement et une orientation *choses* dont le contexte d'application sera précisément le potentiel humain. Le responsable de la fonction personnel doit à la fois tenir compte des données issues du traitement *choses* (état des effectifs, indice de rotation, situations des plans de carrière, nombre de promotions disponibles, demandes de formation, etc.) et de celles recueillies à travers le filtre *personnes* (ambiance de travail, motivation, composition d'équipes, etc.). Cette dualité ne facilite pas la tâche, en revanche, le fait de la reconnaître et de travailler à délimiter les contextes d'application des différentes orientations du traitement de l'information permet de mieux cerner les problèmes.

Dans la vie quotidienne, l'application de l'orientation *choses* se manifeste dans des phrases telles que :

— Je ne supporte pas le désordre !
— Elle a encore une nouvelle robe !
— On ne peut pas arriver chez eux les mains vides.
— Combien de rendez-vous avez-vous pris ?
— Il se demande ce qu'il va gagner en lui faisant confiance.
— De temps en temps, il faut faire le bilan.

Ce critère apparaît chaque fois que la personne s'exprime à travers un filtre qu'on pourrait formuler sous la forme de questions :

— Quelle est la chose importante ?
— Qu'y a-t-il à gagner dans cette situation ?
— Combien ?

Lorsque l'orientation *choses* apparaît de façon dominante dans le discours de l'interlocuteur, cela nous incite à formuler nos remarques et questions dans un langage accessible, et appartenant à cette orientation. Il est possible et même souhaitable de chercher à découvrir quelle orientation on applique dans certains contextes ; il suffit pour cela de s'interroger sur ce que l'on cherche à obtenir dans ces circonstances.

4 - Les personnes

Cette orientation concerne ceux qui filtrent les informations venues du monde extérieur en fonction des êtres qui le peuplent. Par exemple, un individu qui applique cette orientation, lorsqu'on lui présente un inconnu, n'arrive à le situer qu'à partir du moment où il peut le mettre en scène dans un environnement de personnes : qui, ou avec qui ? sont les questions qui lui viennent spontanément à l'esprit lorsqu'il essaie de se faire une idée de celui qu'il rencontre. Ces questions peuvent se poser quel que soit le contexte envisagé : vie familiale, travail, loisirs, etc.

Celui qui filtre les informations avec une orientation *personnes* est capable de bien se souvenir du nom des invités présents à une réunion, mais il aura certainement quelques difficultés à se rappeler la façon dont était vêtu son voisin de droite, alors que celui qui applique une orientation *choses* le fera facilement.

Lorsque cette orientation s'applique, elle prend en considération les personnes et leurs relations, par extension, elle s'adresse également aux animaux en tant que créatures vivantes ; cependant, il faut se souvenir pour une bonne compréhension de cette réflexion qu'il s'agit des animaux reconnus comme tels au plan culturel. Certains sujets seront exclus de la catégorie *personnes* en raison de leur taille (trop petit ou trop grand) ou encore de leur vécu affectif négatif (animaux choisis comme objets de phobie : souris, araignées, serpents, par exemple). Les animaux familiers, de compagnie entrent dans l'esprit de leurs propriétaires dans l'orientation *personnes*, et dans l'orientation *choses* pour d'autres.

Comme les autres orientations, celle qui guide vers les personnes peut s'appliquer de façon adaptée ou non au contexte. Si elle s'adresse aux objets, elle les personnifie ; dans le meilleur des cas, cela devient de la poésie ; qui ne se souvient des célèbres vers :

« Objets inanimés, avez-vous donc une âme ?
Qui s'attache à notre âme et la force d'aimer ? »

Dans des cas différents et à différents degrés, cela peut aller jusqu'à des extrémités pathologiques dans les situations où la personne décrit des objets comme autant de prolongements de son corps, ou bien des complots d'objets contre elle ; mais cela peut aussi se révéler dans des discours mystiques où la personne prête des *intentions* à des objets. Dans tous ces cas, les objets sont traités comme dotés au minimum de ce qui caractérise un être humain : la pensée abstraite ; au maximum, d'un pouvoir magique.

La littérature, les contes de fées, le fantastique et le merveilleux font un généreux usage de l'orientation *personnes* appliquée aux objets ; nous connaissons au moment où s'effectue ce travail un exemple frappant dans la série télévisée pour enfants « La vie des botes » qui met en scène des personnages masqués figurant des robots, c'est-à-dire des objets de métal et de matière plastique, vivant diverses situations dans un environnement peuplé d'autres objets personnifiés tels qu'un fauteuil muni de bras articulés, une table pourvue d'une paire d'yeux pédonculés et téléscopiques, un portemanteau voleur, et d'autres encore tous doués de la parole. Cet exemple montre des objets personnifiés, le mélange des contextes est ici traité sur un mode humoristique qui prend au pied de la lettre certaines expressions du langage courant (le fauteuil vous tend les bras, etc.).

La notion d'orientation dans le traitement de l'information permet une réflexion visant à définir des catégories ou des contextes d'appartenance, c'est un moyen de poser les problèmes en délimitant leur cadre et leur contenu. Si nous nous imaginons dans la situation suivante : nous avons très soif, nous sommes devant un point d'eau mais nous n'avons pas d'objet (objet généralement destiné à cet usage) permettant de la recueillir pour la boire ; nous allons appliquer aux éléments de notre environnement le filtre suivant formulé par la question : « Qu'existe-t-il ici qui puisse servir à contenir de l'eau ? » Nous pourrons utiliser nos mains, mais cela ne sera pas suffisant si nous souhaitons transporter cette eau ; en revanche, nous pouvons effectuer un court transport en recueillant l'eau dans une chaussure ! Ainsi, un objet destiné à un usage spécifique change de rôle selon le critère qu'il doit satisfaire dans le contexte.

De la même façon, nous appliquons différents critères à notre environnement, les premiers filtres sont les orientations du traitement de l'information, les filtres suivants ceux des réponses et des opérateurs, l'ensemble de ces filtres forme les métaprogrammes.

Si nous revenons à notre orientation *personnes*, nous allons présenter quelques contextes où elle apparaît de façon typique. Tous les métiers qui supposent un contact humain, une relation personnelle, requièrent à un moment où un autre l'application prédominante d'une orientation *personnes*. Qu'il s'agisse d'enseignement, de recrutement, de vente, d'animation, l'information se trouve traitée selon une orientation *personnes* ; sans pour autant que cela exclue les autres orientations, celle-ci demeure une composante essentielle et indispensable de ces activités.

L'orientation *personnes* ne suppose pas forcément un caractère affectif, mais le côté affectif des relations humaines n'en est pas absent. Pour mettre en évidence l'usage de l'orientation *personnes,* il suffit de se poser la question :

— Qui est concerné ?

Si nous prenons l'exemple d'un voyageur qui applique l'orientation *personnes* au cours de son séjour en pays inconnu, il cherche essentiellement à découvrir une contrée à travers ses habitants en essayant de se mêler à leur vie quotidienne, de comprendre en les vivant leurs habitudes. Ce type de voyageur ne se plaint jamais de ne pas trouver son steak-frites au restaurant quand il séjourne à l'étranger ; il cherche à s'éloigner autant que possible des autres touristes pour mieux se rapprocher des autochtones. Un peu d'observation permet de constater que ce n'est pas l'orientation proposée par la plupart des voyages organisés qui vous font « faire » un pays en effectuant des sauts de puce entre les lieux supposés touristiques qu'il convient donc d'avoir vus.

Notre voyageur, s'il privilégie l'orientation *personnes* s'intéresse davantage aux us et coutumes qui régissent la vie des habitants qu'à l'histoire événementielle du pays ; cependant, cela ne signifie pas qu'il l'ignore non plus que les autres orientations avec lesquelles il traite les informations qu'il perçoit. L'ordre d'importance de ses critères apparaît dans la conversation et s'organise en une hiérarchie que l'observation attentive permet de déceler.

Dans le contexte commercial, la plupart des sociétés cherchent des vendeurs qui possèdent une orientation *personnes* pour le goût des contacts avec les autres et une orientation *choses* pour assurer la permanence de l'envie de gagner. Un client qui applique l'orientation *personnes* se montre très sensible à la qualité des contacts avec le vendeur ; il est tout particulièrement important d'établir un rapport solide fondé sur la confiance avec de tels clients.

5 - L'action

Cette orientation du traitement de l'information concerne ce qu'il y a de dynamique dans la carte de la réalité d'une personne. Alors que l'individu qui applique l'orientation *personnes* cherche à savoir qui vous êtes et de qui vous êtes entouré dans les différents contextes de votre existence, celui qui applique une orientation *action* vous questionne afin de savoir ce que vous faites dans les divers contextes de votre vie ; c'est en effet ainsi qu'il donne un sens aux informations qu'il reçoit, sans cela, il ne peut vous situer.

Dans un entretien de recrutement, la majorité des consultants demande au candidat :

— Qu'avez-vous fait jusqu'à présent ?

Cela montre qu'une orientation *action* est appliquée, cela paraît d'ailleurs tout à fait logique dans ce contexte où l'on recherche une information d'ordre professionnel ; cependant, selon les critères du candidat, un ordre apparaît dans ses réponses car il traduit, comme nous le faisons tous, ce qu'il entend dans ses propres orientations dominantes. Ainsi le « qu'avez-vous fait ? » initial peut être compris comme :

— Q'avez-vous appris ? (orientation *information*)

— Quelle est votre situation familiale ? (orientation *personnes*)

— Qu'avez-vous fait ? = où l'avez-vous fait ? (études, expériences professionnelles précédentes, orientation *lieu*).

— Concrètement, quels résultats avez-vous obtenus ? (orientation *choses*).

Ce qu'il importe de comprendre, c'est que le même événement (question, affirmation, expérience) donne lieu selon les personnes et leur subjectivité à différents classements en fonction des catégories auxquelles il est reconnu appartenir. Une personne qui applique une orientation *action* s'exprime en fonction de ce qu'elle fait ou ne fait pas, de ce que font ou ne font pas les autres, et c'est précisément dans la formulation de ses phrases, de ses questions et de ses affirmations que l'on peut mettre en évidence grâce au choix des mots l'application de cette orientation.

Un tel interlocuteur vous dit de façon typique :

— Je n'ai rien fait de la journée.

Il peut aussi bien *oublier* de préciser qu'il a passé son temps à lire des journaux spécialisés (*information*), qu'il a parlé pendant une heure au téléphone avec un client (*personnes*), qu'il a classé des dossiers (choses) ; pour décrire la même journée monotone, quelqu'un d'autre affirme : « tous comptes faits, cela lui donne l'impression de perdre son temps » (*choses*).

Cela se traduit encore par :

Il ne se passe jamais rien d'intéressant (*information*).

Pour décrire une journée de travail peu animée, les expressions diffèrent largement parce que l'expérience subjective diffère très sensiblement d'une personne à l'autre. Ainsi, celui qui se plaint de n'avoir rien fait de sa journée ne prend sans doute pas en compte certaines actions parce qu'il ne les reconnaît pas d'emblée comme appartenant à la catégorie *action*, cependant, s'il applique cette orientation de façon dominante, il va sans doute finir par constater qu'il a l'impression de « ne rien faire » bien qu'il « fasse une foule de choses » dans la journée.

Dans un cas comme celui-ci, notre travail d'observation nous conduit à explorer les équivalences complexes du critère exprimé par *ne rien faire*, c'est-à-dire l'expérience que place la personne dans les termes qu'elle utilise. L'équivalence complexe d'un critère se compose des éléments observables de ce critère, c'est-à-dire de la façon dont on peut en faire la démonstration, par exemple, nous pouvons chercher à savoir ce que la personne entend par ne rien faire :

— Qu'est-ce qui vous permet d'affirmer que vous ne faites rien ?

— Que s'est-il passé dans une journée pour que vous puissiez dire que vous avez fait quelque chose ?

Si l'interlocuteur répond à ces questions, cela montre les équivalences complexes qu'il utilise dans le langage de son expérience subjective.

Pour cette orientation, les équivalences complexes revêtent une importance particulière car, plus elles sont riches et variées, plus l'étendue de l'orientation *action* est vaste parce que la personne traduit d'autres orientations dans la sienne, dans son langage subjectif personnel. De cette façon, un individu peut affirmer en toute bonne foi qu'il a beaucoup avancé dans son travail parce qu'il y a pensé et réfléchi pendant un certain temps, mais pour quelqu'un d'autre, il passe pour paresseux parce qu'il n'a pas écrit la première ligne du rapport en question !

L'exploration de l'équivalence complexe nous permet de reconnaître quels événements la personne place dans l'orientation *action* ; certains critères sont communément admis qui décrivent une personne *active* comme quelqu'un dont la mobilité physique est observable, qui ne craint pas de se lever tôt le matin, ni de travailler beaucoup en se déplaçant et en réalisant des actions concrètes. En revanche, un travail de bureau n'est généralement pas considéré comme caractérisant une personne très active, alors qu'un travail dans le domaine commercial l'est bien davantage. La culture fait généralement une association entre actif et mobile dans le temps et l'espace, en opposition avec ce que l'on pourrait appeler *contemplatif* (pour rester dans des termes positifs) davantage lié à une notion de sédentarité.

L'orientation *action* ressemble un peu à un filet : selon la largeur des mailles, il retient plus ou moins d'éléments — la richesse ou la pauvreté des équivalences complexes —, néanmoins, tout ce qui s'y trouve peut être retenu comme appartenant à la catégorie *action* car cela concerne tout ce qu'une personne peut faire physiquement et mentalement. Edward T. Hall décrit dans ses différents ouvrages (*La Dimension cachée, La Danse de la vie*) comment notre culture privilégie l'aspect tangible de l'action, ce qui est loin d'être le cas dans d'autres.

Au risque de nous répéter, rappelons que, selon les contextes, l'orientation se trouve plus ou moins bien appropriée ; d'une façon générale, nous pouvons remarquer que selon la manière dont les individus privilégient ou non l'orientation *action*, cela influence leurs choix importants. Ainsi, les métiers qui supposent une grande mobilité seront préférés par ceux qui placent l'action au premier plan ; cela n'empêche pas un individu qui possède un critère orienté *choses* de façon dominante, donc essentiellement motivé par l'argent, de choisir une activité des plus dynamiques, pourvu qu'au bout du compte il atteigne l'objectif matériel chiffré qu'il s'est fixé. D'un autre côté, lorsque l'on décèle un critère *action* très important chez quelqu'un, il paraît judicieux de l'orienter vers des activités où il trouve les moyens de satisfaire l'exigence de son orientation.

L'orientation *action* n'est nullement indispensable à quelqu'un qui se destine à la comptabilité ou à la gestion d'archives, en revanche, elle est très recommandée dans toutes les professions itinérantes ou qui supposent une disponibilité dans le temps et l'espace. Représentants, inspecteurs commerciaux, délégués médicaux, etc. doivent pour réussir dans leurs domaines posséder une orientation *action*. Notons que les professions qui requièrent un contact humain nécessitent en outre de façon impérative l'utilisation d'une orientation *personnes* dans les aspects relationnels du métier.

La difficulté n'est pas toujours de reconnaître l'orientation *action*, mais plutôt de définir avec précision le ou les contexte(s) où elle se manifeste. En posant une question du type :

— Qu'est-ce qui vous a conduit à choisir votre métier ?

La réponse est induite en termes d'action en raison du verbe *conduire* qui implique une dynamique ; si la question avait été :

— Pour quelle(s) raison(s) avez-vous choisi votre métier ?

elle aurait induit une réponse orientée *information*.

Nous devons être très conscients du fait que les réponses que nous obtenons au cours d'un entretien sont essentiellement induites par la manière dont nous posons les questions. C'est pourquoi, en prenant conscience de nos propres orientations, cela nous permet de savoir quelle partie de la réponse en est influencée et de faire la part des subjectivités.

Il apparaît particulièrement intéressant d'observer comment une personne que l'on questionne en ayant induit une orientation *information*, par exemple, répond en appliquant son orientation *action*.

Cette observation est à rapprocher de celle que nous avons appris à utiliser pour déceler les présuppositions[1] ; nous y reviendrons d'ailleurs par la suite dans l'analyse d'entretiens.

L'orientation *action* apparaît dans la façon dont la personne exprime son expérience subjective ; ce qu'il importe particulièrement d'observer, ce sont les verbes parce qu'ils caractérisent l'aspect dynamique, c'est-à-dire l'action. La personne qui applique l'orientation *action* s'informe à propos des faits, elle demande :

— Qu'avez-vous fait alors ?
— Quelle a été votre attitude ?
— Qu'avez-vous décidé de faire dans cette situation ?
— Qu'est-ce qui était possible ?
— Quelle attitude, quel comportement faut-il adopter dans ce cas ?

Ces questions ne sont que des exemples qui se caractérisent tous par l'application de l'orientation *action* ; celui qui procède ainsi a tendance à rechercher des responsabilités liées à des actes, des comportements, des faits concrets, il ne se contente pas de promesses parce que, dans sa carte de la réalité, il les considère comme des mots n'ayant qu'une faible valeur par rapport aux actions. En revanche, celui qui applique une orientation *information* peut dans certains cas se satisfaire d'un accord verbal ou informel du moment que le message qu'il souhaite entendre est transmis.

L'utilisation de l'orientation *action* se manifeste encore dans les choix de la personne ; si vous questionnez un individu qui l'applique à propos de ses loisirs ou d'autres choix personnels, il y a de fortes chances pour que l'orientation dominante apparaisse. Ces personnes ont tendance à préférer le sport à la lecture ou, d'une façon plus générale, toutes les activités qui leur fournissent l'occasion d'un investissement personnel. Il convient bien entendu d'être nuancé et d'observer les différences qui existent entre des choix sportifs ; ce n'est pas la même orientation qui conduit certains à pratiquer le football et d'autres la marche à pied ou le yoga. Certains choix sont directement reliés à l'orientation *action*, d'autres moins, d'autres pas du tout.

Comme nous l'avons appris en étudiant les incongruences, l'observa-

1. Voir *Comprendre la PNL*, chapitre 5 : les moyens de l'influence.

tion efficace nous amène à remarquer ce qui rompt l'harmonie d'une situation (comportement, contexte, etc.). Dans le cas des incongruences, c'est-à-dire lorsque la personne exprime des messages en désaccord les uns par rapport aux autres, ce que nous remarquons, ce sont précisément les éléments qui dénotent, comme ces personnes qui disent « oui » avec les mots et « non » avec des signes non verbaux tels que des mouvements de la tête ou des pieds. De la même manière, l'observation et l'analyse des réponses qu'une personne donne aux questions qu'on lui pose amène à mettre en évidence une cohérence certaine dans l'application des critères, qu'il s'agisse des orientations du traitement de l'information ou des autres distinctions constituant les métaprogrammes.

C'est une des raisons pour lesquelles nous cherchons en premier lieu à intégrer de nouvelles données d'analyse et d'observation des comportements et de l'expérience subjective, pour ensuite ne relever dans notre travail que ce qui apparaît comme en rupture avec l'ensemble. Ainsi, il n'est pas exclu d'imaginer que quelqu'un puisse utiliser des critères différents selon les situations spécifiques qu'il rencontre, c'est le cas parfois, mais il arrive aussi que la personne continue à appliquer avec acharnement le même critère bien qu'il ne soit pas adapté à la situation. C'est notamment en cela que les techniques avancées de la PNL nous aident à mieux comprendre ce qui se passe. Notre souplesse comportementale, et celle de nos critères, ont des limites qui se trouvent mises en évidence lorsque le questionnement permet de révéler l'application dominante quel que soit le contexte de telle ou telle orientation du traitement de l'information.

6 - La répartition SOI/AUTRES des orientations

Nous l'avons évoquée très rapidement dans la présentation des orientations du traitement de l'information afin d'en donner à présent une définition plus spécifique :

La répartition *soi/autres* s'applique à toutes les orientations du traitement de l'information qu'elle accompagne systématiquement.

Cependant, on la trouve parfois considérée en tant que telle, c'est-à-dire définissant une manière de traiter les informations orientée vers la personne elle-même ou vers ses interlocuteurs ou partenaires dans l'interaction.

Lorsque l'on est orienté vers soi, les actions, les pensées, les comportements sont déterminés essentiellement par ses propres états intérieurs ; on peut dire dans ce cas que la personne trouve sa motivation en elle-même car elle mobilise son énergie en fonction de ses objectifs spécifiques. Lorsque l'on est orienté vers les autres, cela signifie que ses comportements, actions et pensées sont déterminées et guidés par les émotions, les comportements, les désirs ou les objectifs d'autres personnes. Dans ce cas, la personne trouve sa motivation à l'extérieur d'elle-même.

Certains enseignements de PNL introduisent une notion d'orientation mutuelle, cependant, il nous semble qu'elle recoupe sans apporter d'éléments essentiels la notion d'indexation simultanée que nous étudierons au prochain chapitre.

Cela signifie que chaque fois qu'une orientation est utilisée, lieu, information, personnes, choses, action, elle est accompagnée et complétée par l'application à soi ou à l'autre (ou les autres). La répartition *soi/autres* précise qui est concerné et si l'individu observé effectue ses choix en fonction de lui ou d'un autre.

Une mise en garde nous paraît utile avant de poursuivre : la répartition *soi/autres* ne constitue pas un jugement de valeur, elle se contente de préciser la description et ne prend de sens qu'en fonction des relations qu'elle définit.

Une fois encore, tout dépend du contexte dans lequel s'effectuent les comportements ou se manifestent les critères ; la performance d'un sportif est étroitement liée à l'application prioritaire de l'orientation *action/soi* ; ce qui compte pendant la compétition, c'est d'obtenir le maximum de ses propres moyens, dans ce contexte, d'autres orientations agissent telles que *information/autres* qui le renseignent sur la performance des autres concurrents. Si notre sportif utilise une orientation *personne/autres*, cela peut lui donner les moyens d'un comportement répondant à la réflexion suivante : « Les autres ont davantage besoin de gagner cette course que moi, alors à quoi bon les en empêcher ? », ce qui n'est pas très bien adapté à ce contexte !

Les situations dangereuses requièrent de la part de ceux qui les gèrent positivement une orientation *action/soi* ; ce qui compte, en effet, à ce moment, c'est d'être capable d'effectuer le geste ou le comportement destiné à sa survie.

Par extension, on peut remarquer que le stress devient préoccupant lorsque les personnes ne consacrent plus l'attention nécessaire au maintien de leur forme morale comme physique (voir ci-dessous à la fin du chapitre le test de Lyle Miller et Alma Delk Smith de l'université de Boston, paru dans *L'Express* 2 en février 1987).

Exemples :

Voici maintenant quelques exemples pour aider le lecteur à reconnaître l'utilisation des différentes orientations et de la répartition *soi/autres*.

1 - Je fais tout mon possible pour rendre ma famille heureuse (*action/autres, personne/autres*).

Dans cette affirmation, la personne montre qu'elle agit en fonction d'autres personnes, elle se sert d'une relation de cause à effet qu'elle situe entre ce qu'elle peut faire et l'état d'âme de sa famille. Evidemment, cela doit être exploré dans le cadre d'un entretien, d'une part en vérifiant la validité de la relation de cause à effet (voir le métamodèle pour le langage et le menu d'influence[1]), d'autre part en cherchant à découvrir les équivalences complexes du critère contenu dans « famille heureuse ».

2 - Je veux tirer un maximum de bénéfice de ce stage (*information/soi*).

L'affirmation est cependant formulée avec une expression « tirer un bénéfice » qui pourrait faire évoquer une orientation *choses/soi*, mais le contexte d'apprentissage nous amène à penser qu'en fait il s'agit d'une demande d'information, de savoir, de compétence.

3 - Jacques passe tout son temps devant la télé, c'est un paresseux et je n'aime pas cela (*action/autres, personnes/soi*).

La personne qui affirme cela émet un jugement de valeur par rapport à elle-même et en fonction d'un comportement qu'elle estime caractéristique de son critère « paresseux ».

4 - Je n'ai pas l'intention de perdre mon temps dans un endroit pareil ! (*choses/soi, lieu/soi*).

Ici, la phrase est très explicite, néanmoins, il serait intéressant d'étudier la relation de cause à effet entre le lieu et le fait de perdre du temps.

Ainsi, la répartition *soi/autre* s'ajoute aux précédentes orientations en venant répondre à la question : « Qui est concerné ? » ; dans le contexte étudié, il est évident que nous ne nous contenterons pas de cela et irons plus loin en cherchant à savoir qui est concerné en premier et en second lieu. En effet, certains comportements qui nous apparaissent à première vue comme généreux et altruistes existent aussi pour satisfaire un autre critère plus important tel qu'un besoin de reconnaissance ou de pouvoir. L'exercice suivant a pour but de permettre au lecteur d'éprouver les nuances comportementales entre les différentes répartitions.

7 - Exercices

Exercice 1 : trois personnes, un acteur, un sujet et un témoin, à tour de rôle.

— L'acteur choisit une phrase et la dit au sujet en pensant à lui-même, à ses désirs, à ses préoccupations ou en pensant à son interlocuteur.

1. Voir dans cet ouvrage le chapitre 5 : Les interventions PNL ou *Comprendre la PNL*, chapitres 3 et 5.

— Le sujet doit *deviner* en observant le comportement de l'acteur si celui-ci est orienté *soi* ou *autres.*

— Le témoin observe et compare sa perception à celle du sujet.

— L'acteur confirme ou non les observations des deux autres puis, en utilisant la même phrase, change son orientation.

— Le sujet et le témoin observent les différences et notent ce qui leur permet de reconnaître l'usage de l'une ou de l'autre des orientations.

Lorsqu'on travaille seul, il est possible de procéder ainsi :

1) Dans un premier temps : observer autour de soi le comportement des autres au cours d'une conversation, par exemple, et tenter de percevoir l'orientation utilisée par l'une des personnes ; noter si elle n'en utilise qu'une seule mais de façon très dominante, ou bien si elle effectue des aller et retour entre *soi* et *autres* ; si c'est le cas, essayer de remarquer l'existence de séquences répétitives significatives.

2) Dans un second temps, choisir une phrase très banale qu'on a l'occasion de prononcer plusieurs fois dans la même journée et le faire cette fois en étant orienté vers soi ou bien vers son interlocuteur.

Bien entendu, il y a une recette ! Un minimum d'expérience de cet exercice conduit à prendre conscience que le fait de penser à soi-même en s'adressant à un tiers aboutit à ce que le message soit compris comme étant orienté *soi*, tandis que ce même message accompagné d'une pensée dirigée vers l'interlocuteur change totalement la perception de celui-ci.

Cet exercice doit amener aussi à prendre conscience d'un des mécanismes destiné à bâtir des malentendus ou des difficultés dans la communication. Nous avons parfois l'impression d'être mal compris ou mal interprétés, mais avons-nous pensé à la façon dont nous adressions nos messages ?

Cet exercice nous montre aussi comment il est possible de modifier son état intérieur en changeant son critère ou son attention, c'est une notion que nous retrouverons dans le chapitre 7 quand nous travaillerons à modifier nos émotions.

Au chapitre suivant, qui concerne les réponses comportementales, nous envisagerons d'autres distinctions des métaprogrammes nous permettant de reconnaître outre "qui est concerné ?", "comment les personnes tiennent-elles compte d'elles-mêmes et des autres ?".

Avant de conclure en passant à d'autres exercices, rappelons que pour reconnaître facilement les orientations du traitement de l'information et la répartition *soi/autres,* nous disposons des questions suivantes comme guides.

Information : Que se passe-t-il ? (pour la personne elle-même, pour les autres).

Action : Que fait-il ? et comment ? (pour lui, pour les autres).

Lieu : Où cela se passe-t-il ? (pour la personne elle-même, pour les autres).

Personnes : Qui est-il ? (pour lui-même, pour les autres).

Choses : Quelle est la chose importante ? (pour la personne elle-même, pour les autres).

Exercice 2 :

Dans les phrases suivantes, reconnaître l'orientation et la répartition appliquées ; il existe plusieurs orientations et répartitions, il s'agit de découvrir une hiérarchie dans l'utilisation.

1 - Société leader sur le marché recherche deux représentants pour développer ses ventes et assurer le suivi de la clientèle existante (*personnes soi* et *autres, choses/soi*).

2 - Vous êtes un gagneur, vous savez convaincre, gérer un secteur et prendre des initiatives, n'attendez plus pour rejoindre une équipe dynamique et enthousiaste qui a fait de son entreprise le leader du marché (*action/soi, personnes/autres, choses/soi*).

3 - Les profits de 1987 seront-ils en nette reprise ? — question d'une interview — (*choses/soi* parce sous-entendu « pour votre entreprise »).

4 - J'ai entendu dire que vous traitiez des affaires aux États-Unis — question d'une interview — (*information/soi* et *autres, action/autres, lieu/autres*).

5 - C'est parce que c'est elle, c'est parce que c'est moi, les grandes rencontres n'ont pas besoin de justification — extrait d'un message publicitaire rédactionnel — (*personnes/autres* et *soi*).

6 - Les beaux refrains que voilà ! Dans la foulée, on n'hésitera pas à vous parler de haute technologie — extrait d'un message publicitaire — (*information/autres*).

7 - Il a abrégé son séjour car il avait le mal du pays (*action/autres, lieu/autres*).

Exercice 3 : trois personnes, A, B et C.

— A pose des questions à B qui choisit de répondre en utilisant une orientation et une répartition qu'il sélectionne.

— A et C se concertent pour découvrir quelle orientation et quelle répartition sont appliquées.

Cet exercice a plusieurs variantes, par exemple, C peut suggérer à B (ou bien à A) l'orientation et la répartition de son choix. Une autre possibilité consiste à demander à la personne qui doit découvrir l'orientation et la répartition de répondre en utilisant ces dernières ; la troisième personne, qui a attribué le choix à son partenaire, joue alors le rôle de témoin pour vérifier qu'il n'y a pas d'erreur ou pour aider les deux autres à corriger leurs erreurs.

Le but de cet exercice est double, d'une part d'apprendre à reconnaître l'orientation et la répartition utilisée, d'autre part d'apprendre à reconnaître quelles sont celles qui nous sont les plus *naturelles* parmi toutes les possibilités.

A présent, nous allons présenter le test que nous avons évoqué plus haut pour illustrer l'application de la répartition *soi/autres*. En répondant aux différentes questions, cela permet de prendre conscience de l'attention que l'on porte à soi-même et qui paraît être en relation avec le degré d'importancc de l'état de stress.

8 - TEST : « Etes-vous stressé ? »

Ce test a été mis au point par Lyle Miller et Alma Delk Smith de l'université de Boston.

Il est constitué de vingt affirmations ; selon que les situations ou les faits qu'elles décrivent s'appliquent à votre expérience, donnez-leur une note de votre choix allant de 1 (presque toujours) à 5 (jamais).

1) Je prends, au moins une fois par jour, un repas chaud et équilibré.

2) Je dors de sept à huit heures par nuit au moins deux fois par semaine.

3) Je donne et je reçois régulièrement de l'affection.

4) J'ai, au moins dans un rayon de 30 kilomètres, une personne proche à qui je peux m'adresser en cas de besoin.

5) Je fais de l'exercice physique (assez pour transpirer) au moins deux fois par semaine.

6) Je fume moins d'un demi-paquet de cigarettes par jour.

7) Je bois moins de cinq verres d'alcool par semaine.

8) J'ai le poids qui correspond à ma taille.

9) Mes revenus sont suffisants pour couvrir mes dépenses de base.

10) Je suis soutenu par mes convictions religieuses ou morales.

11) Je participe régulièrement aux activités d'un club ou d'une association.

12) J'ai un bon réseau d'amis et de relations.

13) J'ai un ou plusieurs amis à qui je peux faire des confidences.

14) Je suis en bonne santé.

15) Je suis capable d'exprimer ouvertement ma colère ou mes soucis.

16) Je parle régulièrement avec les personnes qui vivent autour de moi des problèmes domestiques, des questions d'argent...

17) Je fais quelque chose par plaisir au moins une fois par semaine.

18) Je suis capable d'organiser mon temps efficacement.

19) Je bois moins de trois tasses de café, de thé ou de Coca-Cola par jour.

20) Je me réserve chaque jour un moment de tranquillité.

Pour connaître le résultat, faites le total des notes attribuées.
— en dessous de 50, vous n'êtes pas stressé
— entre 70 et 95, vous êtes très vulnérable
— au-delà de 95, vous êtes très fragile.

Plus on est stressé et moins l'on fait attention à soi ; le stress représente une sorte de rupture du dialogue entre soi et soi, la personne qui le vit devient incapable de percevoir, de reconnaître et d'accepter les signes que son organisme lui adresse. Au chapitre 6, en étudiant les techniques que la PNL a développées pour la relation d'aide et le développement personnel, nous constatons qu'elles sont destinées dans leur ensemble à permettre à la personne d'établir ou de rétablir en elle-même un dialogue et un équilibre.

A présent, nous allons compléter notre étude des métaprogrammes et nous intéresser à la vaste catégorie des réponses comportementales.

Chapitre 2

Les réponses comportementales

Les réponses comportementales (appelées aussi *fonctions* par certains formateurs d'après le terme anglais *function*) désignent des réactions , des modèles de fonctionnement observables dans les comportements. Elles regroupent six différentes catégories qui permettent de découvrir à travers les comportements d'un individu ses critères et ses schémas de fonctionnement ; ceux-ci, comme les orientations du traitement de l'information, n'ont pas valeur de jugement, ils vont nous offrir les moyens d'esquisser le méta-programme de notre interlocuteur et de déduire en fonction de cela les comportements compatibles avec cette organisation.

Lorsque nous parlons de réponse, il s'agit d'une notion dynamique, d'un fonctionnement et non d'un rôle ; les réponses concernent la façon dont la personne réagit à une situation. En d'autres termes, l'observation des réponses comportementales nous renseigne sur les modèles de fonctionnement d'un individu. Les réponses comportementales offrent en effet les moyens de classer dans l'une de leurs six catégories les répétitions caractéristiques d'un fonctionnement détecté dans l'interaction.

1 - Entrée sensorielle et le traitement des données

Hiérarchie des systèmes de représentation sensorielle

Lorsque la personne réfléchit, répond à une question, prend une décision, résout un problème, elle prend en compte un certain nombre d'éléments, cela concerne ses processus internes et détermine sa stratégie. Ce premier point des réponses comprend :

— **le système d'entrée des données,** c'est-à-dire le système de représentation sensorielle utilisé dans cette séquence ou le point de départ de la stratégie.

— **le système conducteur,** c'est-à-dire le système de représentation sensorielle auquel la personne a le plus souvent recours dans le traitement des données et qui s'observe dans les clés d'accès visuelles.

— **le système de référence ou primaire** enfin, c'est-à-dire le système de représentation sensorielle prédominant qui peut être différent du système conducteur en ce qu'il représente souvent une référence et sert de point test de la stratégie. Le système primaire est celui dont la personne a conscience, il se manifeste beaucoup dans le choix des mots.

Par exemple, nous pouvons très bien déceler une stratégie de prise de décision commençant par une entrée visuelle [1], se poursuivant par une série de comparaisons d'éléments visuels et d'un dialogue intérieur, se résolvant enfin par une vérification kinesthésique. Dans ce cas, le système d'entrée est visuel, ainsi que le système conducteur, le système primaire quant à lui, est kinesthésique.

Ces distinctions permettent de savoir avec précision à quel contexte de l'expérience subjective correspond le système de représentation sensorielle concerné et comment il entre en jeu.

En tant qu'outils de prévision des comportements, les distinctions des métaprogrammes nous apprennent qu'un comportement peut se reproduire chez la même personne (lorsqu'il s'agit de transférer un comportement, des modèles spécifiques tentent d'apporter des solutions) pourvu que ce qui précède ce comportement surgisse. Ce n'est qu'une extension qui se veut plus sophistiquée de la réaction conditionnelle depuis longtemps décrite. La notion même de programme en découle, et les premiers éléments à prendre en considération sont constitués par la façon dont la personne sélectionne ses perceptions — l'entrée des données sensorielles — et celle dont elle les traite au niveau de son organisation intérieure : système de représentation sensorielle dominant et conducteur.

Par exemple, un vendeur observe chez un client (en posant des questions concernant une autre prise de décision à propos d'un achat comparable) qu'il lui faut passer par une vérification faite d'une comparaison avec une image (système visuel conducteur) et d'un dialogue intérieur positif (système primaire dominant) pour arriver à prendre une décision. Si nous voulons réussir à lui vendre quelque chose, nous devons lui permettre d'avoir accès à une image aussi convaincante que possible pour qu'elle suscite en lui le

1. Voir au chapitre précédent l'exercice 3.

dialogue intérieur positif nécessaire. S'il s'agit de la vente d'un appareil sophistiqué dont la description même détaillée ne suffit pas à emporter sa conviction, le vendeur mettra plus de chances de son côté en lui présentant ce matériel en fonctionnement chez un autre de ses clients, de façon à ce qu'il ait une preuve visuelle.

Exercice 4 : (individuellement) Quel est votre système d'entrée des données ?

Choisissez entre les trois scènes ci-dessous celle qui vous paraît convenir le mieux à votre expérience, c'est-à-dire celle que vous pouvez le plus facilement imaginer.

1) Imaginez l'état dans lequel vous serez après avoir passé une nuit blanche, sachant que le lendemain vous avez un rendez-vous très important que vous ne pouvez vous permettre de manquer.

2) Imaginez-vous dans le cabinet de consultation d'un médecin qui vient de vous dire qu'il fallait vous faire une piqûre. Vous le voyez en train de prélever le contenu d'un flacon dans une seringue, de lever les bras pour placer la seringue à hauteur de son regard afin de faire sortir quelques gouttes du liquide à l'extrémité de l'aiguille. Vous le voyez maintenant s'approcher de vous en tenant la seringue à la main...

3) Imaginez-vous en train de coller votre oreille à votre poste de radio en même temps que vous en montez le son, le volume sonore s'élève jusqu'à devenir désagréable puis insupportable.

Dans le choix des termes employés, vous reconnaîtrez facilement le système de représentation sensorielle utilisé ; en lisant ces trois courtes scènes, essayez de vous les représenter, celle que vous vous représentez le plus clairement correspond à celle de votre système d'entrée, c'est-à-dire celui qui se situe au début de vos stratégies.

En prendre conscience vous permet de savoir comment vous pouvez être attiré ou au contraire éprouver de la réserve par rapport à un projet, une décision, une proposition ou toute autre expérience qui vous amène à effectuer des choix.

Exercice 5 : (individuellement) Quel est votre système conducteur ?

Imaginez que vous devez prendre la parole devant un groupe de personnes, comment vous sentez-vous vraiment concerné par ce projet ?

— En vous voyant parler devant les autres ? (visuel) ;

— En préparant ce que vous allez dire ? (dialogue intérieur, système auditif) ;

— En pensant à ce que vous allez ressentir ? (kinesthésique).

Lorsque vous avez trouvé quelle réponse convient le mieux à votre expérience, vous avez découvert votre système conducteur. C'est celui qui guide votre réflexion, qui domine vos stratégies, en d'autres termes votre motivation pour agir passe par ce système de représentation sensorielle, et le fait de le savoir constitue une information précieuse qui vous indique aussi comment vous pouvez être influencé.

Prenons un autre exemple : vous voulez acheter un salon et vous hésitez entre deux modèles du même prix,qu'est-ce qui revient le plus souvent dans votre réflexion ?

— Comme pour tout votre mobilier, votre préférence va vers les objets pratiques et confortables.

— Vous imaginez votre nouveau salon dans votre appartement et songez aux modifications que vous apportez dans la décoration.

— Vous vous souvenez qu'un de vos amis vous a conseillé un choix spécifique qui vous a convaincu et vous cherchez à suivre cet exemple.

Si vous choisissez la première solution, votre système conducteur est vraisemblablement kinesthésique, visuel pour la deuxième et auditif pour la troisième. Le système conducteur agit comme un guide qui anime le débat de comparaison de la stratégie de prise de décision.

Le système conducteur s'objective aussi par les clés d'accès visuelles ; en effet, on a souvent l'occasion d'observer un décalage entre les mots et les clés d'accès visuelles.

L'individu parle en termes kinesthésiques, mais offre des clés d'accès visuelles. Dans un tel cas, c'est le système visuel qui est conducteur et le système kinesthésique de référence.

Ce système conducteur entre en jeu dans la stratégie quelle qu'elle soit, il précède dans la pensée ou les processus internes l'intervention du système dit de référence, c'est-à-dire celui qui rend positive la vérification, et qui donne lieu à la sortie positive de la stratégie.

Lorsque l'on pose la question suivante :

— Qu'est-ce qui vous a finalement décidé à acheter cette voiture ?

et que la personne répond :

— C'est le rapport qualité/prix, après avoir vu d'autres modèles, je me suis dit que je ne pourrais certainement pas trouver mieux ailleurs.

Le système qui apparaît comme référence est le système auditif, la personne réfléchit sous la forme d'un dialogue intérieur qui emporte ou non sa décision. Dans cet exemple, le système conducteur était surtout visuel puisque l'acheteur rend compte des comparaisons effectuées en se servant d'un terme visuel.

Exercice 6 : (individuellement ou par groupes de deux personnes, un acteur et un sujet) Quel est votre système de référence ?

Cet exercice se déroule en plusieurs étapes, il est destiné à vous faire prendre conscience de ce qui vous aide à bâtir une certitude en termes de système de représentation sensorielle, car nous ne sommes pas tous comme saint Thomas qui ne croit qu'à ce qu'il voit !

1) Essayez de vous souvenir de quelque chose d'agréable qui vous est réellement arrivé.

2) En pensant à cette situation agréable, rassemblez tous les détails dont vous vous souvenez jusqu'à ce que vous en ayez une représentation très vivante.

3) Maintenant, imaginez un détail vraisemblable mais qui n'est pas arrivé dans votre expérience.

4) Laissez votre imagination intégrer ce détail à l'expérience réelle.

5) Représentez-vous maintenant les deux images, l'une réelle n° 1, l'autre, n° 2, à laquelle vous avez ajouté un détail vraisemblable.

6) Posez-vous les questions suivantes :

— Qu'est-ce qui fait que l'image 1 est vraie ?

— Qu'est-ce qui fait que l'image 2 n'est pas vraie ?

— Que faudrait-il pour que l'image 2 soit vraie et arrive à me convaincre ?

Au cours d'un stage, l'un des participants a raconté l'expérience suivante :

— Mon souvenir réel, c'est qu'un jour je me suis trouvé de très bonne heure un matin sur une plage et que je me suis baigné en éprouvant beaucoup de plaisir parce que le paysage était superbe, la lumière un peu inhabituelle et surtout une impression de silence car il n'y avait absolument personne. Le détail que j'ai ajouté, c'est qu'en fait je n'étais pas seul, j'ai imaginé une fille qui sortait de l'eau à ma rencontre et avec laquelle je faisais connaissance.

— Tu avais envie de croire à la seconde image ?

— Certainement, mais, si c'était arrivé vraiment, je pourrais me souvenir aussi du nom de la fille, j'aurais pris ses coordonnées pour essayer de la revoir, et j'en aurais gardé la trace dans mon agenda.

Ainsi, pour ce stagiaire, comme pour saint Thomas, le système de référence est visuel, la preuve de la véracité d'une expérience doit pouvoir s'inscrire noir sur blanc afin de la vérifier quand bon lui semble.

S'il s'était agi d'un système de référence auditif, il aurait pu se contenter de dire :

— Si cet événement était vraiment arrivé, je l'aurais entendue parler et je me souviendrais aujourd'hui du son de sa voix et surtout, je pense que je n'aurais pas oublié de quoi nous avions parlé.

Dans un cas comme celui-là d'ailleurs, le sujet n'envisage pas la possibilité de ne pas parler ! Le souvenir d'une expérience est toujours sonore chez les personnes dont le système de référence est auditif.

Comme nous l'avons souligné plus haut, le système de représentation sensorielle qui sert de référence est aussi généralement celui que l'on qualifie de primaire.

Pour mieux comprendre l'utilisation différenciée des systèmes de représentation sensorielle, nous pouvons la comparer à l'expérience de certaines personnes qui possèdent à fond plusieurs langues et qui disent réfléchir en français, compter en allemand et faire de la poésie en anglais ; ou bien encore utiliser de façon sélective telle langue avec telle personne selon la nature de la relation.

Ce que nous cherchons à comprendre ici, c'est le comment de la réponse envisagée selon le système de représentation sensorielle ; dans les prochaines sections de ce chapitre, nous continuerons d'étudier les autres distinctions qui font partie des réponses, cette fois sous des angles différents.

Ce qui apparaît clairement dans cette analyse, c'est la préoccupation du *comment*. Au chapitre précédent, nous nous intéressions davantage au *quoi*, c'est-à-dire à ce qui était ou non retenu par la personne comme faisant partie de telle ou telle catégorie (information, lieu, action, personnes, choses) ; à présent, notre étude se situe en aval de ce premier filtre et concerne les réactions exprimées dans le comportement de la personne.

2 - La notion de *chunk size* ou dimension du fractionnement

La notion de *chunk* apparaît dans la PNL dès lors qu'il s'agit de comprendre quelle partie de l'expérience est traitée au plan subjectif ; quand quelqu'un pense et/ou s'exprime, comment fractionne-t-il son expérience ? A-t-il tendance à passer à des niveaux logiques supérieurs (élargir le débat) ou bien s'intéresse-t-il plutôt aux détails (rétrécir le débat) qu'à l'ensemble ?. Cherche-t-il des analogies ? [1]

Le terme *chunk* que l'on retrouve dans le langage PNL sous les formes suivantes :

— *chunk up*

— *chunk down*

1. Voir : Le menu d'influence au chapitre 6.

— *lateral chunking*
— *chunk size*
n'est pas toujours traduit en français mais souvent réutilisé tel quel. Cependant, il nous semble utile de préciser ce qu'il signifie et à quoi il peut servir dans la compréhension de l'expérience subjective et de la communication.

Le terme *chunk* provient du jargon de l'informatique et se rattache à une idée de morcellement, de fractionnement ; ainsi l'expression *chunk up* s'applique-t-elle au phénomène qui consiste à partir d'un élément donné, appelé parfois *généralisateur*, pour resituer cet élément dans un ensemble plus vaste ; le fractionnement ici consiste à agrandir, à élever, à élargir le cadre de la réflexion. Nous avons présenté cette notion dans *Comprendre la PNL* sous le terme « élargir le débat ».

L'expression *chunk down* désigne le fait d'aller vers les détails qui composent l'objet de départ en question ; nous avons présenté cette notion sous le terme « rétrécir le débat ».

L'expression *lateral chunking* concerne les objets qui présentent une similitude, une analogie avec celui dont il est question.

Pour résumer ces trois distinctions, nous pouvons dire que :

— ***chunk up* correspond à la question : « A quelle catégorie, à quel ensemble l'objet que nous considérons appartient-il ? »**

— ***chunk down* correspond à la question : « De quoi (quels éléments) l'objet que nous considérons est-il composé ? »**

— ***latéral chunking* correspond à la question : « Existe-t-il des objets similaires ? »**

Par exemple, si notre point de départ est le terme *véhicule*, nous pourrons effectuer un *chunk up* ou élargir le débat en situant ce terme dans une catégorie plus vaste à laquelle au moins un de ses caractères lui permet d'appartenir, un véhicule peut être considéré comme un *moyen de transport*.

Si, à partir de ce même exemple, nous choisissons d'effectuer un *chunk down* ou de rétrécir le débat, nous pourrons parler des éléments qui font partie d'un véhicule, ailes, roues, pare-brise, emplacements pour les passagers, etc.

Enfin, si nous voulons faire un *lateral chunking*, c'est-à-dire chercher des similitudes entre des objets, nous pouvons évoquer des exemples de véhicule : automobiles, avions, train, etc.

Dans le cadre des démarches de développement personnel, nous soulignons le fait qu'en effectuant un *chunk up*, nous allons vers les critères, un *lateral chunking* vers les analogies, les alternatives, et un *chunk down* vers les détails, les équivalences complexes des critères.

Pour ce qui concerne précisément les dimensions du fractionnement ou *chunk size*, ce qui nous intéresse, c'est d'essayer de savoir comment notre interlocuteur découpe son expérience. Cela nous conduit à désigner un fractionnement large ou étroit selon que la personne dans une circonstance donnée considère la globalité ou les détails de son expérience. Il apparaît que ces deux types de fractionnements revêtent un intérêt spécifique selon les contextes d'application ; ainsi, on constate que lorsque l'on se sent débordé par une tâche, c'est que l'on effectue un fractionnement très global, sans établir de hiérarchie ou d'ordre dans le temps entre les différentes tâches à accomplir. Dans un autre contexte, nous avons besoin d'effectuer un fractionnement large si nous voulons faire un bilan de nos résultats au cours des cinq dernières années et réfléchir aux options que nous souhaitons prendre pour l'avenir.

Quelqu'un qui se trouve bloqué par son perfectionnisme effectue un fractionnement étroit, le grossissement des détails fait apparaître des *imperfections* de plus en plus flagrantes et contraint la personne à demeurer centrée sur des points de faible importance quant à leur influence sur l'ensemble de la tâche à accomplir, mais qui absorbent une quantité d'énergie inversement proportionnelle à leur taille !

Cependant, il est très utile d'opérer un fractionnement étroit : lorsque l'on se livre à l'analyse détaillée d'une comptabilité, par exemple, la moindre erreur de calcul peut avoir des conséquences importantes pour l'ensemble des résultats.

Nous aurons l'occasion d'appliquer la distinction de fractionnemnet large ou étroit de façon particulièrement pertinente dans les cas suivants :
— réponses *en désaccord*
— réponses *témoin*
— réponses d'éloignement ou de rapprochement.

De plus, nous retrouverons cette notion de fractionnement large ou étroit au chapitre 6 concernant la structure des états émotionnels.

3 - Les réponses *en accord* ou *en désaccord*

Ces termes sont utilisés pour traduire le verbe anglais *to match* et son contraire *to mismatch*. Bien entendu, cette *traduction*, comme toutes les autres n'est guère satisfaisante, d'autant plus qu'en français nous mettons dans les expressions « être d'accord » et « être en désaccord » une signification d'ordre relationnel impliquant aussi selon le contexte une notion de jugement de valeur qui s'éloigne, il est vrai, du rôle d'observateur que nous enseigne à adopter la PNL. Tout ceci joue en faveur de l'option que nous proposons ici et qui consiste à comprendre les termes d'accord et de désaccord dans le sens d'une métaphore musicale : un instrument de musique est accordé par rapport à un modèle dont il reproduit le son, s'il s'en éloigne, il devient faux et se désaccorde.

De la même façon, une réponse est *en accord* quand elle s'adapte au modèle proposé dans l'information reçue et elle est *en désaccord* lorsqu'elle sort du cadre imposé par celle-ci.

Certains enseignements proposent d'autres termes pour désigner ces types de réponse comportementale, tels qu'accordeur ou désaccordeur, voire même « matcheurs » et « mismatcheurs », qui s'appliquent à la personne utilisant ces réponses ; nous les citons à titre d'exemple afin que le lecteur puisse effectuer des recoupements avec ce qu'il aurait pu apprendre au cours de stages de formation ; nous n'utiliserons pas ces termes dans la suite de ce travail.

Cela étant posé, il importe de comprendre que les réponses *en accord* se situent très exactement dans le même cadre que la proposition qui les suscite tandis que les réponses *en désaccord* s'en échappent. Par exemple si quelqu'un suggère :

— Voulez-vous aller au théâtre ?

et qu'on lui répond :

— Bien sûr, à quelle heure est la représentation ?

il s'agit d'une réponse *en accord,* la personne réagit strictement dans le cadre proposé ; tandis que, à la suite de la même suggestion, si l'on obtient une réponse du type :

— Je préfèrerais aller au concert,

il s'agit d'une réponse *en désaccord.*

En fait, si nous jouions sur les mots, nous pourrions dire que l'invité est de toute façon d'accord pour sortir, mais nous ferions alors une autre réponse *en désaccord* en sortant du cadre de la définition proposée plus haut. Dans le second cas, la personne répond par un contre-exemple avec la proposition initiale ; nous étudierons plus loin cette catégorie de réponse que nous plaçons d'ores et déjà dans les réponses *en désaccord.*

a. Les réponses *en accord*

Comme nous venons d'en donner une définition et un exemple , les réponses *en accord* viennent s'adapter au contexte de la proposition à laquelle elles s'adressent. Dans *Comprendre la PNL,* nous avions très succinctement évoqué ces types de réponses par les comportements qu'elles impliquent et, pour les réponses *en accord,* nous avions désigné leurs utilisateurs comme des personnes pour qui « le dernier qui parle a raison ». Il est exact que de telles personnes rencontrent des difficultés à prendre des décisions car leur métaprogramme de réponse exclut la possibilité dans un premier temps de s'échapper du cadre proposé.

Une réponse *en accord* correspond à une mise en phase avec l'interlocuteur, celui qui emploie ce type de réponse ne peut pas en premier lieu contredire son partenaire, cela n'exclut pas que dans un second temps, il puisse présenter par rapport à la même situation une réponse *en désaccord,* mais, initialement, il se met au diapason de l'autre et entonne le même refrain. La personne qui présente des réponses comportementales *en accord* se montre par conséquent sensible aux autres, elle a tendance à ressentir leurs émotions, à partager leurs sentiments, c'est un avantage dans bien des cas, c'est indispensable dans d'autres, mais parfois aussi cela peut être très gênant, comme d'ailleurs toutes les distinctions des métaprogrammes.

Un autre exemple typique de réponse *en accord* se manifeste chez les personnes qui, quelles que soient les circonstances, préfèrent quelque chose qu'elles connaissent déjà à quelque chose de nouveau. Par exemple, s'il s'agit de choisir un lieu de vacances, la personne qui applique une réponse *en accord*, préfère retourner à un endroit qu'elle connaît plutôt que d'en découvrir d'autres.

Les problèmes surgissent souvent du fait que les gens n'ont pas conscience d'obéir dans leurs réponses comportementales, c'est-à-dire dans la manière dont ils réagissent, à un programme relativement rigide tel que nous en décrivons les différentes distinctions dans ce travail par le terme de métaprogramme. Chaque personne possède son métaprogramme fait de telle façon qu'une fois découvert il devient pour l'observateur un moyen de prévision de ses comportements. Ce moyen demeure la plupart du temps hors de portée de la personne concernée qui reste souvent convaincue qu'elle n'a pas de possibilité d'intervention sur ses comportements. Lorsque nous sommes submergés par un sentiment, nous éprouvons la sensation d'une absence de choix, nous avons l'impression que nous n'avons rien d'autre à faire que de subir ce sentiment ou cette émotion et nous nous trouvons tellement impliqués que nous devenons incapables de déceler la trame de notre comportement. C'est typiquement une démarche qui illustre la réponse *en accord*. Il s'agit d'un accord entre comportement et émotion ou état intérieur ; les comportements sont d'ailleurs toujours en relation avec l'état intérieur, et c'est précisément lorsqu'ils s'en éloignent ou quand on veut ajouter un comportement qui ne coïncide pas avec l'état intérieur que l'on produit des incongruences.[1]

Dans un autre contexte, on utilise la réponse *en accord* d'une personne pour la faire marcher, c'est-à-dire lui faire croire quelque chose qui peut ou non ensuite être transformé de façon humoristique. Lorsque le 1er avril, le présentateur de la télévision annonce que la tour Eiffel va être déplacée,

1. Consulter *The Emotional Hostage*, par Leslie Cameron-Bandler et Michael Lebeau, chapitre 2, page 23 pour plus de détails à propos de la notion d'absence de choix.

il se trouve des gens pour le croire, soit qu'ils aient oublié la date où traditionnellement on s'adonne aux canulars, soit qu'ils prennent au sérieux dans un premier temps ce qu'ils viennent d'entendre. C'est parfois interprété comme de la naïveté et à juste titre ; cependant, nous devons faire la distinction entre naïveté et réponse *en accord*, la seconde correspondant à une manière de réagir et non à une valeur de réaction.

Les réponses comportementales *en accord* apparaissent comme très utiles pour comprendre les difficultés ou les joies des autres ; elles expliquent le fait que l'on se sente déprimé lorsque l'on vient de rencontrer quelqu'un qui l'était ou heureux du bonheur d'un autre. Ce type de réponse s'adresse non seulement aux émotions mais aussi aux comportements et au contenu de l'interaction, c'est-à-dire à tous les éléments digitaux et analogiques perceptibles dans la communication. Quand on possède dans son métaprogramme une réponse *en accord*, cela permet de comprendre les situations, de se mettre à la place de quelqu'un d'autre ; pour être authentique, un acteur se doit de se mettre dans la peau du personnage qu'il interprète ; lorsqu'il y réussit, c'est qu'il applique à cette activité une réponse *en accord*.

Quand, dans certaines situations, nous nous disons après coup, « voilà ce que j'aurais dû faire (ou dire) », nous nous accusons d'avoir l'esprit de l'escalier, en d'autres termes, de manquer d'à-propos. Ce qui arrive, c'est que sur l'instant nous sommes incapables de sortir du contexte proposé par les autres personnes impliquées. Ainsi, lorsque quelqu'un nous tient des propos blessants, nous nous limitons à en souffrir, ou encore à tenter une riposte maladroite sous forme d'une réponse à ce que nous venons d'entendre.

Quand nous réagissons de la sorte, nous présentons une réponse *en accord*, ce dont nous aurions besoin, c'est d'être capables de produire des réponses *en désaccord*, car ceux qui possèdent cette aptitude dominent beaucoup mieux ce type de situation.

Dans le premier temps d'une relation d'aide, la réponse *en accord* permet d'entrer vraiment dans le problème en question, cependant, lorsqu'il s'agit de passer à une phase de recherche de solution, elle peut éventuellement constituer un blocage du fait qu'elle ne laisse pas sortir du cadre initial et qu'il n'y a pourtant pas d'autre moyen pour trouver des options différentes.

Dans le contexte de l'apprentissage ou de l'acquisition de connaissances, il est impératif que l'élève applique, au moins dans un premier temps, une réponse *en accord*, car elle lui permet d'intégrer ces informations beaucoup plus facilement que s'il appliquait une réponse *en désaccord* s'illustrant par des critiques et des contre-exemples. Cette dernière est cependant utile par la suite.

Les réponses *en accord* forment également la base d'émotions telles que le plaisir ou la satisfaction : l'expérience que vit la personne correspond et donc s'accorde avec le modèle désiré et cettte association est ressentie comme agréable, satisfaisante, gratifiante.

Si nous considérons un contexte d'activité précis et que nous cherchons à en déceler la structure, nous sommes amenés à envisager des séquences spécifiques ; ainsi chaque étape d'un processus possède ses propres caractéristiques que nous codifions par les distinctions des métaprogrammes.

Nous étudierons cela par la suite dans les applications pratiques des données théoriques présentées dans les trois premiers chapitres.

b) Les réponses *en désaccord*

Les réponses *en désaccord* se caractérisent par le fait qu'elles s'échappent du cadre de la proposition (comportement verbal et non verbal) initiale. Cela ne signifie pas forcément qu'il y ait un désaccord, si l'on donne à ce terme un sens de valeur, à propos du contenu, mais un désaccord pris dans le sens d'une opposition de valeurs se classe dans les réponses de ce type.

Il existe plusieurs types de réponses *en désaccord*, nous allons les présenter et les étudier successivement.

c) Les réponses *en désaccord* par polarité ou réponses polarisées

Dans *Comprendre la PNL,* nous avons présenté ce type de réponses sous le terme « esprit de contradiction » car c'en est une des manifestations les plus fréquentes et les plus faciles à mettre en évidence. Les réponses polarisées appartiennent aux personnes qui font du dénigrement systématique leur sport favori ; en dépit du fait qu'il y a dans ces réponses un jugement de valeur négatif, nous devons nous souvenir lorsqu'elles apparaissent qu'elles représentent bien souvent le seul et unique comportement dont la personne dispose pour réagir.

Les réponses polarisées apparaissent aussi dans la manière de choisir et d'exprimer un choix, lorsque quelqu'un dit :

— J'ai choisi le moins mauvais candidat.

Il montre qu'il a fait un choix négatif, c'est-à-dire qu'il a pris sa décision non par rapport à une adaptation à des critères mais à une inadaptation. Si on interroge cette personne pour tenter de connaître les critères de sélection qu'elle applique, il y a de fortes probabilités pour qu'elle les formule en négatif :

— Je ne veux pas de candidats âgés, et de toute façon pas de femmes !

La personne se détermine par rapport à des contraires, des oppositions et elle pense en négatif.

Dans notre vie quotidienne, nous utilisons souvent une forme de réponse polarisée qui passe sous silence dans le flot des habitudes acceptées sans remise en cause, et qui resurgit dans des phrases négatives telles que :

— Tu n'as pas froid ?
— Vous ne voulez pas fermer la fenêtre ?
— Elle ne s'en sort pas mal.

ou encore dans cet échange :

— Est-ce que ce film vous a plu ?
— Ce n'était pas mal, mais...

Nous utilisons ainsi très souvent une formule négative à la place du positif pour décrire notre expérience. Ce détail peut paraître assez anodin, en fait, il traduit quand même une attitude globale assez négative caractéristique des réponses comportementales polarisées, du moins lorsqu'elles surgissent de façon très dominante dans le comportement.

La personne qui présente une forte tendance à n'utiliser que des réponses polarisées met toutes les chances de son côté pour épouver dans ses relations des sentiments de méfiance, mais aussi une grande solitude, car sa façon de penser l'incite à ne compter que sur elle-même, les autres « n'étant pas » ce qu'elle pense juste d'en attendre.

Un autre exemple caractéristique des réponses polarisées s'observe chez les personnes qui mettent toute leur énergie à « faire le contraire », quand, par exemple, un individu explique qu'il veut à tout prix éviter de reproduire le modèle dans lequel il a grandi, bien souvent le résultat auquel il aboutit c'est un modèle symétrique qui peut bien entendu se révéler tout aussi inadapté.

Dans son ouvrage *Influencing with Integrity,* Genie Laborde explique comment nous apprenons dans l'enfance à nous servir des réponses polarisées, c'est-à-dire à faire le contraire de ce que l'on nous demande ou à répondre systématiquement non à tout ce qui est proposé. Ce que cet auteur nous propose surtout d'observer, c'est comment certaines personnes restent « coincées » toute leur vie durant dans ce style de réponse.

Bien entendu, dans certains contextes, il est très important de pouvoir produire des réponses polarisées, particulièrement lorsqu'une opposition déterminée s'impose ; quand nos critères les plus importants se trouvent mis en danger, un *non* catégorique se révèle souvent une réponse adaptée à la situation, au moins du point de vue de notre écologie personnelle.

Certaines personnes sont incapables de s'opposer, de dire *non* dans des circonstances données et cela les rend généralement très mal à l'aise du fait qu'elles acceptent des événements qui s'inscrivent en désaccord avec leurs critères. Cette inadéquation entre les critères et la réponse comportementale représente un excellent facteur favorisant du stress, et une solide base aux incongruences séquentielles. L'individu accepte dans un premier temps quelque chose qui est en total désaccord avec ses critères, dans un second temps, sa réaction se change en une réponse polarisée plus ou moins intense selon le degré subjectif estimé de la transgresssion initiale.

D'autres invividus, en revanche, restent accrochés à leurs réponses polarisées et à leur pensée en négatif, il est possible de les plonger dans l'embarras en leur posant des questions qui suscitent une réponse formulée au positif :

Si quelqu'un dit :

— J'en ai marre de mon travail, je ne veux pas continuer comme cela, d'ailleurs je ne fais que perdre mon temps ici.

L'observateur note que cette personne réfléchit en s'opposant et lui répond :

— Je comprend votre sentiment, mais vous ne me dites pas ce que vous voudriez.

Il y a une grande probabilité pour que cette phrase suscite en premier lieu du silence... En effet, celui qui fonctionne avec une réponse polarisée dominante s'exprime en négatif, tant dans ses pensées, son dialogue intérieur, que dans ses comportements extérieurs, et dans bien des cas, tout se passe comme si il avait *oublié* ce à quoi il s'oppose pour ne garder que l'opposition. Dans un second temps, après un moment de silence, la personne donne de nouveau une réponse polarisée ou en négatif car elle a pu effectuer la séquence qui l'y amène, c'est-à-dire accéder au problème (ou au sujet de la conversation) puis... le traduire en négatif !

— En fait, vous ne voyez pas que cette situation ne peut plus durer, et ce n'est pas faute d'essayer de vous le dire !

Ce qu'il est important de comprendre c'est que, quelle que soit la formule utilisée, l'individu qui fonctionne avec des réponses polarisées trouve moyen de les exprimer. Nous avions tendu une perche à notre interlocuteur aux réponses polarisée en lui répliquant : « ...mais vous ne me dites pas ce que vous voudriez ». Cette phrase lui donnait en effet l'occasion de s'opposer et il avait alors toute facilité pour donner une réponse polarisée signifiant « au contraire, je vous le dis ».

Quand on veut se servir des réponses polarisées pour influencer la personne qui les possède, la stratégie consiste à présenter ses propositions de façon à ce que la personne puisse utiliser son type de réponse tout en allant dans le sens souhaité. La façon la plus simple de procéder consiste à proposer le contraire de ce que l'on souhaite de façon à ce que l'interlocuteur en s'opposant diamétralement aille dans le sens voulu. L'attitude générale demeure la vigilance à propos de la formulation des questions ou des affirmations que l'on propose ; nous devons aussi nous souvenir que la réponse polarisée d'une part n'est pas très créative (elle se limite à mettre en évidence les contraires ou les symétries) et, d'autres part, intéresse à la fois le contenu et sa présentation (la personne s'oppose à la fois au sens de la proposition par une attitude de dénigrement systématique, mais aussi au style de celle-ci en se servant des négations). En outre, les réponses polarisées offrent un moyen rêvé de faire surgir des contradictions chez l'interlocuteur, et il est souvent souhaitable d'éviter de le mettre dans cette situation dévalorisante, c'est pourquoi une grande prudence s'impose face à de telles réponses.

d) Les réponses *en désaccord* par contre-exemples

Ces réponses sont les plus caractéristiques de celles dites *en désaccord*, elles se manifestent essentiellement dans l'attitude du « oui...mais... » Elle se révèlent utiles, voire même précieuses dans bien des contextes et particulièrement ceux qui nécessitent de la créativité car la réponse *en désaccord* en est une des composantes essentielles.

Rappelons que les réponses *en désaccord* supposent de sortir du cadre proposé par l'affirmation (ou plus généralement de la situation) qui les suscite ; ainsi, la personne qui produit des contre-exemples cherche dans une situation ce qui est différent de ce qu'elle connaît déjà ou de ce qu'elle sait à quoi s'attendre.

Par exemple, un adjudant chargé de passer en revue le bon ordre des soldats placés sous sa responsabilité applique généralement une réponse *en désaccord* fondée sur les contre-exemples car toute son attention se concentre sur la recherche du moindre indice témoin d'une *différence* avec l'idéal souhaité. Il demeure possible de déjouer cette vigilance en plaçant volontairement une légère erreur dans sa présentation de façon à ce qu'elle apparaisse immédiatement et ainsi masque celles auxquelles on n'aura pas pensé mais que traque notre adjudant adepte des contre-exemples.

Quand on a en face de soi une personne qui utilise de façon dominante des contre-exemples, on peut dire que l'on tient là un extraordinaire partenaire pour des discussions acharnées et passionnées, quelqu'un qui de toute façon trouve le moyen de ne pas être d'accord avec son interlocuteur ! Cette personne semble n'être jamais à court d'arguments, elle a l'esprit de répartie, cependant, elle semble à certains difficile à convaincre car elle conteste tout ce qui passe à sa portée.

Les avantages et les inconvénients des réponses de contre-exemple apparaissent déjà ; à l'évidence, elles sont d'une grande valeur dans la vente pour autant que leur possesseur les applique avec circonspection et évite de noyer ses clients sous un flot d'arguments. Un des pièges les plus courants dans la vente consiste à devancer les objections du client, c'est-à-dire à faire naître en lui des motifs d'objection auxquels il n'a pas songé, et ce piège s'adresse tout particulièrement à ceux qui utilisent facilement les contre-exemples.

Cet usage semble une pratique très répandue et considérée comme naturelle par la plupart des gens qui, dans leur environnement, ne relèvent que ce qui ne va pas, comme si ce qui allait bien ne leur paraissait pas digne d'attention. Le contre exemple peut être soit positif et constructif soit négatif et destructeur.

La personne qui met la grande majorité de son énergie à relever les détails qui « ne vont pas », qui, à partir d'un élément positif d'une situation en développe des conséquences négatives peu ou pas fondées mais probables, utilise son talent à produire des contre-exemples de façon négative et, selon le degré, cela pourra aller jusqu'à des attitudes destructrices. Imaginez par exemple que vous projetiez de faire un cadeau à votre petite amie, vous réfléchissez à ce qui lui fera plaisir puis vous vous mettez en devoir de chercher ce cadeau, que se passera-t-il si, en découvrant l'objet rare que vous avez eu du mal à dénicher, elle vous dit : « Oh, qu'il est joli... mais, pourquoi as-tu choisi cette couleur ? » Sa façon de répondre avec des contre-exemples l'amène à de telles réflexions ; qui plus est, comme elle n'a pas toujours le choix de changer de type de réponse, vous pouvez être pratiquement sûr que, selon la formule rituelle, « ce que vous direz pourra être retenu contre vous » ! Il ne vous reste alors qu'une solution, c'est la formule magique qui réduit au silence ceux qui pratiquent les réponses *en désaccord* à savoir l'usage des quantifieurs universels [1].

— Les objets de cette époque sont toujours de cette couleur, je croyais que tu le savais, alors, il ne te plaît pas du tout ?

Cette réponse présente plusieurs aspects destinés à gérer les possibles contre-exemples.

— D'abord, l'annonce d'une généralité « les objets de cette époque sont toujours de cette couleur », c'est-à-dire d'une catégorie de faits ou d'expériences se caractérisant précisément par l'impossibilité (au moins théorique) d'un contre-exemple ou d'une exception.

— Ensuite une présupposition qui peut être utilisée sans que cela affecte beaucoup le contenu de la réponse attendue en retour par l'interlocuteur pour exercer son talent de réponse *en désaccord* (« non, je le savais pas » ou encore « eh bien, tu t'es trompé »).

— Enfin une dernière généralisation : « Il ne te plaît pas du tout ? »

1. Voir *Comprendre la PNL* : Le métamodèle pour le langage, chapitre 3.

destinée, elle, à être mise en contestation pour le plaisir d'entendre la dame protester « mais bien sûr que si, il me plaît ! ».

Ces nuances paraîtront à certains lecteurs un peu compliquées, il est vrai qu'elles développent et approfondissent l'usage des techniques de base de la PNL.

Elles sont destinées à éveiller la sensibilité ainsi qu'une qualité d'écoute très fine destinée à formuler avec précison la question réellement adaptée à l'information recherchée, ou effectuer un recadrage en une seule phrase.

Quand celui qui fournit des contre-exemples rencontre une généralisation (surtout celles qui s'expriment par les quantifieurs universels), cela provoque deux effets prévisibles :

— soit, la généralisation est incontestable et, dans ce cas, cela clôt toute possibilité de débat.

— soit, la généralisation est contestable et produit une recherche active de contre-exemples.

Ces deux possibilités permettent d'influencer l'utilisateur de contre-exemples, elles ont bien entendu des variantes.

Un formateur PNL raconte le fait suivant :

> « Je sais que j'utilise beaucoup de contre-exemples, et de réponses en désaccord, et cela me joue des tours. Un vendeur peut arriver à me vendre ce qu'il veut s'il me montre l'objet exact que je lui ai décrit. J'ai passé du temps à préciser mon souhait, s'il m'apporte exactement ce que je demande, je suis dans l'impossibilité de refuser car je ne veux pas me contredire. »

Il ajoute un peu plus tard :

> « Les étudiants me mettaient en difficulté en procédant ainsi, ils m'écoutaient présenter un modèle ou une technique, puis, quand le moment était venu de poser des questions, certains me demandaient si ce modèle ou cette technique devait "toujours" être appliqué, était valable dans "tous" les cas, en fait, ils m'obligeaient involontairement à produire des contre-exemples à la généralité que je venais de présenter et cela pouvait parfois m'amener à me contredire ; c'est ainsi que j'ai appris à nuancer mes affirmations. »

Il est possible de mettre en évidence les contre-exemples dans de nombreux contextes ; ceux qui les utilisent recherchent dans leurs réponses ce qui va contredire, réfuter, se différencier du cadre initial. A l'inverse des personnes qui présentent des réponses *en accord* et qui de ce fait cherchent à répéter leurs expériences, celles qui utilisent les contre-exemples de façon préférentielle cherchent à en connaître de nouvelles, ce qui les conduit même parfois à éviter ce qu'ils connaissent déjà.

Insistons encore sur le fait que les réponses de contre-exemples ne signifient pas forcément un jugement de valeur à propos du contenu, c'est même souvent seulement un style de réponse.

Ce qui se produit parfois, c'est que la personne oppose des contre-exemples à la proposition qu'on lui fait, mais, un peu plus tard, prouve par son comportement qu'elle l'agrée finalement ; les contre-exemples n'ont alors constitué qu'une étape.

Un peu de réflexion et d'observation conduit à mettre en évidence des contextes d'application de cette distinction ; il est utile de savoir, de prendre conscience de nos propres façons d'utiliser ou de ne pas utiliser les contre-exemples pour reconnaître les situations où ils s'adaptent le mieux à nos objectifs. D'autre part, une bonne connaissance de cette aptitude nous donne la vigilance nécessaire pour déceler ce qui pourrait nous mettre en difficulté ou ce qui nous influence.

e. Les réponses *en désaccord* avec comparaison

Ces dernières constituent une vaste catégorie de réponses ; pour des raisons de clarté et au niveau de la forme, nous distinguons deux principaux types de comparaison, quantitative ou qualitative ; ces deux catégories nous renseignent au sujet de la question « comment compare-t-on ? », nous l'incluons dans notre réflexion et notre observation à propos de « qu'est-ce que l'on compare ? »

Le processus de comparaison procède d'une association ou d'une différenciation entre au minimum deux éléments, il nous permet de reconnaître un objet comme appartenant à une catégorie s'il possède au moins un caractère commun à tous les membres de cette catégorie, nous faisons alors une association. Nous pouvons aussi reconnaître un objet comme n'appartenant pas à une catégorie, de ce fait, nous le différencions.

Qui dit comparaison sous-entend aussi relation d'égalité, de supériorité ou d'infériorité, ces distinctions s'inscrivent en parallèle avec les aspects quantitatifs ou qualitatifs de la comparaison.

La comparaison figure dans les réponses *en désaccord* car elle se manifeste en sortant du cadre de la proposition initiale. Prenons l'exemple suivant :

— Monique a acheté une voiture gris métallisé.

— Moi aussi j'en ai eu une quand j'avais son âge !

La réplique n'a que peu de rapport avec l'affirmation qui n'appelait pas de commentaire particulier, en fait cette réponse esquisse déjà presque un nouveau cadre ; la personne qui répond se compare à celle évoquée dans la première affirmation en répondant qu'elle aussi a possédé le même style de voiture au même âge ; le ton de la voix et les autres éléments analogiques accompagnant la réponse nous permettent de savoir avec plus de précision comment la personne effectue sa comparaison, c'est-à-dire sur quoi elle insiste le plus : veut-elle comparer des personnes ? des âges ? des voitures ? et comment le fait-elle, s'agit-il de quantité ou de qualité ?

Les personnes qui répondent à la majorité des situations par une comparaison donnent un sens à leur expérience en tentant de l'associer ou de la différencier soit de leur propre expérience, dans ce cas ils effectuent une comparaison *soi/autres*, ou bien de l'expérience d'autres personnes et dans ce cas il s'agit d'une comparaison *autres/autres*. Nous tenons également compte du temps dans notre observation en cherchant à savoir si la personne compare des éléments du passé avec ceux du présent ou du futur, ou effectue d'autres combinaisons entre ces trois possibilités.

D'autres exemples peuvent être plus précis :

— Nous avons un voisin qui ressemble à Sylvester Stallone !
comparaison *autres/autres,* qualitatives.

— Il gagne autant d'argent que son frère.
comparaison *autres/autres,* quantitative.

— Il gagne plus d'argent que l'année dernière.
comparaison *soi/soi,* passé/présent, quantitative.

— Elle fait mieux la mousse au chocalat que moi.
comparaison *soi/autres,* qualitative.

— Son carnet scolaire est meilleur que le tien !
comparaison *autre/autre,* qualitative.

— S'il mange moins de gâteaux, il perdra les kilos qu'il a en trop !
comparaison *autre/autre,* présent/futur, quantitative.

— Je dois dépasser le chiffre d'affaires de mes concurrents.
comparaison soi/autres, quantitative.

Ces affirmations contiennent donc des comparaisons que l'on a définies selon trois principaux critères :

— les personnes concernées, soi et autres,

— le facteur temps, passé, présent et futur,

— l'aspect quantitatif ou qualitatif.

Cette description des réponses par comparaison ne nous permet pas d'en juger la valeur, seulement de noter combien dans certains contextes les comparaisons *soi/autres* peuvent constituer de lourds handicaps pour leurs utilisateurs. Celui que se compare aux autres à quelque niveau que ce soit est assuré de trouver quelqu'un qui possède plus de talent que lui dans ce domaine ; pour bien des gens cela s'accepte à l'évidence comme le temps qu'il fait, pour d'autres cependant, c'est plus difficile et cela les amène à rencontrer de nombreuses difficultés car, quoi qu'ils fassent, leur dialogue intérieur leur susurre : « Tu as beau faire, M. Untel réussit mieux que toi » ou toute autre formule qui entretient le programme de comparaison.

Ce type de réponse provoque des états émotionnels désagréables et même parfois très douloureux car la personne se maintient ainsi dans une permanente situation d'échec par insuffisance. Dans de tels cas, la stratégie consiste à amener la personne à prendre conscience de son type de réponse, puis, tout en conservant l'aptitude à produire des comparaisons, en changer le contenu. Par exemple, lorsque l'on se sent insuffisant par rapport à un objectif, c'est que l'on compare ce que l'on a fait avec ce qu'il reste à faire ou avec ce qu'un autre a déjà effectué, en changeant simplement le cadre du temps et en comparant avec le passé (ce que nous avons déjà accompli par rapport avec ce que nous avions à accomplir au départ). Le critère de mesure change et de ce fait le vécu subjectif de la comparaison change aussi.

Une expression toute faite, souvent utilisée, nous conseille de ne comparer que ce qui est comparable, or, il s'avère que dans de nombreux cas les personnes choisissent de se comparer avec des modèles tellement idéalisés qu'ils en sont devenus inaccessibles et contribuent ainsi à maintenir la personne dans un sentiment d'infériorité constant.

Il est parfois cependant utile de comparer ses résultats avec ceux des autres lorsqu'on souhaite apprendre quelque chose d'eux ou progresser ; la comparaison *soi/autres* amène alors à prendre conscience de ce que l'on peut améliorer dans sa façon de procéder pour une tâche précise.

Cela étant présent à l'esprit, nous devrons éviter cependant de présenter nos comparaisons comme des jugements de valeur ayant une portée très générale. Par exemple, dans un entretien d'évaluation du personnel[1], on peut faire usage de comparaisons si on fait attention à limiter la comparaison à un contexte très spécifique : on compare des chiffres par exemple, mais on doit éviter sous peine d'inférioriser la personne d'en déduire une valeur globale de l'individu. C'est en effet très différent de dire de quelqu'un :

— Monsieur Dupont est un bon vendeur.

1. Voir à ce propos l'ouvrage de Jacques Teboul *L'Entretien d'évaluation*.

Ou bien :

— Monsieur Dupont est quelqu'un de bien.

La première phrase n'exclut pas l'autre, mais elle ne l'implique pas obligatoirement et vice versa.

De la même façon, lorsque l'on doit formuler une critique à l'égard de quelqu'un, il convient d'en donner d'une part les limites précises, d'autre part ce que l'on attend à la place de ce que l'on critique. Dans les stages de formation à la PNL, il y a aussi des évaluations lorsque ces stages donnent lieu à une certification. Pour l'enseignant, une des tâches les plus difficiles est de parvenir à donner des appréciations de façon à ce que la personne en tire une connaissance, une information et une motivation au lieu du sentiment plutôt désagréable qu'entraîne souvent une critique maladroitement formulée.

Les personnes qui utilisent de façon dominante les comparaisons cherchent donc dans ce qui constitue leur expérience des éléments semblables ou différents qu'elles rattachent à des contextes de personnes, de temps, de qualité et/ou de quantité. Dans certains cas, ce type de réponse conduit à penser que la personne ramène tout à elle du fait que, quoi qu'on lui dise, elle le compare avec sa propre expérience, ainsi, elle trouve le moyen de parler d'elle-même quel que soit le contexte. C'est bien entendu un excellent moyen de faire dévier l'objectif de la conversation.

Comme pour les distinctions précédentes, le lecteur peut trouver de nombreux exemples de comparaison dans ses propres comportements (le cas échéant), et dans ceux qu'il observe. Muni de cette information, il est alors en mesure de recadrer des comparaisons par trop infériorisantes en choisissant avec soin le contenu des comparaisons qu'il est tenté d'utiliser.

A présent, nous allons quitter les réponses *en accord* et *en désaccord* pour nous intéresser à une autre distinction qui recoupe celles d'accord/désaccord : les réponses témoin du processus ou méta, et les réponses associées (acteur du processus).

4 - Les réponses témoins ou métaposition, et réponses associées au processus

a. Les réponses associées au processus

Cette distinction s'applique pour qualifier les personnes qui sont tellement impliquées dans l'expérience qu'elles sont en train de vivre qu'elles n'en perçoivent pas le processus. De façon typique, ces personnes se sentent victimes de leur environnement et n'ont pas conscience de pouvoir agir pour leur propre compte dans certains contextes. Au prochain chapitre, nous retrouverons en partie cette nuance dans une autre distinction des métaprogrammes (actif/passif) ; pour ce qui concerne les réponses *associées* cependant, il n'y a pas la notion d'attente qui existe dans le fait d'être passif par rapport aux situations. En fait, la différence majeure c'est le positionnement dans le temps : les réponses *associées* au processus sont fortement ancrées dans le présent alors que le mode passif peut se situer aussi bien au passé qu'au présent ou au futur.

Un individu qui présente des réponses *associées* au processus place généralement au-dessus de tout la spontanéité parce que, dans la plupart des cas, il est précisément limité dans ses choix comportementaux et qu'il n'a pas l'impression de pouvoir faire quelque chose pour influencer son expérience. Il vit ses émotions au premier degré et présente presque toujours la même réponse à la même émotion. Par exemple, si cette personne est stressée lorsqu'elle passe un oral, elle ne peut que très difficilement lutter contre ce stress car il lui manque une ressource de recul ou de réflexion. Les personnes qui présentent des réponses *associées* au processus ont tendance à réfléchir plutôt après l'action ce qui les conduit parfois à regretter ce qu'elles ont fait, mais, disent-elles pour se justifier : « C'était plus fort que moi, j'ai craqué ! »

Nous pouvons aussi effectuer un rapprochement avec la notion de fractionnement étroit car la réponse *associée* au processus suppose que son auteur n'a pas de vue globale de ce qu'il est en train de vivre.

Ces personnes sont par bien des côtés très agréables à vivre pour leurs proches et leurs partenaires car elles sont capables d'être très présentes dans leur action, et qu'elles manifestent une grande sincérité en dépit du fait que celle-ci leur joue des tours quand elle ne s'applique pas à des situations appropriées. Il existe aussi bien des inconvénients inhérents à l'application de réponses *associées* au processus : passivité, sentiment d'être victime, réactions dites *au premier degré*, etc.

Les réponses *associées* au processus ne sont pas à confondre avec les réponses *en accord* car une réponse *en accord* n'est pas systématiquement associée au processus et vice versa.

En revanche, les réponses *en désaccord* peuvent prendre la forme d'une réponse *méta* ou *témoin* du processus.

b. Les réponses témoins du processus ou métapositions

Nous avons déjà évoqué la notion de métaposition dans *Comprendre la PNL* au chapitre traitant de l'arbitrage des conflits ; cette façon de répondre à l'environnement consiste à prendre du recul par rapport à ce qui est en train de se passer, il s'agit d'une aptitude à être témoin ou spectateur du contexte.

Les réponses *témoins* du processus se trouvent parfois présentées comme une variante des réponses *en désacccord,* cependant, compte tenu de leur importance, nous préférons leur accorder une place à part entière. Lorsqu'on donne une réponse *témoin* dans une situation donnée, cela se manifeste par le fait qu'on analyse ce qui se passe pendant l'action, c'est en quelque sorte une manière d'être dissocié par rapport au contexte et de disposer ainsi des moyens de choisir et de contrôler ses comportements et ses états intérieurs.

De façon caractéristique, les personnes qui présentent des réponses *témoins* se sentent responsables de ce qui leur arrive, maîtresses de leurs choix, mais parfois aussi elles éprouvent un sentiment de solitude car elles ont l'impression d'être parallèles à ce qui se déroule autour d'elles, c'est-à-dire de ne pas participer pleinement à l'action en cours : cela donne lieu à des réflexions telles que : « Je vois des gens qui s'amusent autour de moi, mais je me demande comment ils peuvent être aussi insouciants dans les circonstances actuelles », ou bien encore : « Je ne me laisse jamais aller, cela pourrait me jouer des tours ! ».

Les réponses *témoins* du processus constituent un indispensable instrument d'analyse et de compréhension des situations les plus diverses. Elles sont en particulier absolument nécessaires à la pratique d'une relation d'aide ou de conseil efficace ; en effet, l'aptitude à prendre du recul par rapport à une difficulté permet de trouver des solutions invisibles lorsque l'on y est par trop impliqué, comme cela arrive aux personnes présentant des réponses *associées* aux processus. Dans les activités de créativité, elles prennent également une grande importance offrant l'opportunité de sortir des sentiers battus pour aller à la recherche d'idées neuves.

La personne qui utilise de façon fréquente les réponses *témoins* agit comme si elle cherchait à répondre à une permanente interrogation intérieure :

— Quel est le sens de cela ?
— Quel est l'objectif de cette démarche ?
— A quoi cela va-t-il aboutir ?

Ces questions traduisent l'attitude de celui qui montre des réponses *témoins* du processus ; il cherche à comprendre, à situer, à relier les événements les uns par rapport aux autres, il effectue une réflexion sur son environnement, c'est une attitude intellectuelle qui s'associe souvent avec un traitement de l'information orienté vers les *informations* et une facilité certaine à utiliser les différentes variantes de la dimension du fractionnement (large, étroit, *chunk up, down* et *lateral chunking*).

Lorsque les réponses *témoins* sont poussées à l'extrême, cela peut aboutir à un désintérêt pour le monde extérieur et un comportement d'isolement, la personne peut alors produire des discours qui tendent à faire croire qu'elle n'est pas concernée par ce qui se passe mais se contente d'effectuer une critique de ceux qui « jouent le jeu parce qu'ils n'ont pas tout compris ». Il devient alors facile de se mettre entre parenthèses et d'observer le reste du monde comme si on n'en faisait pas partie ! Cette attitude a servi souvent à caricaturer les penseurs, philosophes ou gourous, observant le monde du haut de leur tour d'ivoire, quelle que soit la pensée qu'ils soutiennent ou propagent.

Les réponses *témoins* du processus caractérisent donc les personnes conscientes du déroulement ou de la structure de l'action en cours, cela leur donne la possibilité de formuler une réflexion sur les événements qu'ils traversent en cherchant à en comprendre le sens global ; lorsque les réponses *témoins* sont très dominantes, elles conduisent la personne à éprouver une impression d'isolement ou de solitude[1].

Voici maintenant quelques phrases traduisant des réponses *témoins* ou *associées.*

— Marie est anxieuse car elle pense qu'elle va être en retard et rater le train de huit heures.

La personne qui affirme donne une réponse *témoin* en expliquant le comportement de Marie, cette dernière fournit une réponse *associée* au contexte qu'elle traverse.

— Cours me chercher un marteau !

La réponse est *associée*, il n'y a aucun commentaire.

— Qu'allez-vous dire pour vous justifier quand votre chef s'apercevra que vous n'avez pas remis le rapport qu'il vous réclame depuis plus d'un mois ?

La réponse qui parle donne une réponse *témoin* orientée vers l'*information* et les *autres*, sa question demande une forme de réponse dans le même style. Si à la place de « dire » on met « faire », cela change complètement le style de réponse attendu faisant passer d'une réponse *témoin* à une réponse *associée*.

— C'est une bonne idée d'avoir pensé à sa candidature.

Réponse *témoin* sous forme d'un commentaire à propos d'une action effectuée par un tiers.

— Chaque fois qu'ils se retrouvent, c'est pour se disputer !

Commentaire de celui qui constate les faits, réponses *associées* des acteurs de l'action.

---

1. La catégorie de comportement de stress décrite par Vigninia Satir ; « super-ordinateur » en représente le modèle type.

Ces quelques phrases dans lesquelles nous avons relevé les distinctions *témoin* ou *associé* en comportent bien entendu d'autres ; lorsque nous passerons à l'analyse d'un texte ou d'un entretien, nous relèverons essentiellement ce qui apparaît de façon répétitive, ce qui est souligné ou ce que l'observation des autres signes de la communication confirme ou non.

Il importe de reconnaître à quel point une personne est ou non associée aux processus qui se déroulent dans son environnement, cela nous donne les moyens de savoir comment nous y prendre pour la convaincre ou l'aider à surmonter une difficulté. En effet, si les personnes pour lesquelles les réponses *témoins* sont habituelles et aisées peuvent se révéler sensibles à un raisonnement, à une démonstration bien conduite, il n'en va pas exactement de même pour celles qui s'associent aux processus : généralement, elles ont besoin d'une preuve matérielle, d'une démonstration qui passe par autre chose que les mots et qui se situe dans le présent, c'est-à-dire d'une preuve qui s'accorde aux modalités de leur aptitude à s'associer.

Nous allons à présent poursuivre notre présentation des distinctions de réponses par l'étude d'une autre catégorie : il s'agit des réponses comportementales d'*éloignement* ou de *rapprochement*.

5 - Les réponses comportementales d'éloignement et de rapprochement

Ces réponses concernent la façon dont un individu s'engage dans une action, c'est-à-dire que l'on se pose la question de savoir s'il quitte quelque chose ou s'il va vers quelque chose en commençant à agir.

Nous avons très rapidement mentionné ces deux distinctions sous les termes *aller vers* et *s'éloigner de* dans *Comprendre la PNL* au chapitre à propos des techniques de vente, car il importe de savoir les reconnaître pour fidéliser un client puisque leur application détermine en partie les choix de la personne.

a. Les réponses d'éloignement (en anglais *away*)

Il est essentiel avant de poursuivre de préciser très nettement que les réponses d'éloignement ne sont pas assimilables à des comportements de fuite tels qu'ils sont décrits notamment dans les phénomènes de stress et que leur désignation en anglais par le terme *away* pourrait faire évoquer.

Les réponses comportementales dites *d'éloignement* concernent l'attitude des personnes qui s'engagent dans une action, une interaction, ou n'importe quel contexte pour s'éloigner de quelque chose. Quand on effectue un choix en procédant avec cette distinction, c'est généralement un choix négatif car on a pris une option pour en éviter une autre ; ce n'est pourtant pas tout à fait comparable avec les choix négatifs entraînés par les réponses polarisées, lesquels se caractérisent par une forte opposition. Si vous avez été très déçu par un appareil d'une marque donnée, il y a de grandes chances pour que, le jour de le renouveler, vous choisissiez avec un critère que l'on pourrait définir ainsi : « Je cherche un appareil qui *ne soit pas* de cette marque. » Votre décision est donc motivée par une démarche d'éloignement.

Une personne qui applique la réponse comportementale d'éloignement a tendance à vouloir conserver ce qu'elle connaît déjà au lieu de vouloir découvrir autre chose ; cette nuance se retrouve aussi dans les réponses *en accord* par rapport à celles *en désaccord*, et vient le cas échéant compléter ou confirmer ce qu'une observation préalable a déjà mis en évidence. Les réponses d'éloignement vont assez souvent de pair avec celles dites *en accord*, et, celles de rapprochement avec celles *en désaccord*.

Dans le cadre d'une relation qui tend à se détériorer entre deux personnes [1], si elles présentent toutes les deux des réponses d'éloignement, cela se manifeste essentiellement par un attachement à la relation, en d'autres termes, pour que cette dernière soit rompue, il faudra qu'elle atteigne un seuil d'inconfort très élevé qui rendra l'inconnu attrayant, au moins suffisamment pour permettre à ces personnes de s'engager dans une démarche les conduisant à s'éloigner de leur relation. Une autre manière de rompre la relation peut se présenter si l'une des personnes en rencontre une troisième, cela lui donne alors les moyens de s'éloigner de la source de désagrément.

De la même façon, une personne qui présente des réponses d'éloignement a tendance à demeurer fidèle à ses amis, ses fournisseurs, ses habitudes, en fait, tout ce qu'elle connaît bien et qui doit devenir une importante source d'inconvénients pour se trouver abandonné.

Il n'est pas du tout invraisemblable de rencontrer les distinctions d'éloignement et de rapprochement coexistant chez la même persone mais appliquées à des contextes différents, cependant, les situations qu'elle investit avec la même intensité (les mêmes états intérieurs, les mêmes émotions) sont dans la plupart des cas caractérisées par l'une de ces réponses.

Là encore, il y a des recoupements avec la notion de liberté de choix que nous avons évoquée dans la section précédente à propos des réponses

1. Se reporter au schéma de seuil dans *Comprendre la PNL*.

témoins ou *associées* au processus, et avec celles d'*activité* ou de *passivité* que nous étudierons dans le prochain chapitre ; en effet, ceux qui appliquent une réponse d'*éloignement* ou d'évitement se sentent subjectivement plus dépendants de leur environnement que ceux qui appliquent une réponse de *rapprochement*. Il est bien évident que les personnes qui se sentent en quelque sorte *victimes* de leur environnement présentent généralement des réponses *associées*, *d'éloignement* et obéissent à un mode passif, les unes venant confirmer les autres. Peu à peu les différentes distinctions viennent s'ajouter les unes aux autres et nous aident ainsi à bâtir la carte de la réalité subjective des personnes que nous observons ; de cette façon, nous acquérons progressivement les moyens de prévoir avec une faible marge d'erreur leurs réactions face à certains contextes.

Les réponses d'*éloignement* se manifestent donc dans tous les contextes où la personne choisit telle option pour éviter telle autre, il peut aussi bien s'agir de relations sentimentales que professionnelles ou de prise de décision, d'achat ou de vente. Ce type de réponse n'est ni bon ni mauvais, au risque de nous répeter et, comme pour les autres distinctions des métaprogrammes, tout dépend de la situation dans laquelle il se manifeste ; il est certain qu'il peut constituer un trait recherché pour les tâches qui requièrent une grande stabilité.

b. Les réponses de rapprochement

En anglais, désignées par *towards* qui signifie une idée de mouvement vers, les réponses comportementales de *rapprochement* se manifestent à l'inverse des précédentes, c'est-à-dire qu'elles conduisent la personne qui les applique à se rapprocher d'un objectif. L'individu s'engage dans une action parce qu'il pense obtenir quelque chose et non pour éviter autre chose. Pour qualifier les réponses d'*éloignement*, nous aurions pu nous servir de l'expression : « mieux vaut tenir que courir » ou de n'importe laquelle de ses nombreuses petites sœurs, tandis que pour qualifier les réponses de *rapprochement* nous pourrions évoquer dans un sens positif « la foi qui déplace les montagnes » ou encore l'expression « lâcher la proie pour l'ombre », pour les exemples où la démarche de *rapprochement* ne fournit pas les résultats espérés.

Lorsque vous avez soif de nouveauté, que vous voulez sortir des sentiers battus de vos habitudes, découvrir quelque chose que vous ne connaissez pas, c'est que vous appliquez une réponse de *rapprochement*, elle se trouve souvent complétée par une réponse *en désaccord* mais pas forcément. Dans le contexte d'une relation entre deux personnes, si l'une d'entre elles applique une réponse de *rapprochement*, il vaut mieux que l'autre ne connaisse que de très loin les sentiments de jalousie ou évite d'effectuer des comparaisons qualitatives *soi/autres*, car son partenaire n'a nul besoin de se sentir mal à l'aise dans la relation pour aller chercher ailleurs quelque chose d'autre, même si ce quelque chose d'autre ne lui assure pas la même satisfaction que ce qu'il connaît déjà. Un certain Don Juan montre un exemple extrême de ce style de réponse.

Les réponses de *rapprochement* sont souvent, mais pas obligatoirement présentes dans l'insatisfaction au même titre que celles *en désaccord* ; elles poussent la personne à entreprendre une démarche, à se mettre toujours en quête d'un objectif rarement atteint car souvent inaccessible dans le cas de l'insatisfaction.

Dans le contexte de la vente, si la fidélisation d'un client se trouve facilitée par les réponses d'*éloignement* qui tendent à l'empêcher de changer trop facilement de fournisseur, les réponses de rapprochement sont présentes et dominantes lors d'achats en *coup de foudre*, motivés par l'attrait de la nouveauté ou le besoin de changement. Le vendeur avisé s'applique à déceler ce type de réponse chez son client afin de présenter ses arguments en tenant compte de ce moteur puissant. Dans un autre aspect de la vente, la prospection fait intervenir une réponse de *rapprochement*, alors que la visite et l'entretien de clientèle procèdent quant à eux d'une réponse d'*éloignement*. On rencontre assez souvent de bons vendeurs qui fondent leur travail sur la prospection, la découverte de nouveaux clients, de nouveaux marchés, et de bons vendeurs qui fondent leur réussite sur l'exploitation de la clientèle existante. Il est assez difficile de concilier les deux attitudes autrement qu'en séparant bien les contextes, c'est pourquoi, lorsqu'on veut inciter un vendeur à prospecter, on doit présenter la prospection soit comme quelque chose d'un peu différent de l'activité habituelle, pour toucher ceux qui présentent des réponses de *rapprochement,* soit comme faisant partie de l'activité *vente* pour les autres. En effet, le vendeur qui a tendance à ne compter que sur ses clients habituels développe généralement avec eux un très bon contact, une relation de confiance qui conforte chacun mais n'incite pas forcément à se dépasser ; pour ce type de vendeur, la prospection n'est pas de la vente et, à la limite, quand on lui demande d'en faire, il ne se sent pas concerné. L'animateur a le choix des moyens pour faire passer son message, l'important étant surtout d'être conscient de ce qu'il est en train de gérer.

Les réponses de *rapprochement* apparaissent aussi de façon importante et très appropriée dans les situations de motivation ; en effet, si on prend par exemple la décision de suivre une formation, on doit maintenir et soutenir un désir de progression, une curiosité, un besoin de découverte caractéristiques des réponses de *rapprochement.* Bien entendu, la décision d'entreprendre une formation peut aussi être motivée par un désir d'éviter quelque inconvénient, la personne affirme alors :

— Je dois continuer à étudier, sinon je risque d'être dépassé rapidement.

Cependant, pour soutenir la motivation de façon efficace, une réponse de *rapprochement* apparaît nécessaire ; dans le cas contraire, la tâche est vécue comme pénible, ardue, contraignante, et finit par apparaître inutile ou n'en valant pas la peine.

Voici à présent quelques phrases qui contiennent l'une ou l'autre des réponses : *éloignement/rapprochement.*

— On m'a promis une promotion rapide, j'accepte ce poste.

rapprochement.

— Bien sûr qu'il a des défauts, mais qui allons-nous trouver pour le remplacer ?

éloignement : la personne qui affirme cela préfère encore une situation désagréable connue à une situation inconnue.

— Georges nous a proposé une solution originale, pourquoi ne pas l'essayer dès maintenant ?

rapprochement.

— Tu n'avais pas besoin d'une nouvelle paire de chaussures, celles de l'année dernière sont comme neuves !

éloignement.

— Je suis curieux de savoir ce qui va arriver au prochain épisode, cette histoire me laisse sur ma faim.

rapprochement.

— Pourquoi voulez-vous partir, vous n'êtes pas bien ici ? Nous faisons pourtant le maximum pour votre confort !

— C'est vrai et je vous en remercie, mais je dois continuer à explorer cette région.

éloignement dans la première affirmation, *rapprochement* dans la seconde.

Dans bien des conversations, il est possible de relever des différends, où même des conflits entre deux personnes qui appliquent l'une la réponse d'*éloignement*, l'autre celle de *rapprochement,* il s'agit souvent alors d'une notion subjective que l'on peut comparer aux conflits entre curiosité et crainte, désir et peur, ces états émotionnels contenant ces distinctions qui s'opposent.

A présent, nous allons aborder en détail un ensemble de distinctions groupées sous le terme d'organisation de l'index de référence.

6 - Organisation de l'index de référence.

Cet ensemble se compose de quatre distinctions :
— **centré sur soi ;**
— **permuté (on applique à soi les critères de l'autre) ;**
— **déplacé (on applique à l'autre ses propres critères) ;**
— **simultané (attentif à soi et réceptif à l'autre).**

Nous avons déjà présenté ces distinctions dans *Comprendre la PNL ;* cette fois, nous allons essayer d'aller plus loin dans notre compréhension et notre perception de ces différentes organisations de l'index de référence.

Tout d'abord, nous définissons l'index de référence comme étant le modèle du monde auquel la personne se réfère dans l'interaction en cours. Nous allons développer cela au fur et à mesure de notre présentation des quatre distinctions qui suivent.

a. Centré sur soi

Cette distinction des métaprogrammes recoupe en partie celle présentée au chapitre précédent dans la catégorie des orientations du traitement de l'information sous le terme de répartition *soi/autre*, cependant, la différence fondamentale qui existe entre le traitement des informations orienté vers *soi* et l'organisation de l'index de référence centré sur soi, c'est que le premier s'adresse à la personne et ne concerne qu'elle tandis que la seconde concerne la personne dans un contexte d'interaction, donc mettant en jeu au moins un autre individu.

Lorsqu'une personne est centrée sur elle-même dans l'interaction, cela signifie qu'elle n'est consciente que de ses propres critères, elle ne porte à l'autre qu'une attention très réduite, limitée à ce que cela lui apporte ou non, tout ce qu'elle dit ou fait est avant tout dirigé vers elle et pour elle, elle avance vers ses objectifs et ne tient pas compte de ceux de l'autre. Cela n'exclut pas qu'elle soit animée de bonnes intentions, mais celles-ci ne seront pas forcément comprises ni adaptées.

Les personnes qui présentent une telle organisation de leur index de référence se sentent parfois très proches des autres car elles croient que « tout le monde partage les mêmes sentiments qu'elles », elles ne perçoivent pas les différences, en fait, plus exactement leurs nuances, puisqu'elles ramènent tout à leur propre expérience ; ces personnes utilisent fréquemment une réponse de comparaison ou plus exactement d'équivalence (elles obéissent à la croyance « les autres sont tous comme moi »).

A l'opposé, certains individus centrés sur eux-mêmes se perçoivent comme fort différents des autres, ils utilisent aussi une réponse de comparaison mais qui aboutit à des conclusions différentes de celles évoquées plus haut. Ces personnes éprouvent un sentiment de solitude, elles peuvent aussi se sentir exclues et déterminer leurs comportements en fonction de la croyance exprimée dans la phrase : « Je suis le seul à voir clair ici ! » Il va sans dire que cette extrême ne rend aucun service à son utilisateur ! Quelqu'un qui ne fait confiance qu'à lui-même, qui ne compte que sur ses propres compétences et va parfois jusqu'à refaire le travail de ses collaborateurs de façon à ce qu'il soit effectué selon les critères qu'il s'impose, applique une organisation de l'index de référence centrée sur lui-même, il éprouve un profond sentiment de solitude et d'incompréhension, le comportement des autres lui paraît facilement insuffisant par rapport aux tâches à accomplir et aux critères (les siens considérés comme les seuls valables) élevés qui doivent selon lui sous-tendre leur exécution.

Ce type de personnage peut aussi se sentir menacé par les autres, imaginer jusqu'à des complots dirigés contre lui dans le pire des cas ou se montrer extrêmement soupçonneux d'une façon générale.

D'autres présentent cette même organisation de leur index mais qui se manifeste d'une manière encore différente : il s'agit de ceux qui, de par un charisme personnel très particulier, parviennent à rallier les autres à leurs idées et leurs causes car il ne fait pas l'ombre d'un doute que ces dernières sont les meilleures et que ceux qui les diffusent sont « à leur service ». Ce style a aussi ses extrêmes que l'on observe chez certains personnages leaders de mouvements d'opinion ou d'idéologie qui rassemblent autour de leur *soi* un grand nombre de fidèles, d'adeptes, de partisans ou de sympathisants selon le degré d'investissement de chacun.

Une observation très globale ne permet pas toujours de déceler de prime abord l'organisation de l'index de référence centrée sur soi, cependant certains détails doivent inciter à chercher plus loin, ce sont :

— Certaines transgressions du métamodèle pour le langage telles que les généralisations avec quantifieurs universels (tout, tout le monde, personne, jamais, toujours, etc.), l'usage important des opérateurs modaux de nécessité (falloir, devoir), et celui d'affirmations toutes faites (ils s'en font les défenseurs).

— La présence de comparaisons avec relation d'égalité (phrases du type : « C'est pareil pour moi ! ») ou de différence (phrases du type : « Pour moi, c'est différent. »). Les autres formes de comparaison peuvent exister mais ne sont pas significatives.

L'organisation de l'index de référence centrée sur soi se révèle utile dans certains contextes : lorsque l'on fait l'objet d'une attaque et qu'il est alors important de réagir face à un danger quelconque physique ou moral ; mais aussi quand on veut comprendre en détail ce qui se passe en soi dans une situation donnée, analyser ses sentiments, ses émotions pour parvenir à les expliquer, enfin, chaque fois que la situation exige qu'on porte une attention particulière à ce qui arrive.

Pour conclure, gardons-nous de juger hâtivement comme des attitudes égoïstes celles des personnes centrées sur elles-mêmes bien qu'il soit tout à fait exact que l'égoïsme nécessite une telle organisation de l'index de référence ; l'inverse de cette affirmation n'est pas forcément vrai et l'appliquer conduit à commettre des erreurs d'évaluation. Si par exemple vous effectuez un entretien de recrutement et que le candidat qui se présente à vous manifeste un stress important, il se sent probablement menacé, de ce fait il a tendance à demeurer attentif à lui et par conséquent peu réceptif à son environnement, cela ne signifie pas qu'il soit toujours ainsi et c'est largement insuffisant pour le qualifier d'égoïste. Il importe également de nous interroger sur la manière dont notre attitude a pu être reçue ; les enseignants et les personnes responsables de formation savent bien qu'il est aisé de renforcer ou d'atténuer le malaise de quelqu'un qui passe une épreuve, mais, que voulons-nous ? S'agit-il de mesurer la capacité de résistance au stress ou les compétences et les connaissances de quelqu'un ? C'est pourquoi, avant de porter un jugement, nous devons avoir bien clairement présent à l'esprit ce qui en fait l'objet.

b. Permuté

C'est précisément lorsque ce ne sont plus ses propres critères que l'on applique dans l'interaction mais ceux de l'autre ou de quelqu'un d'autre que l'on entre dans la catégorie *permutation*. Comme l'indique ce terme, nous n'utilisons plus notre jugement ni nos références, mais ceux de l'autre personne.

Précisons tout de suite que cette organisation de l'index va de pair avec des réponses *en accord*, et une facilité certaine à établir le rapport ou contact positif (voir *Comprendre la PNL*). Une personne qui réagit de la sorte a tendance à oublier ou à passer sous silence son point de vue lorsqu'elle est impliquée dans une interaction. C'est une attitude qui permet de comprendre *comme si* nous étions à la place de l'autre, réalisant en cela une empathie un peu à la manière dont la décrit Carl Rogers[1].

La *permutation* permet donc d'entrer dans le modèle du monde de celui avec qui nous interagissons ; il est bien évident que, selon le modèle en question cela pourra être une expérience très agréable ou très désagréa-

1. *Le Développement de la personne*, par Carl Rogers.

ble ; certains formateurs expliquent que cette attitude caractéristique de beaucoup de professionnels de la relation d'aide les conduit à éprouver réellement et non dans le cadre du *comme si* les états dépressifs de leurs clients.

On évoque une *permutation* de l'index de référence quand dans l'interaction la personne observée détermine ses comportements en fonction du modèle de l'autre personne en jeu. C'est une distinction indispensable lorsqu'on veut « se sacrifier » pour quelqu'un ou, plus modestement, mettre son énergie au service ou à la disposition de l'autre ; cette organisation de l'index de référence fait partie intégrante du sentiment d'abnégation ou de don de soi, mais, si l'on se penche attentivement sur ces états intérieurs et les comportements qu'ils motivent, on doit rester en alerte à propos de la présence d'éventuels avantages secondaires.

En effet, bien souvent, un intense sentiment de satisfaction (accomplir son devoir) accompagne ou suit l'acte dit de sacrifice et il ne s'agit pas là de *permutation* mais d'une autre organisation de l'index de référence, *centrée sur soi* ou *déplacée*.

Pour connaître l'organisation de l'index de référence, il suffit en fait de s'interroger et de déterminer à qui appartient le critère qui conduit ou soutient et donne son sens à ce qui se déroule.

La *permutation* apparaît très utile dans tous les contextes qui nécessitent une compréhension approfondie d'une personne ou d'une situation, par exemple, un acteur qui entre dans la peau du personnage se sent devenir ce personnage et lui donne une existence en le vivant pour ainsi dire « de l'intérieur » ; pour parvenir à ce résultat, il effectue une *permutation* d'index de référence et pour un temps donné *devient* le personnage qu'il est chargé d'interpréter.

Nous n'évoquons ici que les cas de *permutation* que l'on peut rencontrer dans la vie de tous les jours et qui ne présentent à ce titre ni caractère extraordinaire ni psychopathologique et, si cette parenthèse prend place ici, c'est qu'il arrive de temps en temps qu'au cours de stages des participants proposent comme exemples de *permutation* des cas de dédoublement de la personnalité ou de personnalités multiples quand ce ne sont pas des histoires de « possédés ». Nous ne mettons pas en doute la sincérité des témoins, cependant, nous tenons à mettre en garde le lecteur contre des glissements des domaines d'application des distinctions que nous observons pour l'instant dans les circonstances les plus banales de la vie.

Sans doute est-il utile de rappeler que la PNL ne fonde pas ses modèles sur l'observation de cas anecdotiques, spectaculaires ou extraordinaires, mais sur ceux qui s'offrent à nous dans la vie quotidienne et les relations humaines dans les contextes que chacun rencontre : vie affective, développement personnel, vie professionnelle.

Pour ce qui concerne la *permutation* d'index de référence, elle n'est que relative (on ne peut totalement *permuter* ni être totalement *centré sur soi*) comme d'ailleurs les autres types d'organisation évoqués dans cette catégorie. Il existe un cas typique de *permutation,* c'est celui de l'obéissance et donc de la soumission[1]. Certaines personnes témoignent avoir accompli des actes répréhensibles sans s'en sentir responsables car « elles ne faisaient qu'obéir aux ordres » faisant alors, selon elles, totalement abstraction de leur propre jugement.

Comment reconnaître la *permutation* ? Là encore, par l'observation des comportements verbaux et non verbaux, quelqu'un qui permute a tendance à poser des questions et à faire des réflexions telles que :

— Que pensez-vous de cela ?

— Quelle est votre opinion ?

— On fera comme vous voudrez.

— Si cela vous plaît, alors je serai content aussi.

La personne qui permute fait souvent preuve d'excellente qualité d'écoute, elle donne aux autres l'impression qu'elle les comprend et sait les mettre à l'aise.

Cette attitude présente quelques inconvénients quand elle est très développée car son auteur tend à se laisser envahir par des éléments extérieurs ; par exemple, un professionnel de la relation d'aide peut mettre toute son énergie et sa disponibilité au service de ses clients et aller jusqu'à oublier d'autres contextes de sa vie, se laisser imposer des horaires qu'il n'a pas choisis, permettre à tout un chacun de lui téléphoner à n'importe quelle heure du jour ou de la nuit, etc.

Dans une relation sentimentale, si l'un des deux permute, il devient disponible pour accepter toutes les demandes de l'autre même si, en son for intérieur, certaines lui semblent difficiles à vivre. La *permutation* est une excellente organisation pour ceux qui présentent du talent à jouer des rôles de soumission alors qu'inversement ceux qui sont centrés sur eux-mêmes montrent d'excellentes dispositions pour se faire servir, donner des ordres, dominer leur partenaire ; pour réaliser un schéma dominateur/dominé la dualité *permutation/centré sur soi* apparaît donc comme un composant utile.

Cependant, nous ne sommes jamais totalement permutés ni totalement centrés sur nous-mêmes, ce qui nous offre les moyens de nous adapter en permanence. Le simple fait de reconnaître comment s'organise le plus fréquemment notre index de référence nous permet aussi d'éviter de rester bloqués quasi exclusivement dans l'une de ses distinctions.

---

1. *Soumission à l'autorité*, par Stanley Milgram. On peut rapprocher la notion d'état agentique décrite par l'auteur de celle de permutation d'index de la PNL.

Richard Bandler et John Grinder affirment que, lorsqu'on n'utilise qu'un seul comportement, on peut être comparé à un robot, et qu'on ne devient une personne à part entière que lorsqu'on dispose de plus de deux choix pour la même situation.

c. Déplacé

Cette organisation de l'index de référence porte aussi le nom de projection ; quand on effectue un *déplacement*, on projette ses propres critères sur l'autre personne en jeu dans l'interaction. Le *déplacement* constitue un excellent moyen de faire de la divination, c'est-à-dire de lire dans l'esprit des autres ; en fait, ce que nous croyons y lire dans ce cas c'est, précisément, ce que nous trouvons en nous-même.

Les personnes qui ont tendance à effectuer des *déplacements* se caractérisent par l'utilisation d'expressions telles que :

— A votre place, je ferais...

— Vous devriez...

— Je sais ce que vous allez me dire !

— Dans ces cas-là, tout le monde pense que...

— Pour vous, le mieux serait...

Le *déplacement* ressemble beaucoup dans son expression à l'organisation *centré sur soi*, à la différence près que l'individu qui effectue le déplacement *pense* à la place de son partenaire, il en tient compte de cette façon tandis que s'il était « centré sur lui-même », cela ne lui viendrait même pas à l'idée.

Bien des gens pensent sincèrement qu'ils sont très sensibles aux autres, qu'ils font tout leur possible pour les écouter, les conseiller ou leur venir en aide alors qu'en réalité ils ne font que de leur appliquer leurs propres critères, valeurs et croyances. C'est un moyen de prendre conscience que nos bonnes intentions ne suffisent pas à donner à quelqu'un ce qu'il attend de nous dans la relation, tant que nous percevons les autres à travers ce filtre, nous ne pouvons pas vraiment les comprendre.

Le *déplacement* apparaît de façon typique quand quelqu'un croyant *reformuler*, ne fait que traduire ce que son interlocuteur vient de lui dire. Par exemple si un client dit à un vendeur :

— Votre proposition m'intéresse mais le prix que vous demandez est trop élevé. Et ce dernier répond :

— Si je vous comprends bien, vous êtes essentiellement préoccupé de la rentabilité de cet investissement !

Il effectue alors ce que dans les techniques de ventes classiques on nomme une reformulation, en fait il n'en est rien.

Reformuler, c'est répéter mot pour mot les derniers mots ou la dernière phrase que vient de prononcer l'interlocteur en laissant le ton de la voix comme *suspendu* ou légèrement interrogatif de manière à inciter l'interlocuteur à compléter ce qu'il vient de dire.

Redéfinir, c'est traduire ou mettre ses propres mots à la place de ceux que l'interlocuteur a choisis pour s'exprimer. Dans la vente, si la personne agrée, accepte la redéfinition, cela signifie qu'elle est en train sinon d'abandonner sa position ou au moins de la nuancer. Certaines techniques conduisent ainsi à un verrouillage après avoir mis le client par d'habiles redéfinitions en situation de ne pouvoir refuser les différentes affirmations du vendeur sous peine de se contredire ; il finit par dire *oui* à une proposition qu'il n'a pas forcément choisie. Cela ne fonctionne qu'avec certaines personnes parce que, dans bien des cas, le client *sent* qu'on le manipule et de ce fait présente de plus en plus d'objections ; ce qu'il ressent surtout, c'est que le vendeur peu à peu perd complètement de vue sa demande pour tenter à tout prix de faire aboutir son propre objectif.

Comme dans la vente, lorsque le déplacement des critères ne coïncide pas avec le modèle du monde de la personne qui en fait l'objet, il se fait jour en elle l'impression désagréable d'être manipulée, de ne pas compter autrement que par rapport à ce que l'autre peut attendre d'elle. Cette expérience que nous décrivons ici a été probablement vécue par bon nombre de personnes, et cela de chaque côté, c'est-à-dire d'une part en effectuant un *déplacement* de ses critères personnels, d'autre part en étant la cible de ce *déplacement.*

Quand nous effectuons un *déplacement,* nous présupposons que notre interlocuteur partage les mêmes critères que nous-même, qu'il réagit de la même façon dans les mêmes situations, mais aussi parfois nous ajoutons encore d'autres éléments. Ainsi, quand nous donnons à quelqu'un un conseil que nous ne pouvons pas suivre, nous déplaçons aussi des critères, mais pas uniquement les nôtres, en même temps nous créons une incongruence.

Le *déplacement* présente des avantages certains car il apparaît qu'il fait partie de ce que l'on appelle l'intuition. Etre intuitif, c'est savoir recueillir des informations chez quelqu'un, puis les utiliser pour prévoir ses réactions ou ses comportements ; cela ressemble beaucoup à ce que la PNL nous enseigne, et nous devons être conscients du fait que, pour être intuitifs, nous devons prendre des risques, interpréter l'ensemble des informations que nous percevons pour arriver à donner un avis ou un conseil. Notre première source d'informations réside dans notre expérience personnelle, or, bien que nous ayons tous un caractère unique, nous possédons également tous certains caractères communs, et cela explique pourquoi, dans bien des circonstances, nous avons recours à notre expérience personnelle comme ayant valeur de preuve ou de référence valable non seulement pour nous mais aussi pour les autres. Parfois, cela fonctionne à merveille, d'autres fois cela ne marche pas, telle référence, que nous croyions sinon universelle du moins très partagée, se révèle très personnelle ou très différente chez notre interlocuteur.

Ce qui importe avant tout, c'est de savoir que nous effectuons tous des déplacements de critères. Par la suite, notre développement personnel nous permet de savoir quels critères nous déplaçons, enfin, pour tenter d'affiner autant que faire se peut notre compréhension de l'expérience subjective ou d'un comportement de quelqu'un, nous devons vérifier nos observations.

Dans la plupart des circonstances que nous rencontrons au cours de notre vie quotidienne, il demeure possible de vérifier si nous sommes sur la bonne voie ou si nous nous égarons, par exemple si nous disons :

— Tout ce que vous m'expliquez à propos de votre situation me fait penser que vous hésitez et que vous voulez retarder le moment de prendre une décision parce que vous ne disposez pas des informations que vous estimez nécessaires, est-ce bien cela ?

Nous encourageons là notre interlocuteur à préciser sa position bien que nous risquions une interprétation de son comportement ; ce que l'auteur de l'affirmation présuppose, c'est : « Voilà ce que je penserais si j'étais à votre place. »

Dans d'autres circonstances, il est important d'effectuer des déplacements quand, de façon flagrante, ce que l'on observe désigne ouvertement ce dont la personne a besoin; cela s'appelle aussi de la présence d'esprit et constitue un bon moyen d'apporter une aide ou une collaboration efficaces. Dans le cas où l'on possède une information que l'autre n'a pas et qui pourrait lui être utile, il peut être intéressant de la lui transmettre, effectuant en cela un déplacement (si vous étiez à sa place, vous apprécieriez cela), mais souvent nous préférons ne croire que notre propre expérience et, de ce fait, opposons une forte résistance à être la cible d'un déplacement.

d. Simultané

Cette dernière catégorie de l'index de référence pourrait être la synthèse des précédentes, car c'est celle que nous appliquons quand nous demeurons conscients de nos propres critères tout en comprenant et tenant compte de ceux de notre interlocuteur. Il s'agit de faire cohabiter deux modèles du monde différents.

Ce n'est pas chose aisée, nous n'apprécions guère en effet de devoir même parfois essayer de comprendre certains traits ou comportements qui choquent nos critères ; il semble donc que, pour réaliser cette simultanéité, il soit essentiel de savoir par intermittence faire abstraction de son propre modèle ou de prendre du recul par rapport à ce dernier et aussi par rapport à celui de l'autre. Il s'agit là d'une attitude qui a des points communs avec une réponse *témoin*[1] ; il semble en effet que pour maintenir dans sa pensée l'existence simultanée de deux modèles du monde différents, il faille aller de l'un à l'autre ; la position méta intervient alors au moment où l'on est ni dans un modèle ni dans l'autre mais dans une zone intermédiaire à partir de laquelle il devient possible de forger un avis pertinent concernant les deux modèles en question.

Quand on est impliqué dans une négociation importante, pratiquer la simultanéité signifie prendre conscience des critères et des objectifs de son partenaire ou de son opposant, être conscient des siens, et prendre la distance nécessaire pour parvenir à observer le processus en cours avec objectivité ; le but à atteindre étant la satisfaction des objectifs de chacun dans la mesure des concessions que l'on décide de faire ou pas, il est essentiel de rester attentif à ses intérêts personnels sans pour autant qu'ils masquent ceux de l'autre et inversement.

Quand on parvient à la simultanéité, cela se traduit par un enrichissement du modèle du monde dans lequel on se trouve ; en effet, il devient alors possible d'admettre toutes sortes d'éventualités qu'une trop grande rigidité ou qu'une trop importante focalisation de l'attention à soi avaient jusque-là empêché d'apparaître. Cependant, la simultanéité peut aussi conduire à se sentir isolé lorsqu'elle souligne les différences individuelles au point que la personne ne puisse plus continuer à se projeter ! Alors, cela rejoint une autre extrême de la catégorie *centré sur soi* que nous avons présentée plus haut.

Cependant, il est rare que nous sachions *naturellement* pratiquer la simultanéité ; en effet, il semble que cette catégorie d'organisation de l'index de référence soit plutôt le résultat d'un apprentissage conscient qu'une aptitude qui surgirait de façon quasiment naturelle comme c'est le cas pour les trois autres.

Généralement, nous apprenons à pratiquer la *simultanéité* en allant du *déplacement* à la *permutation,* en passant par la position méta, et de la *permutation* au *déplacement,* toujours avec cette étape méta. Par exemple, imaginez que votre petit (e) ami (e) tente de vous convaincre de l'accompagner faire une randonnée pédestre de plusieurs jours en montagne ; or, il se trouve que vous détestez la marche à pied ; vous êtes en bonne voie pour la simultanéité si vous pouvez vous dire ou lui dire : « Il (elle) semble beaucoup tenir à ce projet, c'est certainement très important pour lui (elle),

1. Voir section précédente, voir aussi *Comprendre la PNL*, arbitrage de conflits, chapitre 7.

moi, cela ne me plaît pas du tout, mais je veux absolument essayer de lui faire plaisir...Peut-être accepterait-il (elle) que je ne l'accompagne à cette randonnée que pendant deux jours ? »

Dans ce dialogue intérieur, il y a en premier une reconnaissance des critères et de l'objectif de l'autre (*permutation*), en deuxième un commentaire à ce propos (réponse méta), puis ce que l'on ressent à propos du projet (*déplacement*), puis de nouveau un passage en réponse méta (« je veux... plaisir ») où on commente le critère important dans cette interaction, enfin la proposition en forme de question qui va relancer le débat ; cette proposition est un déplacement assez léger qui tente de trouver une solution acceptable pour chacun.

Cet exemple nous montre que nous passons d'une organisation à une autre avec une grande agilité quand nous sommes en simultanéité avec notre interlocuteur, ce qui n'est pas le cas lorsque nous n'utilisons qu'un seul type d'organisation. Un des objectifs de la PNL consiste à nous donner les moyens d'enrichir nos choix comportementaux, c'est-à-dire de développer notre flexibilité ; nous y parvenons en faisant connaissance avec des données nouvelles ou en devenant capables de mettre un nom sur des expériences vécues, puis en passant à la pratique dans notre dialogue intérieur et dans nos comportements dans l'interaction.

Dans ce chapitre, nous avons successivement étudié :

Les systèmes de représentation sensorielle

— entrée des données,
— conducteur,
— primaire ou de référence,
— la dimension du fractionnement ou *chunk size,*
— les réponses comportementales,
— *en accord,*
— *en désaccord* par polarité, contre-exemple, comparaison,
— associées au processus,
— témoin du processus,
— de rapprochement,
— d'éloignement.

L'organisation de l'index de référence

— centré sur soi,
— permuté,
— déplacé,
— simultané.

A présent, nous allons commencer à apprendre à les reconnaître dans leurs manifestations les plus courantes, c'est-à-dire dans ce que disent et font les personnes que nous côtoyons dans notre vie quotidienne.

Exercice 7

Dans les phrases suivantes, déceler les différentes utilisations : entrée, conducteur, référence des systèmes de représentation sensorielle. Dans l'observation des interactions, il est indispensable de tenir compte des clés d'accès visuelles qui servent alors de guide pour déterminer l'utilisation respective des différents systèmes de représentation sensorielle.

1 - Quand je l'ai vu entrer dans mon bureau avec cet énorme dossier sous le bras, la démarche lente et l'air exténué, j'ai senti qu'il allait me demander de l'aide.

2 - Personne ne m'a dit à quelle heure arrivait votre train, j'ai pensé qu'en venant à huit heures je ne vous manquerais pas.

3 - C'est quand il fera bien froid que vous apprécierez votre cheminée ! Vous serez installé dans un bon fauteuil, rêvant devant les flammes et vous laissant assoupir par la chaleur bienfaisante des braises.

Solutions de l'exercice 7

1 - Système d'entrée et conducteur visuel, référence kinesthésique ;

2 - Tous les systèmes utilisés sont auditifs ;

3 - Système d'entrée et de référence kinesthésique, système conducteur visuel et auditif (la personne qui parle tente de faire évoquer des images et des sensations avec des mots).

Exercice 8

Dans les phrases suivantes, déceler les distinctions : réponses comportementales *en accord, en désaccord* (polarité, contre-exemple, comparaison), et dimension du fractionnement : large ou étroit.

1 - a) Paul est très sympathique !

1 - b) Hum ! je trouve qu'il ressemble beaucoup à son père, il a les mêmes petites manies que lui.

2 - a) Que pensez-vous de la proposition de M. Dumas ?

2 - b) Certainement rien de positif, il a essayé de vendre son produit à nos concurrents qui n'en ont pas voulu, c'est pourquoi il s'adresse à nous aujourd'hui. De toute façon, nous n'avons pas besoin d'un produit de ce type.

3 - a) Où avez-vous acheté ce manteau ?

3 - b) Aux Galeries Modernes, place du Marché.

4 - a) Je vous invite à dîner, dites-moi où cela vous ferait-il plaisir d'aller ?

4 - b) Où vous déciderez, votre présence compte beaucoup plus pour moi que le cadre !

Solutions de l'exercice 8

1 - b) Fractionnement : étroit ; comparaison autre/autre ;

2 - b) Réponse polarisée, puis contre-exemple ; passage d'un fractionnement étroit à un fractionnement plus large ;

3 - b) Réponse *en accord* ; fractionnement étroit ;

4 - b) Réponse *en accord*, fractionnement large.

Exercice 9

Dans les phrases suivantes, déceler les distinctions suivantes : réponse témoin ou associée au processus, réponse d'éloignement ou de rapprochement.

1 - Je le crois sincère, mais je préfère vérifier les renseignements qu'il a donnés avant de signer quoi que ce soit.

2 - Quand je me mets en colère, je casse !

3 - Il était tellement ancré dans ses habitudes qu'il ne s'est pas rendu compte que son patron attendait autre chose de lui.

4 - Tout le monde se demande pourquoi il a quitté son travail alors qu'il est si difficile d'en trouver dans sa qualification.

5 - Si vous continuez à me harceler ainsi, je vais tout plaquer !

6 - Il n'y a pas une minute à perdre, c'est maintenant qu'il faut se décider, c'est une affaire qui ne se présentera pas deux fois !

Solutions de l'exercice 9

Les solutions concernent le comportement décrit dans les affirmations, il est présupposé que la personne qui affirme est en métaposition par rapport à ce qu'elle observe.

1 - Réponse témoin du processus, éloignement ;

2 - Réponse associée au processus ;

3 - Réponse d'éloignement ;

4 - Réponse de rapprochement ;
5 - Réponse associée au processus, éloignement ;
6 - Réponse associée au processus, rapprochement.

Exercice 10

Dans les phrases suivantes, déceler les différentes organisations de l'index de référence : centré sur soi, permuté, déplacé ou simultané.

1 - J'adore le bleu pervenche, c'est une couleur qui me va très bien !

2 - Voulez-vous m'accompagner au cinéma ?

3 - Je pense que nous serons très bien ici !

4 - Marie croit que vous ne l'aimez pas.

5 - Si nous allions faire un tour à la campagne ?

6 - Tu as mauvais caractère et je ne supporte pas les gens qui ont mauvais caractère !

7 - Mon associé et moi avons décidé d'investir dans ce matériel.

8 - Ce que vous dites m'intéresse beaucoup, je suis certain que nous nous féliciterons de collaborer.

9 - Si vous n'êtes pas satisfait de votre achat, vous me rendriez service en me disant pourquoi, de façon à ce que je puisse faire mon possible pour réparer cela.

10 - La prochaine fois que vous ferez griller des sardines, pensez à vos voisins !

Solutions de l'exercice 10

1 - Centré sur soi,
2 - permuté,
3 - déplacé,
4 - déplacé,
5 - simultané,
6 - déplacé, centré sur soi,
7 - simultané,
8 - permuté, simultané,
9 - permuté,
10 - déplacé.

Exercice 11

Parmi toutes les distinctions étudiées jusqu'ici, lesquelles décelez-vous dans les phrases suivantes ? Nous y incluons également celles du chapitre précédent concernant le traitement de l'information : action, lieu, personnes, choses, information, *soi/autres*.

1 - Je ne comprends pas ce que vous voulez dire, quelle est votre intention ?

2 - Jeanne semble choisir ses amis en fonction de leurs performances au tennis !

3 - Il vient de s'offrir une grosse voiture rapide, alors que son patron roule en trottinette !

4 - En découvrant cette ville, j'ai pensé à ce que vous m'aviez dit, c'est vrai que les habitants que j'ai rencontrés sont très accueillants.

5 - Il a dit qu'il ne céderait à aucun prix et était prêt à renoncer à une promotion plutôt que de quitter la région !

6 - Dites moi ce que vous avez fait jusqu'à présent.

7 - J'irais bien me promener au bord de la mer mais je suis débordé de travail au point que je ne sais plus par quoi commencer.

8 - Il a dû se dire qu'il faisait fausse route, c'est pourquoi il a changé d'orientation.

9 - Quand elle s'est rendue compte qu'elle ne réussissait pas aussi bien que sa sœur, elle a mis un point d'honneur à tenter de la dépasser, et c'est ce qu'elle a réussi à faire.

10 - Ma voisine du quatrième passe des heures à bavarder avec la gardienne, je me demande ce qu'elles peuvent bien avoir à se dire !

Solutions de l'exercice 11

1 - Information/soi ; réponse témoin ; fractionnement large (intention ?) ;

2 - action/autres ;

3 - choses/autres, comparaison *soi/autres* ;

4 - personnes/autres, réponse en accord, permutation ;

5 - lieu/soi ; réponse polarisée, centré sur soi ;

6 - action, déplacement (la personne présuppose que son interlocuteur applique le même traitement *action* que lui) ;

7 - action/soi, fractionnement large ;

8 - information/soi, réponse témoin ;

9 - action/autre, action/soi, comparaison *soi/autres* ;

10 - personnes/soi, déplacement.

Ces distinctions n'en excluent pas d'autres ; ce que nous relevons ici, ce sont les plus évidentes. Il reste à préciser que l'observation directe renseigne beaucoup plus clairement que cette analyse car le comportement non verbal indique en les soulignant quels sont les critères importants pour la personne observée.

Pour apprendre à reconnaître les différentes distinctions des métaprogrammes, il est recommandé d'éviter d'essayer de les déceler toutes en même temps mais de procéder étape par étape ; c'est-à-dire en choisissant de porter une attention sélective à l'une ou l'autre (ou par groupe, dans le cas de paires opposées comme éloignement/rapprochement, témoin/associé) d'entre elles jusqu'à ce qu'elle devienne très familière et aisément détectable, puis d'en choisir une autre et ainsi de suite. Les distinctions que nous avons le plus de difficulté à intégrer dans notre expérience, celles que nous *oublions* facilement sont celles qui, généralement, ne font pas partie de notre propre métaprogramme ; leur apprentissage élargit ainsi notre carte de la réalité et notre expérience.

A la page suivante, le schéma récapitule les distinctions des métaprogrammes déjà étudiées.

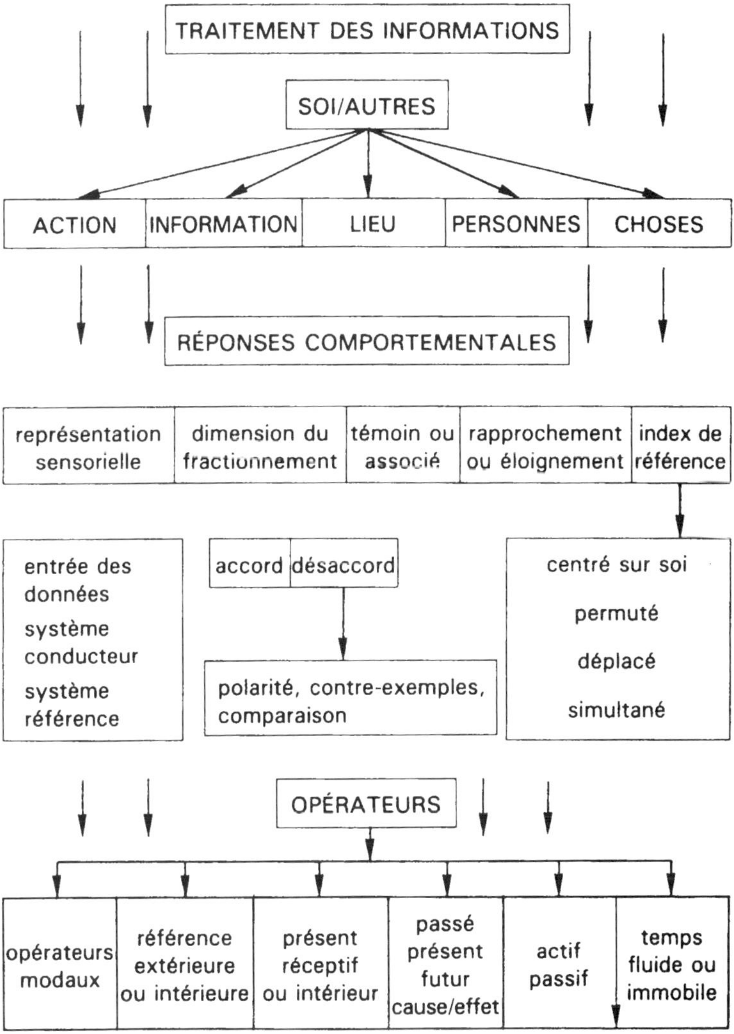
TRAITEMENT DES INFORMATIONS
SOI/AUTRES
ACTION
INFORMATION
LIEU
PERSONNES
CHOSES
RÉPONSES COMPORTEMENTALES
représentation sensorielle
dimension du fractionnement
témoin ou associé
rapprochement ou éloignement
index de référence
entrée des données
système conducteur
système référence
accord
désaccord
polarité, contre-exemples, comparaison
centré sur soi
permuté
déplacé
simultané
OPÉRATEURS
opérateurs modaux
référence extérieure ou intérieure
présent réceptif ou intérieur
passé présent futur cause/effet
actif passif
temps fluide ou immobile

Chapitre 3

Les opérateurs

Dans ce chapitre sont groupées les dernières distinctions des métaprogrammes, elles concernent essentiellement le pourquoi ou la motivation de nos comportements. Tandis que les orientations du traitement de l'information s'appliquent au *quoi*, les réponses comportementales au *comment*, les opérateurs s'adressent au *pourquoi* et plus particulièrement nous aident à découvrir quelle est la nature des relations de cause à effet conscientes ou non qui justifient et sous-tendent nos comportements.

Nous commencerons notre étude des opérateurs par la catégorie dite des *opérateurs modaux*, nous en avons déjà présenté quelques aspects dans Comprendre la PNL au chapitre sur le métamodèle pour le langage ; nous poursuivrons par les propriétés de ces opérateurs modaux c'est-à-dire les distinctions opposées d'activité ou de passivité. Ensuite, nous nous attacherons à préciser quelles références sont les nôtres lorsque nous pensons et agissons, où allons-nous forger nos certitudes : en nous-même ou à l'extérieur ? Enfin, nous évoquerons les différents moyens que notre perception subjective du temps utilise pour influencer nos comportements, d'abord, dans quelle partie du temps vivons-nous, le passé, le présent ou le futur ? Et comment construisons-nous des relations de cause à effet entre ces catégories ? Enfin comment traversons-nous le temps, c'est-à-dire, que laissons-nous évoluer et que gardons-nous immobile de nos critères ?

1 - Les opérateurs modaux

Les opérateurs modaux définissent l'engagement dans une action, en d'autres termes ce qui déclenche notre implication dans une action et la maintient.

Les opérateurs modaux sont constitués par les verbes **vouloir, pouvoir, devoir, falloir**,leurs synonymes et leurs conjugaisons, ce qui compose un vaste ensemble de termes livrés à nos oreilles attentives.

Par exemple, laquelle de ces affirmations vous oblige-t-elle à passer à l'action ?

— Il faudrait que je me décide à ranger le garage !

— Il faut que je me décide à ranger le garage !

— Je dois me décider à ranger le garage !

— Je pourrais me décider à ranger le garage !

— Je voudrais me décider à ranger le garage !

Les opérateurs modaux font fonction de moteur de nos comportements ; il est en effet très différent d'entreprendre quelque chose parce qu'on veut le faire ou parce qu'on le doit. Ainsi, en repérant l'utilisation sélective de certains opérateurs modaux, cela offre *l'emballage* de l'engagement, en des termes plus terre à terre ; si vous décidez d'influencer quelqu'un, vous y parviendrez beaucoup plus facilement en utilisant les mêmes opérateurs modaux que ceux qui le motivent au lieu d'employer ceux qui vous sont familiers. Les opérateurs modaux se comparent à une sorte de porte d'entrée pour l'accès aux critères, leur observation conduit à la découverte de ceux-ci et des croyances qui sous-tendent toutes les attitudes d'une personne face aux différents contextes qu'elle rencontre.

Bien entendu, avant d'y avoir prêté une attention particulière, nous tendons à croire que nous utilisons certains mots indifféremment les uns à la place des autres, en fait, il n'en est rien et une observation attentive, en termes PNL un calibrage des différentes réactions qu'une personne émet en fonction de l'usage de certains mots au sens apparemment similaire, met en évidence des modifications significatives.

Outre le fait que l'utilisation des opérateurs modaux s'effectue parfois avec une transgression (une omission) du métamodèle pour le langage, c'est-à-dire lorsque la personne affirme une loi (formalisée par l'opérateur modal choisi), en omettant de dire ce qui se passerait au cas où elle ne se soumettrait pas à cette prescription, celle-ci nous indique avec une grande précision ses motivations, et le chemin qu'elles suivent pour se mettre en œuvre.

L'observation des opérateurs modaux, et plus particulièrement de l'aspect positif ou négatif de leur emploi renseigne sur une distinction présentée dans la catégorie des réponses comportementales : le rapprochement ou l'éloignement. La personne se sert-elle plus facilement d'opérateurs modaux sous la forme positive (exemple : « je dois ») que sous la forme négative (« je ne dois pas ») pour s'engager dans un comportement ? Ces différents points sont groupés ci-après dans un tableau destiné à objectiver les opérateurs modaux et la façon dont la personne les accommode selon son modèle du monde.

Exercice 12 : Deux personnes A et B

traitement information	modaux	index de référence	accord désaccord	critère contexte	index de référence
qui	pourrait	vous	faire	critiquer	vous
quoi	voudrait	je	ne pas	croire	moi
quand	devrait	on	être	respecter	quelqu'un
où	faudrait	il		juger	
comment	peut			décevoir	
pourquoi	veut			motiver	
	doit			modifier	
	faut			aimer	
	pourra			envier	
	voudra			punir	
	devra			évaluer	
	faudra			estimer	
				comprendre	
				donner	

— A choisit un terme dans chaque colonne pour formuler une question qu'il pose à B. Il peut choisir un contexte (exemple : apprendre) et essayer différents opérateurs et différentes distinctions.

— A pose une dizaine de questions à B et essaie de savoir quels sont pour lui les opérateurs modaux significatifs.

— B note comment en changeant l'un des termes de la question, cela modifie la réponse qu'il donne.

Exemple :

— Qui (traitement des informations), devrait (opérateur)-il (*soi/autres*) vous (index de référence) apprendre quelque chose ? (critère).

— Pourquoi devrait-on vous apprendre quelque chose ?

— Comment devrait-on vous apprendre quelque chose ?

— Qui peut-il vous apprendre quelque chose ?

— Qui veut-il vous apprendre quelque chose ?

— Qui ne pourra pas vous apprendre quelque chose ?

— Pourquoi ne devrait-on pas vous apprendre quelque chose ?

— Pourquoi ne voudrait-on pas vous apprendre quelque chose ?

— Quand ne devrait-on pas vous apprendre quelque chose ?

— Que ne pourrait-on pas vous apprendre ?

A chaque question, un élément est modifié ; bien entendu, certaines tournures sont maladroites, mais nous présupposons que le lecteur avisé sait jongler avec elles et les utilise sous une autre forme le cas échéant. L'intérêt de cet exercice est de montrer à la personne qui répond aux questions quelles sont ses formules préférées : ce sont tout simplement celles auxquelles elle répond facilement, celles auxquelles elle a des difficultés à trouver une réponse correspondent à des distinctions des métaprogrammes qu'elle ne possède pas, du moins dans le contexte étudié.

Celui qui pose les questions remarque quelles seraient pour lui les réponses, et prend ainsi conscience des questions qu'il lui semble évident de poser ; celles qu'il oublie ou évite sont celles qui correspondent à des distinctions absentes de ses métaprogrammes. Par exemple, il se trouve certaines personnes qui *oublient* presque à chaque fois de formuler la question en négatif, cela signifie simplement qu'elles utilisent peu ou pas de réponses polarisées.

Les réponses recueillies permettent également de commencer à déceler d'autres distinctions des métaprogrammes ; en effet, les personnes que l'on interroge ont tendance à traduire les réponses dans leur propre langage, en employant les mots qui leur sont familiers. Nous reviendrons au chapitre suivant sur les techniques de questionnement, comment construire des questions pertinentes, économiques et écologiques ; cet exercice constitue cependant déjà une sorte d'entraînement.

En observant l'apparition et le choix des opérateurs modaux, nous obtenons les motivations de la personne, c'est-à-dire comment elle présente ses critères, pour elle-même et pour les autres, nous relevons aussi d'autres renseignements tels que ceux évoqués plus haut ; en outre, une écoute attentive met en évidence une propriété spécifique des opérateurs modaux : l'activité ou la passivité que nous allons étudier maintenant.

Les propriétés des opérateurs modaux : activité/passivité.

C'est la façon dont la personne utilise les opérateurs modaux qui nous informe sur son activité ou sa passivité par rapport à son environnement subjectif. Ces deux distinctions recoupent en partie celles de rapprochement et d'éloignement en ce sens que le rapprochement est plutôt actif alors que l'éloignement est plutôt passif. On dit que quelqu'un est actif ou passif selon qu'il se sent responsable ou victime de son environnement, selon qu'il attend certains événements ou qu'il les provoque. L'activité ou la passivité apparaissent comme deux attitudes très importantes à détecter dans l'engagement à l'action ; en effet, elles déterminent des comportements très différents d'une part, d'autre part elles entrent dans la composition de nombreux états émotionnels et à ce titre constituent des distinctions des métaprogrammes dont on recherche à noter la présence ou l'absence dans un comportement ou un état intérieur.

a. L'activité

Nous avons souligné plus haut que l'activité ou la passivité entraient dans la composition de nombreux états intérieurs et aussi dans celle d'autres distinctions des métaprogrammes, notamment dans les réponses de rapprochement et d'éloignement. L'activité recoupe ou plus exactement coïncide souvent avec un traitement de l'information orienté vers l'action, mais ce n'est cependant pas obligatoire. Cela étant posé, nous pouvons définir l'activité comme une attitude face aux diverses situations que rencontre une personne, c'est aussi une façon de caractériser un comportement et la motivation de ce comportement.

L'activité caractérise un comportement en ce sens que ce dernier est évalué comme étant une prise de responsabilité par rapport à une situation donnée. Si vous vous égarez dans une ville inconnue, une attitude active consiste à engager une action pour vous retrouver : demander votre chemin, chercher un plan de la ville ou du quartier. Dans une telle situation, votre dialogue intérieur ou votre conversation avec un compagnon de voyage pourrait être quelque chose comme :

— Nous ne cessons de tourner en rond, il faut faire quelque chose pour nous retrouver !

En revanche, une personne caractérisée par la passivité répondrait :

— Nous allons bien finir par tomber sur un endroit connu !

L'activité dans une situation donnée consiste donc à chercher en soi-même des moyens d'action, des comportements adaptés pour résoudre la difficulté rencontrée. Quelqu'un d'actif met sa propre énergie au service de ses objectifs, il entreprend, met en pratique un plan, une idée, à l'extrême, il a besoin de réaliser quelque chose de concret pour se prouver son existence. Les personnes actives attendent généralement les mêmes comportements de la part des autres et il arrive qu'elles soient déçues ou déconcertées par ce qu'elles prennent pour de l'indifférence ou de l'inertie chez celles qui fonctionnent sur un mode passif.

L'attitude d'activité passe généralement pour positive, beaucoup la considèrent comme une qualité et la valorisent au détriment de la passivité facilement assimilée à des comportements allant de la paresse à l'indifférence quand ce n'est pas du défaitisme ! Cependant, nous mettons le lecteur en garde contre cette facilité de passer de l'observation à un jugement hâtif. Au risque de nous répéter, tous les comportements et les attitudes que nous étudions apparaissent adaptés on non en fonction de leur contexte d'apparition. Il est certainement très utile de montrer une attitude active quand on éprouve un sentiment de frustration car cela nous permet de mettre quelque chose en œuvre pour en sortir ; en revanche, il est inutile et désagréable d'avoir une attitude active quand on éprouve de la déception, c'est-à-dire quand on s'aperçoit que l'on a fait tout ce qui était possible pour obtenir un objectif, qu'on ne l'a pas atteint et qu'il est temps de renoncer pour passer à autre chose.

Il ne sert à rien d'avoir une attitude active lorsqu'on est bloqué à la maison parce que les routes sont impraticables et que la seule chose à faire est alors d'attendre passivement que le chasse-neige soit passé pour pouvoir sortir ; l'activité dans ce cas peut se reporter sur un autre objectif que celui de vouloir prendre la route coûte que coûte.

Généralement, l'activité est une composante tout à fait fondamentale du métaprogramme d'une personne et de ce fait se retrouve dans la majorité des comportements observés, quel que soit le contexte d'application ; il apparaît donc très utile de savoir la détecter. Pour cela, voici quelques points de repère :

— L'emploi du *je*, du *moi je*,
— nombreux verbes,
— s'exprime plutôt au positif qu'au négatif,
— modaux *vouloir*, *il faut* (sous-entendu : que je fasse quelque chose),
— traitement des informations souvent orienté vers l'action,
— fréquente réponse comportementale de rapprochement.

En notant la présence de ces points et en comparant avec les observations issues du comportement non verbal, il est possible de se faire une idée assez précise de l'attitude active de la personne.

b. La passivité

Tandis que l'activité passe généralement pour une qualité, la passivité passe pour un défaut, du moins selon de nombreux avis ; notre objectif n'est pas d'en discuter mais de montrer ce qu'est cette distinction, comment elle se manifeste, et de donner des exemples d'application adaptée et inadaptée.

On décrit une attitude comme passive quand la personne qui l'applique attend de son environnement la résolution de ses difficultés ou un simple événement. Dans le cas de la passivité, la personne semble dépendre de ce qui l'entoure et, d'ailleurs, elle a souvent l'impression de ne pouvoir rien faire qui puisse influencer l'inévitable cours des choses...

Espérer est un comportement relativement passif si on le compare à *prévoir* ou à *anticiper* ; en effet, quand on espère quelque chose, cela présuppose qu'il existe des facteurs que l'on ne maîtrise pas et que notre réussite en dépend. Lorsqu'on prévoit ou anticipe un événement, ce qui est sous-entendu cette fois, c'est que l'on a décidé et que l'on contrôle la plupart des facteurs dont dépend l'atteinte de notre objectif.

Attendre est aussi un comportement passif, puisqu'on ne maîtrise pas le temps passé à cela, patienter, en revanche, l'est à un bien moindre degré car la patience présuppose des résultats échelonnés donc plus ou moins prévus ou planifiés dans un temps donné.

Pour savoir si une attitude est passive, nous nous posons la question suivante en observant la personne :

— La personne fait-elle quelque chose pour satisfaire ses critères ou attend-elle que son environnement le fasse ?

Ainsi, quand on utilise ce filtre, cela nous permet de mettre en évidence certains éléments caractéristiques de la passivité.

Il est peut-être bon de rappeler que ce qu'en PNL nous appelons passivité décrit une attitude par rapport à des situations ; on peut donc agir passivement, c'est-à-dire mettre en jeu certains comportements caractéristiques tels que ceux que nous venons d'évoquer, par exemple : espoir, attente, etc. C'est donc en tant que déclencheur de comportement, motivation, que nous étudions et considérons la passivité, et non comme une valeur humaine.

Comme nous avions rapproché l'activité de la réponse comportementale de rapprochement, nous pouvons dire que celle d'éloignement contient des éléments passifs également retrouvés dans certains comportements déterminés par une réponse en accord. Ainsi, la combinaison réponse en accord, éloignement et passivité donne lieu à des comportements routiniers, peu entreprenants, à la recherche de sécurité, mais aussi très stables et fiables.

Bien entendu, cette association n'est pas forcément réalisée, mais elle apparaît souvent, par exemple si vous avez l'habitude de prendre toujours le même itinéraire pour votre promenade du dimanche parce que vous le connaissez bien, que les autres chemins pour y parvenir vous semblent moins agréables ; ce qui pourrait à la rigueur vous faire changer votre habitude serait un chemin inondé ou n'importe quelle modification du terrain rendant celui-ci difficile à franchir ; mais, en aucun cas, il ne faudrait s'attendre en présence de ces distinctions spécifiques à ce que vous décidiez brutalement d'aller vous promener ailleurs parce que vous avez envie de découvrir un autre paysage ! Pour changer l'habitude d'un passif, il faut que les conditions habituelles qu'il rencontre changent.

Ce qui parfois rend inadaptée l'attitude passive, c'est que la personne se sent impuissante face à son environnement, elle ne peut croire que son comportement influence celui des autres, en revanche, elle pense sincèrement qu'elle détermine le sien en fonction de celui des autres !

L'opérateur modal qui décrit le mieux l'attitude passive est l'utilisation de *pouvoir* au négatif ; on entend souvent les passifs prononcer cette formule consacrée :

— Je ne peux pas.
Parfois, cela veut dire « je ne veux pas » c'est ainsi du moins que les *actifs* le traduisent, mais il est nécessaire de vérifier avant d'interpréter.

A l'évidence, dans de nombreux cas, la personne ne peut pas dire ce qui l'empêche d'agir, précisément parce qu'elle n'a pas forcément conscience d'appliquer une attitude passive. Tandis qu'une personne active pense « je ne peux pas cela... donc je vais faire quelque chose... d'autre », la passive, elle, pense « je ne peux rien faire dans cette situation... donc je vais attendre que X le fasse à ma place ». C'est la mise en pratique dans les comportements de ces deux croyances opposées qui illustre la différence et l'opposition entre activité et passivité.

Pour détecter la passivité, quelques points de repère apparaissent :

— l'utilisation de formulations négatives,

— opérateur modal *ne pas pouvoir* (sous-entendu : faire quelque chose moi-même),

— réponse comportementale d'éloignement,

— parfois index de référence allant de centré sur soi à permuté.

Ce qu'il est important de noter dans l'observation c'est d'une part que la personne passive attend une énergie extérieure à elle-même pour agir ou simplement satisfaire ses critères, et d'autre part que son comportement non verbal le traduit.

La passivité lorsqu'elle apparaît dans des contextes inappropriés permet à la personne de se sentir victime de son environnement, il s'agit là d'une excellente distinction à appliquer lorsque l'on souhaite devenir un martyr ! [1]

C'est en cela qu'elle compose une partie de la réponse d'éloignement et l'organisation permutée de l'index de référence, de même, les réponses en accord contiennent une partie de passivité.

Cependant, il est très utile d'appliquer une attitude passive lorsqu'il s'agit d'accepter un événement imprévu et en fonction duquel nous n'avons aucun moyen d'action ; si vous vous trouvez cloué au lit avec une bonne grippe, mieux vaut passivement vous laisser dorloter quelques jours. Dans les situations où l'on attend quelque chose d'extérieur à son champ d'action, la passivité est une attitude adaptée pour autant qu'elle ne sorte pas de certains contextes précis.

En revanche, il est tout à fait inutile de faire preuve de passivité pour se rendre à un entretien de recrutement, pour aller visiter ses clients ou pour préparer le dîner, excepté bien entendu pour les moments où ces activités requièrent une phase d'attente et/ou de patience.

1. Voir *Essai sur le bouddhisme zen*, du Pr Susuki ; dans le second tome, on trouve une discussion très étayée à propos de la notion de passivité comparée du mystique oriental et occidental.

Les prochaines distinctions que nous allons aborder concernent la provenance de nos références ; dans l'attitude passive précisément, les références sont souvent extérieures à la personne.

2 - Références extérieure ou intérieure au sujet

a. Référence extérieure

Une personne utilise une référence extérieure lorsqu'elle cherche en dehors de sa propre expérience les moyens d'assurer une croyance ou une certitude. Les personnes qui utilisent une référence extérieure ont tendance à permuter, elles adoptent facilement les critères des autres et présentent de ce fait des réponses *en accord*. Bien entendu, ce sont des généralités et nous avons conscience qu'il existe des exceptions et que ces distinctions n'apparaissent pas toujours ainsi groupées ; nous relevons cependant les autres distinctions que nous nous attendons à trouver chez une personne qui utilise une référence extérieure.

Poussée à l'extrême, la référence extérieure aboutirait au fait que la personne perde contact avec elle-même et ne parvienne pas sans aide extérieure à se faire une opinion ou à se décider à agir. Bien entendu, nous ne rencontrons jamais d'individus qui soient ainsi totalement dépendants des références extérieures, ce que nous cherchons plutôt à mettre en évidence avec cette notion, c'est une attitude de motivation. Nous nous posons la question de savoir où se bâtissent les certitudes et ce qui détermine les comportements de la personne : comment sait-elle qu'elle doit agir ? Est-ce parce qu'une autre personne le lui demande ou bien puise-t-elle en elle-même cette certitude ? Il n'est pas toujours évident de découvrir cette distinction, pourtant, il est utile de la déterminer car elle se trouve à la base de comportements caractéristiques tels que suivre la mode, apprendre quelque chose de quelqu'un, tirer profit de l'expérience des autres, savoir se faire conseiller.

Un bon moyen de mettre en évidence l'utilisation de la référence extérieure consiste à poser des questions dont le sens global pourrait se résumer à : pourquoi savez-vous ce que vous savez ?

Par exemple, dans un contexte d'apprentissage, vous demandez à quelqu'un de vous expliquer pourquoi il prend conscience des progrès qu'il réalise : sa réponse traduit généralement la source de cette connaissance. Beaucoup d'entre nous partagent l'expérience d'avoir commencé à apprendre quelque chose, un sport par exemple et d'avoir connu au cours de ce processus des phases où ils ont eu l'impression de ne pas progresser alors qu'en fait leur professeur les incitait à continuer parce que précisément il était, lui, en mesure de percevoir des progrès. Dans un tel cas, nous avons besoin d'une référence extérieure car nous sommes associés au processus, et nous appliquons un fractionnement étroit, ce qui ne nous laisse pas la possibilité de prendre le recul nécessaire pour évaluer notre progression ; en revanche, une personne de l'extérieur peut nous donner un avis objectif quant à notre situation, encore faut-il que nous ayons la souplesse nécessaire pour savoir en bénéficier.

Dans d'autres contextes, on peut chercher à savoir comment fait la personne pour prendre conscience d'une erreur qu'elle commet, et si nous posons cette question :

— Dans votre travail, qu'est-ce qui vous amène à penser que vous faites fausse route ?

Nous obtenons des réponses qui font apparaître la référence extérieure ou intérieure utilisée. L'usage de la référence peut faire surgir aussi de façon flagrante une réponse de comparaison *soi/autres* parfois orientée au détriment de son auteur ; cependant, la réponse de comparaison *soi/autres* ne traduit pas toujours une référence extérieure, la personne peut au contraire être très centrée sur elle-même et effectuer des comparaisons en défaveur des autres !

b. Référence intérieure

Une personne utilise une référence intérieure lorsqu'elle puise en elle-même ses certitudes et ce qui motive ses comportements. L'emploi d'une référence intérieure s'accompagne souvent de celui d'une répartition soi et d'une organisation de l'index de référence centrée sur soi, déplacée dans la plupart des cas, ou simultanée. Les autres distinctions des métaprogrammes sont liées aux contextes et ne peuvent être citées comme caractéristiques. Celui qui se sert d'une référence intérieure se passe dans ces circonstances de l'avis et des conseils des autres ; il se connaît bien, il sait ce qui lui convient, se montre peu influençable voire même entêté ou catégorique parce qu'il sait qu'il a raison !

En appliquant une référence intérieure à certains contextes, la personne prend des risques en particulier ceux de croire qu'elle maîtrise des facteurs qui en réalité ne dépendent pas d'elle ; c'est une attitude qui peut produire des divinations, la personne applique ses critères aux autres, et qui coïncide avec une organisation de l'index de référence *déplacé*.

Dans un contexte d'apprentissage, si la personne applique une référence intérieure, elle risque de ne pas progresser et de ne pas pouvoir mesurer son évolution ; par exemple, elle peut très bien avoir la conviction qu'elle connaît bien son programme et échouer à l'examen parce qu'en fait, selon les critères de l'examinateur, elle ne sait pas ce qu'il lui demande.

Quand on s'est fixé un objectif à moyen ou long terme et que des obstacles surgissent, il est très utile d'appliquer une référence intérieure qui soutient la motivation, surtout si l'on veut éviter de se laisser décourager par des critiques destructives. Si l'on défend une cause telle que la lutte contre la faim ou la paix mondiale, une forte référence intérieure constitue alors un puissant soutien pourvu qu'elle se maintienne dans le temps. Il est également de la plus grande utilité d'appliquer une référence intérieure quand on se fixe un objectif pour soi ; en effet, elle nous permet de savoir ce qui nous convient sans tenir compte d'une influence qui ne respecterait pas notre écologie personnelle. En fait, chaque fois que nous devons agir pour nous-même, la référence intérieure est non seulement utile mais indispensable. Dans le contexte des relations affectives, quand la référence intérieure concerne une décision personnelle, elle guide l'intuition ; en revanche, elle ne peut suffire lorsque la décision concerne deux personnes, à moins que l'une de ces personnes n'assume la responsabilité de servir de référence à l'autre. Si vous hésitez à partager la vie quotidienne de votre petit(e) ami(e), ce que vous considérez comme raisonnable, les conseils d'autres personnes, des exemples autour de vous, ce que vous avez pu lire ou entendre à ce sujet — les références extérieures — ne vous sont pas d'un réel secours dans la prise de décision ; en revanche, la référence intérieure avec ce qu'elle présuppose de connaissance de soi et d'intuition vous facilite la tâche.

Pour résumer, nous pouvons affirmer que la référence intérieure revêt son utilité dans les contextes où notre action, nos décisions s'appliquent essentiellement à nous-même, alors que dans ceux où ces décisions s'appliquent aux autres, cela peut nous conduire à des erreurs d'appréciation. Cependant, nous ne voulons pas nous montrer trop catégoriques sur ce dernier point car il existe des contextes spécifiques où nous acceptons d'être pour un temps donné les références extérieures d'autres personnes : d'une manière très générale, la plupart des contextes où nous enseignons quelque chose à quelqu'un. Même si nous enseignons du doute, du scepticisme, nous pouvons être la référence d'autres personnes, pour ce qui concerne la situation précise : apprendre à douter.

Rappelons que, lorsque nous étudions les références qui nous servent à forger nos certitudes, nous travaillons d'une part sur les sources de ces références et d'autre part sur les relations de cause à effet qu'elles produisent et qui se traduisent par nos comportements. Avant de poursuivre, nous voulons évoquer deux distinctions caractérisant les références, évoquées par Leslie Cameron-Bandler, Michael Lebeau et David Gordon dans leurs ouvrages communs *The Emprint Method* et *Know How*. Il s'agit de savoir si les références sont de l'ordre du vécu ou de l'information. Dans les ouvrages cités, les auteurs introduisent également la notion de temps, ce qui aboutit à déterminer plusieurs catégories de référence caractérisées par trois éléments : le temps, le vécu/information, l'extérieur/intérieur. Cela pouvant faire double emploi avec les distinctions que nous allons présenter, et dans un souci de clarté, nous nous contentons d'indiquer leur existence au lecteur qui reste décideur de leur application.

c. Les références vécues

Personnelles, elles proviennent de notre expérience passée ou présente, elles entrent dans la catégorie des références intérieures. En d'autres termes, la personne alimente ses certitudes en se référant à des éléments qu'elle connaît pour les avoir éprouvés et vécus personnellement.

d. Les références informationnelles

Elles proviennent de l'extérieur et sont désignées par l'expression *expériences vicariantes* (du latin *vicarus* : suppléant), ce qui signifie que nous n'avons pas besoin de vivre une expérience pour savoir qu'elle existe. Par exemple, imaginez que n'étant jamais allé au pôle Nord, vous décidiez d'y faire une excursion, ce n'est pas dans votre vécu que vous pouvez savoir que vous devez vous munir de vêtements chauds pour atteindre le but de votre voyage ; pour avoir cette certitude, vous avez utilisé l'expérience d'autres personnes (témoignages, récits, documents scientifiques, etc.), elle a remplacé la vôtre.

Les références informationnelles peuvent cependant, en dépit de leur provenance extérieure, être traitées comme des références intérieures par la personne qui les a intégrées en tant que connaissances utiles.

Avant de conclure cette description, nous ajoutons que, quelle que soit la provenance de la référence, il n'existe pas de valeur particulière attachée à cette dernière ; en revanche, elle détermine des comportements fort différents et l'on observe que la confiance en soi, l'assurance sont des états intérieurs et des comportements qui s'organisent autour d'une référence intérieure alors que le manque de confiance en soi se traduit par un état intérieur et un comportement organisé sur une référence intérieure insuffisante.

Exercice 13 : En répondant aux questions suivantes, déterminez quelle est la source privilégiée de vos références.

1 - Vous décidez de changer de voiture, qu'est-ce qui va vous influencer ?
 a - la voiture de votre patron
 b - votre épouse
 c - un article que vous avez lu dans la presse
 d - personne ne vous influence.

2 - Dans votre vie professionnelle, comment savez-vous que vous faites fausse route ?
 a - une réflexion d'un collègue
 b - les conclusions de votre dernier entretien d'évaluation
 c - votre intuition
 d - vous n'atteignez pas les objectifs prévus.

3 - Qu'est-ce qui vous permet de savoir que vos amis apprécient votre humour ?
 a - leurs rires
 b - leurs invitations répétées
 c - vous faites rire votre concierge
 d - vous trouvez vos blagues très humoristiques.

4 - Comment avez-vous choisi les vêtements que vous portez ?
 a - vous avez fait confiance au vendeur
 b - vous avez acheté cela un peu au hasard
 c - vous avez imité quelqu'un dont vous appréciez le goût
 d - vous savez ce qui vous va.

5 - Quand on vous demande un conseil, vous :
 a - posez beaucoup de questions pour savoir ce que veut l'autre
 b - prenez le temps de vous renseigner avant de répondre
 c - imaginez ce que vous feriez à la place de l'autre
 d - savez ce qu'il lui faut et vous le lui donnez.

Les réponses c et d sont typiques de l'application d'une référence intérieure, les a et b de celle d'une référence extérieure. Après avoir répondu à ces questions, posez-les à une personne de votre choix et observez ses réponses, utilise-t-elle des références surtout intérieures ou extérieures, et dans quelles situations ?

3 - Le temps : passé, présent, futur

Les références peuvent être intérieures ou extérieures, vécues on non, situées dans le passé, le présent ou le futur. Ce qui nous intéresse maintenant, c'est de préciser la provenance en termes de temps de nos références, c'est-à-dire, préférons-nous agir en fonction de :

— Ce que nous avons déjà fait ;
— Ce que sommes en train de faire ;
— Ce que nous allons faire.

Ce qui en découle logiquement, ce sont les relations de cause à effet construites à partir de ces sources :

— Je fais cela parce que je l'ai toujours fait ;
— Je fais cela parce que ma situation actuelle l'exige ;
— Je fais cela en raison des conséquences à venir.

Bien entendu, selon les situations, nous appliquons de préférence l'un ou l'autre de ces modèles. Cependant, comme nous avons généralement tendance à utiliser de façon répétitive les mêmes liens de cause à effet quels que soient les contextes, il apparaît que des difficultés surgissent du fait de l'inadaptation de la référence au contexte et à l'objectif. Par exemple, si nous privilégions le futur comme référence, il nous sera difficile d'être gourmands et d'abuser de la bonne chère car nous sommes alors méchamment tourmentés par les conséquences de nos excès.

En revanche, il est fort difficile d'apprendre à limiter ses excès alimentaires lorsqu'on tire sa motivation du présent, en effet, ce qui compte le plus c'est alors une satisfaction immédiate du désir, alors que, pour suivre un régime ou garder une habitude de modération, cela implique de maintenir présente et puissante une référence future et une relation de cause à effet située du présent vers le futur :

— Si je me prive un peu aujourd'hui, je serai (resterai) mince demain.

Tous les éléments qui composent notre univers subjectif sont soumis à notre perception du temps ; rappelons que cette notion de temps est abstraite, la division du temps en passé, présent et futur est une création mentale, culturelle qui varie sensiblement selon les contextes culturels[1].

Edward T. Hall montre dans ses ouvrages que le temps est un phénomène culturel que nous avons fabriqué, appris, et pourtant, nous nous conduisons envers lui comme si nous en étions victimes. Certains peuples vivent dans un présent continuel, tels les indiens Hopi, les cultures occidentales s'orientent dans un *continuum* passé, présent, futur et c'est dans ce cadre que nous situons notre étude de la perception subjective du temps et des comportements qui en résultent.

Pour Edward T. Hall, il existerait neuf catégories de temps :

1 - Le temps biologique qui concerne la croissance des êtres, l'évolution, le développement de ce qui peuple notre environnement.

---

1. Voir *La Danse de la vie*, par Edward T.Hall aux Éditions du Seuil.

2 - Le temps physique qui décrit les phénomènes cycliques comme les saisons, le jour et la nuit, etc.

3 - Le temps personnel ou perception subjective du temps qui paraît court ou long selon différents critères. C'est cette catégorie qui nous intéresse et que la PNL tente de clarifier en y délimitant le territoire des références, des relations de cause à effet, de la manière de laisser évoluer ou de geler les comportements par rapport au temps.

4 - Le temps métaphysique ou le temps qui appartient à une autre catégorie de perception et dans lequel s'inscrivent les impressions de *déjà vu,* de *revivification,* etc. Les phénomènes dit parapsychologiques s'inscrivent dans cette catégorie.

5 - Le micro-temps : c'est-à-dire les caractères temporels spécifiques d'un groupe culturel.

6 - Le temps synchrone dans lequel l'auteur définit deux sortes de comportements polychrone et monochrone selon leur adaptation aux règles abstraites du temps ; un individu qualifié de polychrone peut faire plusieurs choses à la fois et sait qu'il a terminé sa tâche grâce à une référence intérieure alors que le monochrone s'adapte au temps défini des horloges et termine quelque chose parce que c'est l'heure.

7 - Le temps sacré ou la religion détermine le rythme du temps, par exemple, dans certaines cultures, le temps s'arrête pendant les cérémonies religieuses.

8 - Le temps profane, ou celui que nous utilisons le plus souvent qui est un calcul technique du temps (heures, minutes, mois, etc.) ; c'est ce type de temps qui est considéré comme quelque chose qui peut être possédé : on a le temps de ...

9 - Le méta-temps enfin rassemble tout ce que l'on peut imaginer comme théories, discussions et abstractions à propos du temps : ces neuf catégories en sont un exemple.

Dans toutes les circonstances de notre vie, nous sommes impliqués dans le temps, c'est-à-dire dans notre perception de ce phénomène, les mots que nous utilisons décrivent ou guident notre expérience du temps. Ce que nous remarquons, c'est que, selon les personnes, le temps est vécu d'une façon très différente, et certaines auront ainsi plus facilement que d'autres accès au passé, au présent ou au futur. Nous pouvons remarquer aussi qu'une sorte d'épaisseur du présente existe, au moins dans la perception de certains, qui se traduit dans les limites des territoires impartis au passé et au futur.

— Quand commence le futur ? L'instant d'après, dans une heure, demain, plus tard ?

— Où s'arrête le passé ? L'instant d'avant, il y a une heure, hier, plus tard ?

Nous avons eu l'occasion de rencontrer une personne qui vit tellement dans le futur qu'elle avance d'un quart d'heure sa pendule de bureau de façon à ce que, lorsque l'heure du rendez-vous qu'elle est en train d'accorder est affichée, elle sait que celui-ci est terminé !

La présent peut aussi bien être situé dans une plage étroite, coincé entre un passé envahissant et un futur débordant ou bien plus à l'aise, il possède une certaine durée.

Voici une liste de questions pour aider le lecteur à connaître ses propres références temporelles et lui permettre d'organiser sa recherche afin de connaître celle des autres.

Exercice 14 : individuellement

— Répondre aux questions suivantes pour soi.

— Poser les questions suivantes à un partenaire et noter ses réactions selon l'orientation vers le passé, le présent, ou le futur. La catégorie à laquelle il accède le plus aisément est celle qui constitue la source probable des références temporelles de ses comportements.

1 - Que se passera-t-il dans votre vie dans deux ans ? (cinq ans, dix ans) ?

2 - Qu'avez-vous fait jusqu'à présent qui explique ce que vous faites aujourd'hui ?

3 - Que faites-vous pour préparer ce que vous ferez dans deux ans ?

4 - Quand avez-vous pour la première fois pris conscience que vous pouviez obtenir ce que vous vouliez ?

5 - Quelle est pour vous la meilleure preuve que vous savez faire ce que vous savez ? (prendre un exemple dans les activités de la personne : peindre, vendre, enseigner, soigner, etc.).

6 - Que voulez-vous découvrir qui soit nouveau pour vous ?

7 - Vers quel but s'organise votre comportement actuel ?

8 - Que vous est-il arrivé dans le passé qui a contribué à faire ce que vous êtes aujourd'hui ?

9 - Continuez-vous aujourd'hui à faire quelque chose bien que cela ne vous corresponde plus ?

10 - Voudriez-vous faire quelque chose que vous ne faites pas à cause des conséquences que cela pourrait avoir sur votre avenir ?

— (Si oui) Comment savez-vous que cela aurait des conséquences sur votre avenir ?

11 - Faites-vous actuellement quelque chose qui influencera votre avenir d'une façon que vous ne désirez pas, mais en fait, vous vous moquez bien des conséquences ?...

12 - Qu'est-ce qui vous incite à continuer à faire ce que vous faites ?

Les réponses à ces questions mettent en évidence la source temporelle préférée des références de la personne, ainsi il nous paraît parfois plus facile, logique ou évident de chercher nos justifications, nos explications, nos motivations dans ce que nous avons fait par le passé, ce qui est en train d'arriver ou ce qui va arriver.

a. Le passé

Quand vous posez une question telle que :
— Pourquoi avez-vous peur des araignées ?
et que l'on vous répond :
— J'ai toujours eu peur des araignées !

La personne cherche une explication dans le passé, elle établit un lien de cause à effet entre sa peur actuelle et une peur issue d'un passé si lointain qu'elle a *oublié* le commencement et généralisé le comportement (toujours) ; ce dernier tend alors à devenir une constante assimilable au lever du soleil ou à la succession des quatre saisons et s'enracine dans le passé. Quand on considère que quelque chose « a toujours été ainsi », il n'y a aucune raison de penser que cela peut changer, la personne qui dit : « J'ai toujours eu peur des araignées » est en train de nous expliquer que cela ne changera pas dans l'avenir, le lien de cause à effet va d'une part du passé au présent et du passé au futur.

La référence au passé permet la généralisation, c'est-à-dire qu'un événement se produit une fois ou plusieurs fois [1] et qu'à partir de cela nous construisons une constante. Par exemple, si nous rencontrons pour la première fois une personne des plus revêches qui se montre désagréable à notre égard, nous nous en souvenons lors du rendez-vous suivant et cela nous conduit à penser que nous allons retrouver la même situation parce que nous nous servons du passé comme d'une référence pour ajuster notre comportement ; cela nous amène à sélectionner l'attitude spécifique que nous réservons aux rencontres avec des personnages revêches. C'est un procédé très utile car il représente un moyen d'adaptation dans la mesure où la référence au passé demeure suffisamment souple pour admettre les éventuels contre-exemples du présent.

Il est possible d'observer de très nombreuses manifestations du passé pris comme référence ; certaines démarches psychologiques expliquent le présent d'un individu par son passé, par son éducation, ses relations familiales, etc. C'est d'ailleurs une manière de penser si familière que beaucoup d'entre nous s'ils doivent parler d'eux-mêmes pour se présenter com-

1. Voir : Le modèle de généralisation dans *Comprendre la PNL*, page 126, et dans cet ouvrage au chapitre VI.

mencent à évoquer leur passé parce qu'il est supposé expliquer le présent. Nous pensons cependant que si l'histoire d'une personne peut clarifier ou justifier ses comportements présents, elle n'est presque d'aucune utilité quand il s'agit d'imaginer ou de construire une solution à un problème personnel. Les praticiens de la PNL vont plus loin encore en travaillant en « thérapie secrète », c'est-à-dire sans contenu, en limitant le recueil d'informations aux données non verbales observables. Cette façon de faire offre l'avantage d'un gain de temps important car elle interdit au sujet de formuler des explications ; en démonstration au cours d'un stage, cela lui permet de faire l'économie des détails de ses difficultés, dans d'autres contextes, les personnes se sentent frustrées de ne pouvoir exprimer leur interprétation personnelle.

La PNL utilise davantage la projection dans le futur que l'exploration du passé ; la personne ayant construit sa solution personnelle la teste mentalement dans le futur jusqu'à ce qu'elle lui semble acceptable, ce n'est qu'après une vérification positive qu'elle se trouve appliquée dans le présent.

Cependant, nous nous défendons de nier la validité des références du passé, nous prétendons seulement qu'elles sont utiles à la compréhension d'une situation et ne contribuent que d'une façon indirecte à l'élaboration de solutions. En effet, si nous placions au-dessus de toute autre référence le passé, cela signifierait que le changement du fait de sa situation dans le présent et le futur n'est ni possible ni même imaginable puisque nous serions considérés comme des résultats du passé et que le passé par définition ne change pas. Cela se traduit dans des croyances ainsi formulées et que nous avons prises en exemple plus haut : « Cela a toujours été ainsi. » Dans cette affirmation, il est présupposé que le changement ne peut pas se produire en raison de cette généralisation. Nous ajoutons que ce type d'attitude s'inscrit parfois sur un mode passif.

Une personne qui prend surtout ses références dans le passé ne cherche pas la nouveauté mais essaie plutôt de reproduire ce qui est déjà arrivé, cela correspond également à des réponses comportementales *en accord* avec ce passé. A l'intérieur de ce cadre apparaissent des attitudes de témoin souvent critique des événements, c'est une métaposition qui s'illustre ainsi : « Ce qui arrive aujourd'hui est déjà arrivé dans le passé, ce n'est pas nouveau », et n'incite pas vraiment à l'action ni à la prise de responsabilité vis-à-vis des événements. Cette position de témoin se référant au passé conduit aussi à des possibilités d'analyse des événements ; si la dimension du fractionnement (*chunk size*) est large, cela donne un esprit de synthèse, si elle est étroite il y a un risque de se perdre dans les détails.

b. Le présent

Si aux questions 5, 6, 11 et 12 de l'exercice 14 vous avez sans difficulté trouvé des réponses, c'est que vous prenez vos références dans le présent.
Question 5 : Quelle est pour vous la meilleure preuve que vous savez faire ce que vous savez ? (prenons l'exemple *vendre)*

— Je sais que je réussis une vente quand je vois mon client satisfait, et qu'il revient.

Question 11 : Faites-vous actuellement quelque chose qui influencera votre avenir d'une façon que vous ne désirez pas, mais, en fait vous vous moquez bien des conséquences...

— A l'évidence, je mange beaucoup trop, mais... c'est plus fort que moi, je ne peux pas m'en empêcher, d'ailleurs, quand je me mets au régime, cela me déprime et je ne le supporte pas.

A la question 5, la personne se fonde sur des informations issues du présent, elle fonde ses preuves sur ce qu'elle est en train d'observer, et cela se révèle d'une part dans le contenu, d'autre part dans le temps utilisé pour rendre compte de l'expérience ; notons la différence qui existe entre ces différentes formulations :

— Je sais que j'ai réussi une vente quand mon client a été satisfait et qu'il est revenu.

— Je sais que j'aurai réussi une vente quand mon client sera satisfait et qu'il reviendra.

Le temps des verbes est le principal indicateur de la provenance des références, de plus, le langage parlé s'embarrasse peu de notion de concordance des temps, ainsi quand la personne s'exprime elle fait part de son expérience dans le temps subjectif où elle la vit.

Les réponses à la question 11 montrent que la personne possède certains comportements totalement dépendants du présent ; la référence détient alors un caractère impératif qu'elle ne peut contrer, les conséquences futures éventuellement négatives n'ont aucune valeur dans le vécu de la personne ; ce qui compte c'est le moment présent, la satisfaction immédiate du besoin. C'est une excellente attitude pour céder à un coup de foudre, mais aussi pour agir sur l'instant sans se poser de questions lorsque la situation l'impose : venir en aide à quelqu'un sans se demander pourquoi on le fait, ni quels commentaires cela va entraîner, ou toutes autres pensées qui retardent l'action. Le présent pris comme référence produit de la spontanéité, il permet une action rapide, c'est dans certains contextes un élément entrant dans la composition du *sang-froid ;* en effet, quand on agit totalement dans le présent, la peur qui par définition est issue du futur ou du passé ne peut pas surgir, c'est un état d'esprit enseigné dans les arts martiaux et la pratique du zen. Nous notons également que le présent qui tient lieu de référence s'associe souvent à une réponse comportementale associée au processus. Quand un individu est présent dans l'action, il ne peut en même temps s'en distancer.

Cependant, lorsqu'on reste coincé dans le présent, on demeure parfois comme pris en otage par l'impératif besoin de satisfaire un désir dans l'immédiat ; l'intempérance dans toutes ses manifestations ou la prise de drogue[1] obéissent à la tyrannie d'une référence présente puissante. Dans ce cas, le malaise présent prend une telle ampleur qu'il entraîne irrésistiblement un comportement destiné à le soulager (trop manger, boire de l'alcool, fumer, se droguer). C'est ainsi que la personne se comporte d'une façon que son raisonnement désapprouve, mais celui-ci se fonde sur une référence future ou passée trop faible qui ne s'équilibre pas avec celle du présent qui impose le comportement non désiré. C'est la même référence au présent qui conduit certaines personnes à l'incapacité de refuser un service, de dire « non » à quelqu'un qui leur demande quelque chose ; ce qui détermine alors la décision du comportement, c'est le présent et non les éventuelles résolutions qui ont peut-être été prises par le passé après une expérience comparable vécue comme désagréable. Imaginez que vous cédez immanquablement aux demandes des représentants d'associations de charité ; ce qui se passe en vous c'est qu'en les entendant vous exposer les malheurs, les difficultés d'autres personnes, cela provoque en vous des émotions spécifiques qui dirigent impérativement votre main vers votre portefeuille ou votre chéquier ; à ce moment précis, vous ne pensez pas que vous pourriez avoir envie ni même besoin d'investir cette somme dans une autre dépense, ni que la dernière fois que vous avez laissé agir votre générosité, vous avez dû vous serrer la ceinture jusqu'au mois suivant. Ce qui compte avant tout, c'est de faire quelque chose immédiatement pour apporter une solution au problème qui se pose dans l'expérience présente. De cette façon, ce sont pratiquement toujours les mêmes personnes qui se font solliciter, celles qui donnent facilement présentent dans leur programme l'aptitude à répondre à la pression d'une référence présente. Dans certaines situations, ces mêmes personnes se laissent convaincre de prêter de l'argent sachant bien qu'elles auront des difficultés à se faire rembourser, mais elles ne peuvent résister à la demande impérative du présent sous peine de ressentir une culpabilité insupportable. Le fameux proverbe chinois : « Si tu donnes un poisson à un homme, tu le nourris pour la journée, si tu lui apprends à pêcher, tu le nourris pour sa vie entière », montre que dans le premier cas la référence du comportement est présente, on donne à manger à quelqu'un qui a faim, mais dans la seconde proposition, la référence est située dans l'avenir, lorsqu'on enseigne quelque chose à

1. Voir dans le second tome de *Vers une écologie de l'esprit*, de Gregory Bateson la discussion à propos de l'alcoolisme.

quelqu'un on utilise un objectif à moyen ou à long terme qui présuppose une référence dans le futur.

Nous connaissons tous des contextes où il est important de se référer au présent pour agir, ce sont typiquement la quasi totalité des situations où l'hésitation se révèle inadaptée ; à l'inverse, lorsqu'il pourrait être utile ou même bénéfique d'hésiter, de peser le pour et le contre, de comparer entre le passé, le présent et le futur, les références du présent ne sont utiles que si elles ne soumettent pas les autres et vice versa.

Les personnes qui emploient surtout une référence issue du présent possèdent généralement un traitement de l'information orienté vers l'action, leurs réponses comportementales sont souvent associées au processus car elles ne prennent pas de recul vis-à-vis de la situation qu'elles vivent dans l'instant, comme nous l'avons souligné plus haut. Souvent aussi, mais pas obligatoirement, les références issues du présent s'associent avec des réponses d'éloignement, au moins dans les cas où le comportement qu'elles déterminent n'est pas désiré. L'index de référence se révèle souvent permuté dans les comportements où la personne compatit aux difficultés des autres et cherche à agir dans l'immédiat pour y remédier ; en revanche, on rencontre plutôt un index de référence centré sur soi dans les comportements d'intempérance où ce qui compte, c'est la satisfaction immédiate de son propre désir et non de celui de quelqu'un d'autre.

Les correspondances et combinaisons avec les autres distinctions des métaprogrammes sont proposées à titre d'exemple, elles ne tiennent pas lieu de généralisations car les contre-exemples ne manquent pas, elles nous servent de guide, de points de repère, et représentent des éléments à vérifier lorsque nous construisons le métaprogramme d'une personne.

c. Le futur

Aux questions 1, 3, 7 et 10 de l'exercice précédant vous avez sans peine trouvé une réponse :

Question 1 : Que se passera-t-il dans votre vie dans deux ans ? (cinq ans, dix ans) ?
Exemple de réponse : Dans deux ans, j'aurai terminé mes études et je serai à la recherche d'un emploi.

Question 3 : Que faites-vous pour préparer ce que vous ferez dans deux ans ?
Exemple de réponse : Je fais des économies pour pouvoir acheter le bateau qui me permettra de traverser l'Atlantique !

Question 7 : Vers quel but s'organise votre comportement actuel ?
Exemple de réponse : Je veux atteindre un haut niveau de compétence dans le métier que j'exerce.

Question 10 : Voudriez-vous faire quelque chose que vous ne faites pas à cause des conséquences que cela pourrait avoir sur votre avenir ? Exemple de réponse : Oui, j'ai très envie de pratiquer le Delta-plane, mais s'il m'arrivait un accident, cela mettrait trop de gens de mon entourage dans une situation difficile.

Cela signifie que vous parvenez à prendre des références, des justifications, des motivations dans le futur. Certains comportements requièrent une telle disposition, pour faire des économies, suivre un régime, lutter pour une cause difficile, etc. L'orientation vers le futur constitue une excellente disposition pour les vendeurs d'assurance, mais ils doivent pour convaincre leurs clients éventuels leur enseigner l'usage du futur comme d'une référence. Les personnes ancrées dans le présent sont très difficiles à convaincre car pour elles le futur représente quelque chose de vraiment abstrait, flou, impossible à cerner et elles n'établissent pas de lien de causalité efficace entre le passé, le présent et le futur.

Ceux qui prennent leur principale référence dans l'avenir se présentent parfois comme de doux rêveurs, toujours en quête d'un futur merveilleux, plein de promesses vers lequel ils sont en route depuis longtemps sans parvenir à se décourager de ne pas l'atteindre. Ce comportement s'illustre ainsi : « Demain sera meilleur qu'aujourd'hui » ; c'est un élément qui joue un rôle déterminant pour croire au paradis, qui permet de supporter en silence et avec résignation les épreuves du présent car celles-ci seront largement compensées par ce qui arrivera plus tard.

La plupart des activités qui supposent un bénéfice non immédiat se fondent sur une référence future. Quand on enseigne, on mise sur une acquisition ou une utilisation de la connaissance transmise, celle-ci s'effectue dans l'avenir, les informations issues du présent n'entrent pas dans ce contexte autrement que pour permettre de vérifier si on peut ou non franchir une autre étape, elles ne sont pas déterminantes pour motiver l'action d'enseigner.

Il existe des cas où nous mettons en œuvre des plans dont nous ne tirons aucun bénéfice dans le présent à l'exception peut-être d'une certaine tranquillité d'esprit ; par exemple, quand nous nous engageons à suivre une formation destinée à nous maintenir à un bon niveau de compétence dans notre travail, ou quand nous faisons des économies ou des placements en vue d'assurer notre retraite ou les études des enfants ou tout autre projet d'avenir.

Quand nous nous donnons des objectifs, nous nous servons du futur comme référence, nous projetons ce que nous avons déjà réalisé, ce que nous réalisons et nos désirs pour l'avenir, mais le fait même de penser au lendemain ou de faire des projets implique une participation du futur.

Les personnes qui possèdent l'aptitude à prendre des références dans le futur trouvent cela très naturel et ont tendance à croire que chacun le fait tout comme eux, or il n'en est rien et nous devons apprendre à faire la différence entre ce que nous faisons parce que cela compose notre vie culturelle et sociale et ce que nous ressentons subjectivement.

Au cours d'un stage, nous avons eu l'occasion d'observer une personne pour laquelle le futur représentait quelque chose d'à peu près aussi réel que les éléphants roses ; elle disait que pour elle, le lendemain était tellement soumis au hasard, que l'heure suivante faisait déjà partie d'un avenir inconnu. Nous lui avons alors demandé comment elle s'y prenait pour fixer des rendez-vous, planifier son emploi du temps, et effectuer toutes les activités de la vie quotidienne qui requièrent un minimum de références futures. Elle réfléchit un moment un peu déconcertée parce qu'à l'évidence, elle organisait très bien son temps :

— De toute façon, dans mon travail, je ne peux pas faire autrement que de bien m'organiser sinon je ne pourrais pas répondre à ce que l'on attend de moi. En fait, je crains beaucoup de montrer que je ne suis pas vraiment ordonnée, et je pense que j'en rajoute même un peu dans l'autre sens au niveau du travail. D'autre part, lorsque je prends des rendez-vous, en fait, au fond de moi cela n'a aucune réalité de penser : « Demain, dans une semaine, dans six mois », c'est très loin et très flou, mais je fais *comme si* ce n'était pas le cas ! Cela me donne un peu l'impression de jouer.

Dans sa réponse, nous pouvons relever plusieurs choses, d'abord qu'il existe probablement un désaccord entre les rythmes culturels et les rythmes personnels, d'ailleurs, c'est une des raisons pour lesquelles beaucoup de gens adoptent ou retrouvent leur propre rythme dès qu'ils en ont l'occasion hors des contraintes du travail[1]. La personne ensuite explique sa bonne organisation dans le travail comme une réponse opposée (réponse comportementale *en désaccord* par polarité) à ses comportements spontanés, un peu à la manière de la hardiesse des timides ; en outre, elle est consciente de l'image qu'elle veut donner d'elle-même et se place donc en position de témoin du processus. C'est précisément son aptitude à commenter les processus, à prendre du recul par rapport aux événements qui lui permet de *jouer le jeu* de l'organisation du temps. Bien qu'étant très attachée aux références issues du présent, cette personne parvient grâce à son aptitude à adopter une position méta, à gérer son temps conformément aux critères qu'elle veut satisfaire.

L'orientation vers le futur représente une distinction utile pour la créativité, elle permet en effet d'aller au-delà du contexte du présent en utili-

---

1. Voir à ce propos les différences entre monochrone et polychrone chez Edward T. Hall dans *La Danse de la vie*, ainsi que la relation apparaissant entre le niveau de stress et la perception du temps dans les affirmations du test au chapitre II.

sant ses données pour construire des probabilités, pour imaginer des développements possibles à des situations, ce qui détermine le comportement présent pour atteindre l'objectif ainsi établi.

Une personne qui utilise le futur comme référence montre également une tendance à des réponses comportementales de rapprochement, elle agit plutôt pour atteindre quelque chose que pour éviter ou s'éloigner d'une situation ; attirée par la nouveauté et l'inconnu, elle présente souvent mais pas obligatoirement des réponses *en désaccord*, l'index de référence n'est pas vraiment caractéristique, cependant il y a plus de probabilité pour qu'apparaissent des déplacements ou des simultanéités que des permutations ou des organisations centrées sur soi.

d. Les relations de cause à effet dans le cadre du temps

Pour ce dernier point, nous nous servirons essentiellement du modèle présenté par Leslie Cameron-Bandler, Michael Lebeau et David Gordon dans leur ouvrage commun *The Emprint Method*. Notons seulement au préalable que la relation de causalité existe toujours de façon plus ou moins évidente pour déterminer ou sélectionner nos comportements, c'est d'ailleurs l'objet de l'étude des opérateurs que de déterminer l'organisation des relations de cause à effet. Les relations de cause à effet sont évidentes quand la personne les exprime spontanément dans son langage en se servant des mots et expressions habituellement consacrés à cet usage (parce que, à cause de, en raison de, etc.) ; elle est moins évidente quand ces indicateurs sont absents et que, pour la mettre en évidence, nous avons recours à des questions en deux temps, telles que :

— Il ne faut pas parler de politique avec des gens que l'on ne connaît pas.

— Qui vous a dit cela ?

— Ma mère.

— Est-ce pour cela que vous ne parlez jamais de politique avec des gens que vous ne connaissez pas ?

— ...Oui, certainement.

Dans cet échange, la première question d'emblée présuppose que la personne affirme quelque chose qui ne vient pas de ses propres références mais qui lui a été appris [1], peut-être même imposé par quelqu'un. Cette première question fait surgir en effet le responsable de l'affirmation, la seconde question met en évidence la relation de cause à effet.

Rappelons que les relations de cause à effet existent essentiellement dans

1. Il s'agit de contester une transgression du métamodèle pour le langage, à savoir une affirmation toute faite ou « *lost performatives* ».

notre vécu subjectif, nous les construisons pour donner un sens à notre expérience. Beaucoup de gens se sentent plus en sécurité lorsqu'ils peuvent expliquer ce qui se déroule autour d'eux ; de plus, comme les histoires les plus courtes sont réputées les meilleures, ils ont bientôt fait de réduire à une cause unique les effets envisagés. Cela donne lieu à des raccourcis, à des réductions, à une vue, disons-le, un peu simpliste des choses. Par exemple, si vous êtes persuadé que c'est uniquement parce que le consultant n'aimait pas votre physionomie que vous n'avez pas obtenu le poste pour lequel vous vous êtes présenté à un entretien de recrutement, vous appliquez le raisonnement délicieusement simplificateur des relations de cause à effet. Il est fortement probable que notre allure influence l'opinion et les comportements de nos interlocuteurs, mais, à elle seule, elle ne justifie pas toute une attitude.

Dans nos stratégies de questionnement présentées au chapitre suivant, nous allons chercher systématiquement à mettre en évidence les relations de cause à effet sous-jacentes aux comportements. La principale croyance d'une personne, en d'autres termes ce qui guide ses comportements, ce qui motive ses choix ou ses attitudes constitue le premier élément de la relation de cause à effet et forme la base même de l'édifice.

Qu'elles soient ou non exprimées, les relations de cause à effet mettent en jeu le cadre du temps et, ce qui nous intéresse maintenant, c'est de savoir comment elles s'organisent par rapport au passé, au présent et au futur et quels comportements découlent de ces différentes organisations.

1. Les relations de cause à effet du passé au passé

Etablir des relations de cause à effet dans le passé consiste à porter une réflexion sur l'enchaînement d'événements passés ; nous pouvons ainsi constater qu'une action donnée a eu une conséquence particulière et que cela s'est ou non reproduit. Le passé foisonne de ces exemples et constitue une source d'information où nous allons puiser des exemples et des références.

Quand quelqu'un dit :

— J'ai raté mon oral parce que je n'ai pas été assez assidu aux cours.

Il établit une relation de cause à effet entre deux événements passés ; dans cet exemple, la personne reconnaît comment deux expériences sont liées, comment en n'étant pas assidue aux cours, elle atteint un objectif non désiré : rater son examen. Dans les stratégies d'utilisation des échecs, cela constitue une première étape, ensuite, il s'agit de transporter cet acquis dans les comportements présents.

Quand on établit une relation de cause à effet entre deux événements passés, cela donne le sentiment de comprendre ce qui s'est passé. Nous parlons alors de compréhension, de prise de conscience, nous analysons les faits passés en les liant entre eux grâce à la logique de la cause à effet et cela suffit dans la majorité des cas à nous satisfaire ou du moins à nous apporter une impression suffisamment positive pour passer à autre chose.

Nous pensons que la compréhension des liens logiques entre deux ou plusieurs événements n'est pertinente que si elle permet d'élaborer de nouveaux comportements pour le présent et le futur ; quand ce n'est pas le cas, elle n'est que d'une piètre utilité puisqu'elle donne les moyens à un objectif non désiré de resurgir. Les relations de cause à effet dans le passé forment une base solide pour les qualités d'adaptation, nous disons que nous nous adaptons lorsque nous sommes capable de modifier notre comportement en fonction de données modifiées de l'environnement, mais il est évident que cela passe par une compréhension des contextes et par la reconnaissance des relations de cause à effet.

Certaines personnes se servent des relations de cause à effet dans le passé d'une façon toute différente en restant bloquées dans une attitude qu'on pourrait formuler ainsi : « Je n'aurais pas dû », et qu'elles appliquent à reconnaître cruellement une multitude de bonnes raisons à leurs déboires. Cela constitue un excellent conditionnement à l'échec, en ne mettant l'accent que sur l'aspect négatif des événements participant à l'atteinte d'un objectif non désiré. C'est en outre une excellente façon de produire un sentiment de culpabilité. La PNL nous enseigne plutôt l'inverse, c'est-à-dire des moyens de comprendre et d'utiliser à notre avantage des aspects considérés comme négatifs ; cette façon de penser découle directement de l'un des présupposés de la PNL : « Tout comportement s'oriente vers l'adaptation. » Ainsi, face à un événement vécu comme un échec, ou encore un sentiment négatif, nous nous posons la question de savoir en quoi ils nous apportent quelque chose de positif. Nous reviendrons en détail sur ce dernier point au chapitre 6.

Avant de poursuivre, retenons que les relations de cause à effet dans le passé servent à comprendre l'enchaînement, la succession logique des événements, et à former la base de nouveaux comportements adaptés aux objectifs souhaités.

2. Les relations de cause à effet du passé au présent

Les liaisons logiques du passé vers le présent nous renseignent, nous informent à propos de l'évolution des événements dans le temps. En effet, on explique le présent par ce qui est arrivé dans le passé ; la phrase :

« Aujourd'hui, je suis un loup solitaire car je n'ai jamais appris à me faire des amis » illustre la relation de cause à effet du passé au présent. Le passé est plus ou moins lointain, cela peut être hier, ou bien il y a une semaine : « Je me retrouve seul ce soir parce que je me suis mal organisé. » Nous pouvons comparer cette différence avec la dimension du fractionnement, en ce que la personne peut aller très loin dans le passé, envisager beaucoup d'éléments concourant à produire l'effet observé dans le présent ; il s'agit alors d'un fractionnement large ; ou bien aller chercher des relations causales beaucoup plus proches, nous parlons alors de fractionnement étroit.

Cependant, quelle que soit la dimension du fractionnement, l'éloignement ou la proximité de la cause, ce que nous soulignons ici, c'est la relation de conséquence existant entre des faits passés et une situation présente. Comme pour les causes à effet dans le passé, celles-ci peuvent former une excellente base de compréhension d'une situation et permettre de construire à partir de cela un objectif futur. La relation de conséquence entre le passé et le présent se trouve ou non répétée selon l'objectif choisi, mais cette fois entre le présent et le futur. Dans d'autres contextes, et cela comme pour les relations de cause à effet dans le passé, le fait de comprendre comment et pourquoi la situation présente est ce qu'elle est suffit largement. En effet, il est simplement satisfaisant de savoir que vous aimez les antiquités parce qu'un de vos parents vous les a fait découvrir et apprécier, ou bien que vous éprouvez le l'antipathie à l'égard d'une personne parce que vous avez eu déjà l'occasion de souffrir de son manque de savoir-vivre. Nous faisons souvent de telles constatations qui ne demandent pas à être explorées davantage. Cependant, lorsque nous faisons le bilan d'une ou de plusieurs années, nous nous appliquons à chercher dans le passé les causes des effets du présent ; cette démarche complète la précédente et représente une étape importante avant de fixer des objectifs pour le futur.

Dans des aspects inadaptés, les relations de cause à effet entre le passé et le présent peuvent servir à justifier, à rationaliser une situation, par exemple si quelqu'un dit :

— Je ne fais confiance à personne parce que chaque fois que j'ai fait confiance à quelqu'un, j'ai été trahi, alors je ne compte plus que sur moi.

Il explique et justifie ses comportements présents, de plus, il use et abuse de généralisations pour renforcer encore l'immuabilité du passé ; cet exemple est comparable à celui des personnes qui utilisent une référence passée dans des affirmations telles que : « J'ai toujours été ainsi, c'est pourquoi je ne changerai pas aujourd'hui. » Il est tout à fait possible de rester coincé dans ce style de raisonnement, cela donne une excellente opportunité de continuer à se plaindre d'une situation que la personne perpétue. Cette attitude va de pair avec le sentiment d'être victime des événements (réponse comportementale associée au processus et passivité).

Résumons-nous en insistant sur la pertinence des relations de cause à effet entre le passé et le présent qui contribuent à expliquer une situation présente et à jeter les bases de nouveaux objectifs.

3. Les relations de cause à effet entre le passé et le futur

— Seuls ceux qui sont natifs de ce pays pourront comprendre la situation.
— Ses parents étaient musiciens, il apprendra facilement à jouer du piano !
— Aprés ce que j'ai vécu, je ne pourrai probablement plus jamais être heureux.

Ces affirmations sont des exemples de relation de cause à effet entre le passé et le futur. Elles montrent que les personnes croient que leur passé influence et détermine leur futur.

Dans certains cas, cela se révèle rassurant parce que l'examen du passé ou d'une relation de cause à effet dans le passé indique que cela peut se reproduire dans le présent et le futur, pour les objectifs que l'on souhaite atteindre. C'est moins rassurant lorsqu'on observe les signes avant-coureurs d'un objectif non désiré, « nous allons probablement avoir des inondations car le fleuve a atteint récemment la cote d'alerte », mais au moins cela permet de prendre les mesures nécessaires à titre préventif.

Les stratégies de prévision des comportements procèdent de l'exploitation de la relation de cause à effet entre le passé et le futur, elles présupposent qu'un effet est reproductible pourvu que les mêmes causes soient réunies. Bien d'autres contextes de réflexion emploient cette même relation de cause à effet, entre autres la recherche scientifique qui n'accepte de modèles que reproductibles.

Dans des contextes de relations, si vous avez remarqué que le simple fait de donner de vos nouvelles à votre épouse quand vous partez en déplacement contribue à la mettre dans d'excellentes dispositions à votre égard lors de votre retour, vous ne manquez pas de téléphoner ou d'envoyer une carte postale ; à l'inverse, vous pouvez également connaître les moyens les plus efficaces pour la mettre en colère ou l'inquiéter. Cela vous offre la possibilité de prévoir et de vous adapter en fonction de ce que vous avez observé dans le passé. Les difficultés surgissent lorsque l'on utilise des prévisions trop pauvres, c'est-à-dire quand on croit que le comportement qui provoque une réaction spécifique chez quelqu'un possède les mêmes propriétés vis-à-vis de quelqu'un d'autre. Ainsi, on observe certaines personnes qui, depuis des années, sans se lasser ressassent les mêmes histoires, lancent les mêmes plaisanteries, tiennent les mêmes discours, ancrées qu'elles sont dans la croyance que leur action qui a donné des résultats souhaités dans le passé donnera ces mêmes résultats dans l'avenir. Cette relation de cause à effet se définit également comme un élément nécessaire à l'élaboration de superstitions.

C'est là un travers que l'on rencontre souvent chez les vendeurs et qui représente parfois aussi une façon de se tranquilliser, de se rassurer parce qu'ils redoutent leurs clients. Nous avons souvent observé l'utilisation systématique de l'argument « pas cher », ce qui constitue une grave erreur dans certains cas. Il est vrai cependant que le prix de l'objet représente souvent un élément déterminant dans la décision d'achat, mais ce n'est pas le seul et une écoute un peu attentive de la demande du client renseigne sur les arguments à utiliser, par exemple, il est inutile de chercher à placer un article bon marché, équivalent mais de marque inconnue, à une cliente qui demande un bagage siglé, l'argument prix ne compte pas ; en revanche, l'argument d'appartenance à un groupe social valorisé (branché ou autre) se révèle d'une grande importance. Si le vendeur maladroit s'acharne à défendre son argument de prix, il risque d'être fortement déçu en manquant sa vente. En dépit du fait que c'est là une expérience banale, bien des vendeurs préfèrent appliquer la vieille recette « qui marche à tous les coups » au lieu de chercher simplement à connaître et satisfaire les désirs de leurs clients.

Ce comportement que nous venons de décrire s'explique en partie par le fait que les relations de cause à effet du passé vers le futur donnent des indications assorties d'une condition de probabilité, c'est-à-dire que nous ne pouvons nous y fier totalement parce qu'une situation ne peut être exactement la réplique d'une autre, les quelques éléments modifiés sont susceptibles de changer aussi le résultat atteint. Lorsque nous construisons des prévisions, nous devons sous peine de commettre des erreurs rester modeste et penser en termes de probabilité plutôt que de certitude.

4. Les relations de cause à effet du présent au présent

— Quand j'entends le son de sa voix, cela me rend heureuse.

— Je profite mieux de la vie que mes voisins parce que je sais prendre les choses du bon côté.

— Quand ma secrétaire est de mauvaise humeur, cela me donne envie d'aller faire un tour au lieu de travailler.

Les relations de cause à effet dans le présent se caractérisent par la quasi simultanéité de la cause et de l'effet. Elles définissent des relations entre des événements en train de se produire et offrent une information à propos de ce qui provoque un comportement ou une réaction spécifique. Ce type de relation a été souvent utilisé dans les techniques d'hypnose conversationnelle, il met en liaison logique deux événements : « Tandis que vous écoutez le son de ma voix, vous sentez que votre relaxation s'approfondit », qui n'ont sur le plan rationnel aucune autre structure de conséquence que leur position dans le temps[1].

Retenons des relations de cause à effet dans le présent l'aspect simultané des événements qu'elles relient en tant que moyen de compréhension de la situation en cours et base d'un choix délibéré : laisser ou non se reproduire les mêmes séquences.

5. Les relations de cause à effet du présent au futur

Etablir un lien de cause à effet entre le présent et le futur revient à reconnaître les conséquences possibles ou probables d'un comportement en cours.

— En pratiquant régulièrement un sport, je me porterai mieux.

— S'il continue à s'épuiser ainsi, il sera contraint de s'arrêter.

Ces affirmations établissent la relation de cause à effet entre le présent et le futur. Celle-ci représente la clé de toutes les attitudes de prévention, c'est en effet parce que nous savons que tel comportement entraîne telle conséquence que nous l'évitons ou au contraire le provoquons.

Le proverbe qui affirme que « la peur est le commencement de la sagesse » procède de l'exploitation de la relation de cause à effet du présent au futur. En effet, la peur est une émotion qui prend sa source dans le futur, on a peur de quelque chose qui n'est pas encore arrivé mais que nous ressentons comme probable ; si quelqu'un vous menace d'une arme, au moment où il le fait, il exploite votre aptitude à imaginer ce qui va se produire si vous n'obéissez pas à sa menace. Avoir peur de quelque chose consiste à imaginer les conséquences d'une action. Ceux qui étudient les conséquences probables de leurs actes avant d'agir font aussi preuve, sinon de sagesse du moins de sens des responsabilités.

Bien entendu, à l'opposé, une personne qui applique très strictement cette façon de penser ne fait plus rien en raison précisément des conséquences que cela pourrait avoir, sans pour autant avoir conscience que ce *ne rien*

---

1. Dans *Trance-formation*, Richard Bandler et John Grinder expliquent le modèle de Milton Erickson pour le langage de l'hypnose. C'est pratiquement l'inverse du métamodèle pour le langage ; il clarifie l'environnement syntaxique des présupposés.
Les relations de cause à effet dans le présent se décèlent dans l'utilisation du présent et celle de mots et expressions tels que :
— Provoquer, causer, donner, produire, pendant que, tandis que, comme, etc.
Le modèle de Milton Erickson pour le langage de l'hypnose distingue deux degrés de structuration causale :
a) association de deux événements avec le mot *et*
— Vous êtes conscient du poids de votre corps et de votre respiration calme, régulière, apaisante.
b) association de deux événements dans le temps avec *tandis, pendant, comme.*
c) association de 2 événements par la formulation de la relation de cause à effet *parce que*
— parce que votre état de relaxation s'intensifie vous vous trouvez en train de contempler une image.
Les événements associés appartiennent au présent et, dans ce type de langage les relations de cause à effet apparaissent bien sous l'aspect de constructions abstraites comme nous les avons présentées au début de cette section.

faire possède aussi son propre arsenal de conséquences. Dans l'interaction, la neutralité n'existe pas autrement qu'en tant qu'idéal, car, si nous appliquons le modèle de la communication[1], notre comportement est en partie déterminé par celui des autres et inversement : « On ne peut donc pas ne pas communiquer. »

Les relations de cause à effet du présent au futur servent également dans certains contextes à entretenir des objectifs à long terme, l'aptitude à garder présente à l'esprit la représentation de l'objectif à atteindre fournit généralement la motivation nécessaire aux comportements présents. Par exemple, si vous êtes persuadé que pour rester en bonne santé le plus longtemps possible vous devez éviter les excès, cela vous aide à refuser de céder aux tentations qui pourraient s'offrir ; à ce moment, votre référence est située dans le futur, il peut s'agir aussi bien d'un futur à atteindre que d'un futur à éviter, mais plus probablement les deux représentations coexistent.

La relation de cause à effet du présent au futur se trouve utilisée parfois de façon à justifier une attitude négative, si quelqu'un affirme : « Avec la vie que vous me faites mener, je vais finir par craquer et vous le regretterez, mais alors il sera trop tard », cela veut dire qu'il rend les autres responsables des choses désagréables qui vont lui arriver dans l'avenir, en revanche, il se pose comme totalement innocent et victime se dirigeant inexorablement vers des lendemains peu gais. La chantage procède aussi d'une relation de cause à effet du présent au futur.

Quelle que soient les différentes distinctions étudiées, elles apparaissent efficaces ou inutiles, positives ou négatives en fonction du contexte d'application ; les relations de cause à effet n'échappent pas à cette généralité. L'intérêt de celles allant du présent vers le futur réside dans leur possibilité à produire des motivations et nouveaux comportements mieux adaptés à l'objectif désiré.

6. Les relations de cause à effet du futur au futur

Ces dernières se fondent sur l'existence des précédentes et plus particulièrement celles du passé au passé, et du passé au présent : si ce que nous avons fait a produit telle conséquence, nous supposons que ce que nous ferons produira tel effet.

— Quand le déficit sera comblé, les affaires reprendront.

Cette affirmation est un exemple typique d'une relation de cause à effet

---

1. Nous nous référons au modèle cybernétique de Wiener et à la notion de rétroaction présentés par Yves Wikin dans *La Nouvelle Communication*. Ces modèles sont généralement opposés à celui dit « télégraphique » qui est un modèle de transmission de l'information et non de communication.

dans le futur ; mais il en existe de moins évidentes qui sont formulées au conditionnel :

— Si je m'inscrivais à cette compétition, cela m'obligerait à m'entraîner plus sérieusement et mes résultats s'amélioreraient.

Ces relations de cause à effet au conditionnel sont d'extraordinaires moyens d'explorer l'avenir, une certaine Perrette allant au marché pourrait en témoigner [1]. Cette façon d'envisager l'avenir présente un certain danger lorsqu'on omet un détail qui fait une énorme différence : rester dans le domaine du probable au lieu de se précipiter dans celui des certitudes. Rien de ce qui appartient à l'avenir n'est vraiment assuré, nous faisons simplement comme si c'était le cas pour beaucoup de choses.

Etablir des liens de cause à effet dans le futur est aussi un moyen de la créativité, quand on cherche des idées neuves pour améliorer sa situation, cela suppose une projection dans le futur. Nous imaginons une situation qui n'est pas encore arrivée et nous y ajoutons ce que nous voulons y voir présent, notre imagination peut alors la modeler à souhait puisqu'elle n'existe que dans ce contexte précis. C'est ainsi que certains se font prendre au piège des développements négatifs de situations non encore arrivées ailleurs que dans leur imagination fertile, cela s'appelle pessimisme, défaitisme ou d'autres termes aussi peu réjouissants.

— Quand elle se sera lassée de ma présence, elle ira voir ailleurs !

Ce type d'affirmation est caractéristique de l'application inadaptée d'une relation de cause à effet dans le futur ; c'est en effet une excellente stratégie pour provoquer des événements désagréables que de croire à leur inévitabilité [2].

L'utilisation inadaptée de la relation de cause à effet dans le futur réside essentiellement dans le fait que la personne agit *comme si* la probabilité à propos de laquelle elle bâtit des développements existait réellement dans le présent. Comme il n'en est rien, la caractéristique la plus importante c'est-à-dire la probabilité, disparaît alors en tant que telle des données traitées par la personne qui se met donc à vivre dans le présent une situation qui n'est pas arrivée. Dans le cadre des relations sentimentales, cela constitue un cadre de choix pour la jalousie et les soupçons injustifiés ; le jaloux agit *comme si* il avait des raisons de l'être et va parfois même jusqu'à provoquer une infidélité pour prouver qu'il a raison d'être jaloux ; c'est un thème qui a depuis toujours inspiré les romanciers et les auteurs de théâtre. L'utilité des relations de cause à effet dans le futur, c'est surtout de fournir un cadre pour bâtir des objectifs nouveaux et leurs conséquences

1. « *La Laitière et le Pot au lait* ». *Fables*, Jean de La Fontaine.

2. Pour illustrer cela, nous recommandons la lecture de *Faites vous-mêmes votre malheur* de Paul Watzlawick. Les habiles stratégies que les personnes mettent au point pour se rendre la vie impossible y sont décrites en détails et expliquées étape par étape.

probables. Quand on applique les questions destinées à éclaircir un objectif, on demande, entre autres :

— Que se passera-t-il si vous atteignez cet objectif ? (pour vous, pour votre entourage ?)

— Que se passerait-il si vous atteigniez cet objectif ? (pour vous, pour les autres ?)

Ces deux questions permettent d'explorer en se servant d'une relation de cause à effet dans le futur les conséquences probables de l'objectif. En PNL, nous évoquons alors la notion d'écologie de l'objectif dans la mesure où les suites probables de l'atteinte d'un objectif demeurent en harmonie avec l'ensemble du système dans lequel il se réalise.

Admettons que, pour atteindre votre objectif, vous deviez renoncer à votre vie familiale pendant un an, votre travail vous appelant à vivre loin des vôtres ; essayez d'imaginer ce que cela va changer pour vous et pour votre entourage, puis, compte tenu de cela, posez-vous la question de savoir si vous tenez toujours autant à atteindre votre objectif. Peut-être allez-vous découvrir que des informations vous manquent pour prendre une décision, que vous devez en parler davantage avec les personnes concernées, que finalement vous vous demandez si cela en vaut vraiment la peine. Peut-être allez-vous découvrir que votre entourage est vraiment prêt à accepter votre éloignement parce que vous n'avez pas d'autre choix pour obtenir ce que vous désirez. Quelles que soient les réponses que vous obtenez, vous le faites en explorant une relation de cause à effet dans le futur.

Ce type de relation de causalité n'est pertinent que dans la mesure où nous ne réagissons pas vis-à-vis des probabilités comme s'il s'agissait de certitudes.

7. Les relations de cause à effet allant du passé au présent et au futur

Ces dernières mettent en jeu les trois cadres temporels ; nous avons souligné au début de cette section que certaines cultures, dont la nôtre, considéraient le temps comme une continuité passé-présent-futur, et nous en avons dans ce type de relation de cause à effet une démonstration évidente.

— Sa façon de poser des questions aiguise ma curiosité, je vais essayer d'en savoir plus.

— Il a toujours consacré la majeure partie de son temps à son travail, c'est pourquoi il donne souvent l'impression de planer, cela lui facilitera certainement les choses dans sa vie conjugale !

— Elle est très qualifiée dans son domaine car elle a été à bonne école dans cette entreprise, elle saura très bien s'y prendre dans ses nouvelles activités.

La relation de cause à effet qui met en jeu les trois cadres temporels se caractérise par deux aspects fondamentaux, la continuité et l'inévitabilité. La continuité amène à percevoir le passé, le présent et le futur comme indissociablement liés les uns aux autres et, de ce fait, formant un tout que l'on appréhende globalement et pour ainsi dire simultanément. Quand à l'inévitabilité, elle se traduit par une absence de choix et renforce l'enchaînement des faits impliqués. Cette manière d'envisager les choses est tout à fait efficace quand il s'agit de poursuivre des objectifs à long terme car elle les place dans la logique de la continuité, en revanche, elle peut être catastrophique lorsqu'elle entretient des objectifs non désirés qui sont alors perçus comme inéluctables. « Ses parents passaient leur temps à se disputer, ils ont eu de nombreux problèmes, aujourd'hui, il se met en colère pour des vétilles, il va finir par avoir des problèmes dans son couple ! » L'inévitabilité de ce type d'affirmation se rapproche de celle imputée à la force du destin, elle s'illustre aussi dans des réflexions telles que : « On n'échappe pas à son passé », ou bien encore : « Tel père tel fils », qui pourraient être utilisées aussi bien dans un sens positif que négatif. Le résultat, c'est que la personne qui prend pour elle ce genre d'affirmation entre dans un comportement de passivité, d'absence de choix, et devient victime de son environnement. Cependant, comme la même chaîne lie des événements positifs ou négatifs, il demeure toujours possible de s'en servir pour débloquer une situation dans laquelle la personne se sent prisonnière de ces liens de cause à effet.

Les points que nous venons de développer font partie du modèle du temps présenté par Leslie Cameron-Bandler, Michael Lebeau et David Gordon dans leur ouvrage *The Emprint Method*, le modèle complet comprend d'autres distinctions qui se recoupent avec celles des métaprogrammes, ce sont parfois les mêmes mais avec des noms différents, c'est pourquoi nous ne les avons pas évoquées ici. Ce que nous retenons, c'est l'importance des relations de cause à effet qui sous-tendent nos comportements, celles-ci forgent nos croyances et alimentent nos critères, de ce fait elles justifient les comportements destinés à les satisfaire. Lorsque nous cherchons à comprendre les motivations de quelqu'un, nous nous trouvons confrontés à un ensemble de relations de cause à effet ; ces dernières s'imbriquent dans le cadre du temps comme d'ailleurs toutes les données que nous étudions et c'est dans un but de compréhension, d'analyse et d'influence que nous cherchons à les détecter.

Comme la majorité des modèles de la PNL, le modèle du temps était initialement destiné à des applications psychothérapeutiques ou de développement personnel, or il s'est avéré beaucoup plus utile dans des contextes d'apprentissage et de reproduction de compétence. L'ouvrage des auteurs cités ci-dessus se propose d'ailleurs d'utiliser ce modèle pour mettre en évidence la structure et les étapes d'une compétence spécifique, pour apprendre à la pratiquer soi-même en appliquant ce que l'on a découvert étape par étape. Pourvu que le modèle soit bien choisi et la compétence définie avec précision, la méthode donne dans l'ensemble des résultats à la hauteur de ses promesses.

A présent, il nous reste à envisager deux doubles distinctions qui nous servent à caractériser certains comportements et qui entrent dans la catégorie des opérateurs en ce qu'elles définissent des types de perception subjective du temps.

4 - Présent réceptif et présent intérieur

Ces deux distinctions correspondent à ce que l'anglais désigne par *up-time* et *down-time* et qui représentent deux manières différentes d'occuper le présent.

a. Présent réceptif ou *up-time*

Quand on est en présent réceptif, cela signifie que l'attention se porte essentiellement sur ce qui se passe dans l'environnement, par exemple, quand on parle devant un groupe en étant vigilant aux signes de compréhension ou d'incompréhension émis par les participants, on fonctionne en présent réceptif. A partir de cette constatation, nous allons préciser comment nous sommes réceptifs à notre environnement, c'est-à-dire quelle utilisation nous faisons de nos systèmes de représentation sensorielle. La distinction que nous cherchons à connaître, c'est surtout le système d'entrée des données qui indique le type d'informations auquel la personne se montre la plus sensible ou prête le plus d'attention.

Ainsi, on dit que quelqu'un est en présent réceptif visuel quand son attention est tournée vers l'extérieur et que sa principale source d'informations provient de sa perception visuelle. Si nous reprenons l'exemple de la personne qui parle devant un groupe, c'est en regardant les participants qu'elle *calibre,* c'est-à-dire qu'elle reconnaît les signes caractéristiques de la compréhension et/ou de l'incompréhension ; elle est en présent réceptif visuel. Quelqu'un d'autre pourrait se fonder essentiellement sur des informations auditives pour reconnaître telle ou telle information chez son interlocuteur, les informations kinesthésiques peuvent aussi être utilisées de la sorte. Le présent réceptif est une attitude efficace dans les situations ou nous devons, pour être performants, nous adapter sans cesse à l'environnement. L'exemple cité — parler devant un groupe — en est une, d'une manière générale, toutes les activités dont l'objectif est de communiquer un message bénéficient d'une attitude en présent réceptif.

Le présent réceptif signifie donc avant tout porter son attention à l'extérieur de soi, cela peut se recouper avec une référence extérieure, mais pas obligatoirement, ou encore coïncider avec un index de référence permuté ou simultané ce qui s'observe plus fréquemment.

b. Présent intérieur ou *down-time*

Quand on est en présent intérieur, cela signifie que l'on porte la majeure partie de son attention sur ce qui se passe en soi, on se centre sur ses impressions kinesthésiques, son dialogue intérieur, ou l'on pense en images. Cette attitude présente de multiples intérêts lorsqu'il s'agit de réfléchir. Si quelqu'un vous pose une question dont vous ne possédez pas immédiatement la réponse, vous prenez le temps de réfléchir avant de répondre et c'est précisément ce moment que nous décrivons sous le terme de présent intérieur.

Comme pour la distinction précédente, ce qui nous intéresse, c'est de savoir quels systèmes de représentation sensorielle sont mis en jeu par cette activité, et plus précisément quel est le système conducteur, c'est-à-dire qui domine dans nos processus internes.

Dès qu'on connaît le sytème conducteur que la personne utilise en présent intérieur, cela nous donne accès à ses processus internes, c'est-à-dire que cela nous apprend comment elle organise sa pensée et sa réflexion.

Imaginons que nous posons une question à l'animateur d'un stage de formation, nous interrompons alors son attitude de présent réceptif, disons : s'il doit réfléchir (même quelques secondes) avant de nous répondre, il passe en présent intérieur en changeant de système de représentation sensorielle ; admettons qu'il se serve de son dialogue intérieur, nous disons alors qu'il est en présent intérieur auditif ; quand il connaît la réponse qu'il veut donner, il passe de nouveau en présent réceptif en nous répondant, portant alors son attention visuelle sur notre réaction à sa réponse.

Quand nous interagissons, nous passons d'un état à l'autre, cela se fait spontanément et très rapidement si bien que nous ne le remarquons pas d'ordinaire. Nous sommes cependant sensibles à l'emploi inadéquat de l'un à la place de l'autre ; si notre interlocuteur continue à parler sans prêter attention à nous, cela produit une sensation de malaise, de communication qui ne passe pas, c'est un dialogue de sourds qui nous fait dire que cette personne s'écoute parler sans tenir compte de nous. Ce qui se passe, c'est qu'elle est accrochée farouchement à son présent intérieur qui lui ferme l'accès aux informations issues de son partenaire, la question : « A quoi pensez-vous à cet instant ? » fait probablement surgir une réponse quelque peu irritée telle que : « Mais à ce que je suis en train de dire ! »

Nous ressentons aussi l'inadaptation du présent intérieur lorsque nous parlons et que notre interlocuteur n'écoute que les premiers mots de nos phrases avant de plonger en lui-même pour préparer sa réponse, ignorant totalement ce que l'on continue à dire.

Ces deux distinctions sont utiles à connaître et à savoir reconnaître afin de savoir de quelle façon la personne vit le présent, elles s'ajoutent et complètent la description des métaprogrammes.

5 - Temps fluide et temps immobile

Ces deux dernières distinctions décrivent la manière dont la personne traverse le temps ; nous considérons globalement deux attitudes caractéristiques.

La première consiste à s'adapter aux modifications et nous l'appelons *temps fluide,* la seconde, c'est de demeurer fixe quels que soient les changements survenus, il s'agit du *temps immobile.* Bien entendu, les choses ne sont jamais aussi clairement séparées, et les difficultés surgissent du fait qu'une personne a tendance à utiliser ces deux attitudes à la fois mais dans des contextes différents.

Si les sentiments que vous portez à votre compagnon sont demeurés identiques depuis les vingt dernières années, on peut dire que vous avez appliqué à ce contexte le temps immobile, cela ne signifie pas que vous n'avez pas su vous adapter et passer en temps fluide dans votre métier, sachant remettre en question vos connaissances quand il le fallait sans attendre d'être dépassé.

Une personne qui se comporte avec son enfant adolescent ou jeune adulte de la même manière que lorsqu'il avait quatre ou cinq ans est coincée dans le temps immobile ; de la même façon, si elle rencontre quelqu'un qu'elle n'a pas vu depuis de nombreuses années et qu'en le retrouvant elle continue la conversation qu'ils avaient eue lors de leur dernière rencontre.

Quelqu'un qui a besoin de s'entendre dire et de se faire prouver quotidiennement qu'il est le plus beau, et qu'il est aimé remet sans cesse en question sa situation, il fonctionne en temps fluide, pour lui, rien n'est jamais acquis dans ce domaine.

Ces derniers exemples cités montrent que le temps immobile ou le temps fluide ont comme toutes les autres distinctions présentées ici des contextes d'application appropriés et inappropriés ; le but de la PNL. consiste à nous enseigner à les reconnaître pour nous permettre de mieux nous adapter. En ce sens, la démarche de la PNL. se situe plutôt en temps fluide, maintenant ses présupposés de base en temps immobile. Nous allons appliquer ces deux distinctions aux critères, c'est-à-dire nous poser la question de savoir quels sont ceux que la personne remet facilement ou difficilement en question ; cela nous offre la possibilité de reconnaître les territoires accessibles au changement et ceux qui y résistent, en d'autres termes cela permet de savoir dans quelles limites notre interlocuteur est disposé à se laisser influencer ou convaincre. Les critères hautement valorisés sont généralement en temps immobile, cela ne signifie pas qu'ils ne changent jamais, cependant cela révèle ce que la personne possède de plus stable en elle de ce point de vue. Inversement, les critères plus faiblement valorisés se situent dans la plupart des cas en temps fluide, donc plus flexibles et plus accessibles au changement.

A la page suivante, le tableau représente l'ensemble des distinctions des métaprogrammes, depuis le traitement de l'information jusqu'aux opérateurs.

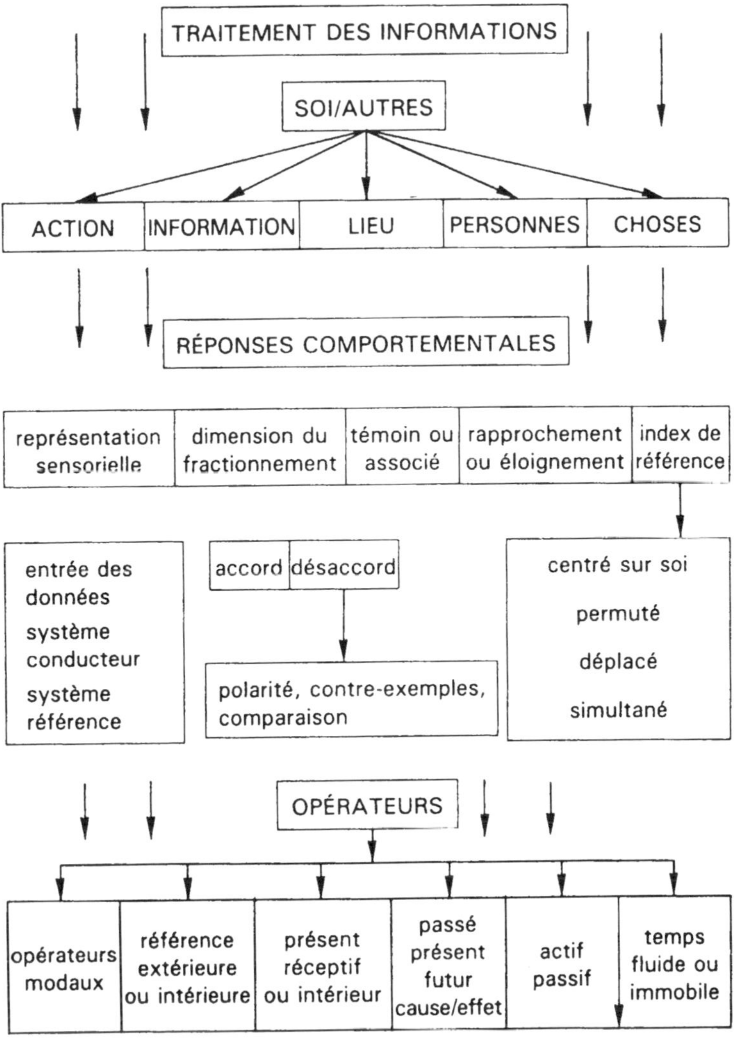
TRAITEMENT DES INFORMATIONS
SOI/AUTRES
ACTION
INFORMATION
LIEU
PERSONNES
CHOSES
RÉPONSES COMPORTEMENTALES
représentation sensorielle
dimension du fractionnement
témoin ou associé
rapprochement ou éloignement
index de référence
entrée des données
système conducteur
système référence
accord
désaccord
polarité, contre-exemples, comparaison
centré sur soi
permuté
déplacé
simultané
OPÉRATEURS
opérateurs modaux
référence extérieure ou intérieure
présent réceptif ou intérieur
passé présent futur cause/effet
actif passif
temps fluide ou immobile

Chapitre 4

Utilisation pratique

1 - Comment construire un métaprogramme

Au cours des chapitres précédents, nous avons présenté et commenté en détail les différentes distinctions des métaprogrammes, il est temps à présent de montrer comment les utiliser.

Tout d'abord, rappelons qu'on peut comparer un métaprogramme à une sorte de portrait qui décrit l'aspect subjectif d'un comportement dans un contexte donné, celui-ci porte sur le *quoi ?* (traitement des informations), le *comment ?* (réponses comportementales) et le *pourquoi ?* (opérateurs).

La notion de contexte[1] se rapproche de celle d'objectif en ce sens qu'il s'agit d'être des plus précis lors de sa définition ; comme un objectif, un contexte doit pouvoir être formulé d'une seule et unique façon qui corresponde à l'expérience de la personne étudiée.

Si nous considérons le contexte *savoir planifier son travail,* nous devons pour l'utiliser nous assurer de ce qu'il représente exactement pour la personne, comment cela se manifeste-t-il dans son expérience et dans son vécu. Si nous appliquons un fractionnement étroit, nous découvrons de nombreux contextes à l'intérieur du contexte, cela peut être intéressant de les comparer, car ils possèdent chacun leur propre métaprogramme. Ainsi, un fractionnement étroit nous conduit à éprouver un continuel changement de métaprogrammes : d'un instant à l'autre, notre attention varie, se centre sur différents sujets, et cela entraîne bien entendu une modification des filtres mis en jeu.

Cependant, ce que nous cherchons à mettre en évidence, ce sont les constantes, c'est-à-dire les éléments qui demeurent présents et caractéristi-

1. Ce que nous appelons contexte se retrouve très exactement sous l'expression *operative format* utilisée par Cameron Bandler, Gordon et Lebeau dans *The emprint method*.

ques de la personne, pour cela, nous appliquons un fractionnement plus large ou, plus exactement, nous devons savoir à partir des détails aller vers la globalité.

Pour nous aider à déceler les différentes distinctions des métaprogrammes, nous portons notre attention de manière spécifique sur certains indicateurs dont nous cherchons la présence ou l'absence. Pour les préciser, nous avons mis au point un ensemble de questions qui formulent notre interrogation et notre recherche face à un interlocuteur dont nous voulons découvrir le métaprogramme.

a. Les questions à se poser

Ces questions mettent en évidence les différents éléments des métaprogrammes, elles sont destinées à formaliser les filtres de notre attention, en d'autres termes, quand nous nous posons ces questions en observant une personne, cela nous permet de chercher avec précision, de savoir ce que l'on cherche et d'obtenir des réponses précises.

Comme nous l'avons souligné plus haut, nous travaillons dans le monde subjectif de la personne, nous avons donc lieu d'évoquer souvent la notion de critère. Nous avons classé les questions selon la distinction dont elles revélent ou non la présence.

1. La répartition *soi/autres*

Pour la reconnaître, nous cherchons à savoir qui est concerné. Cela vaut également pour préciser chaque point suivant.

2. Les cinq orientations du traitement de l'information

— *Comment la personne traite-t-elle son environnement ?*

Action : Que fait-elle ?

Information : Que se passe-t-il ? Veut-elle savoir quelque chose ?

Lieu : Où ? En quoi le lieu est-il important ?

Personnes : Qui d'autre est-il impliqué dans ce contexte ? Est-ce important ?

Choses : Qu'est-ce qui la concerne ?

— *L'orientation observée est-elle adaptée au contexte ?*

Si non, quelle serait l'orientation adaptée au contexte observé ?

3. Les réponses comportementales

La dimension du fractionnement

— Comment la personne découpe-t-elle son expérience ? En détail ou en globalité ?

La représentation sensorielle

— Qu'est-ce que la personne perçoit ? (entrée des données).

— Y a-t-il une différence entre ses clés d'accès visuelles et les mots à référence sensorielle qu'elle utilise ? (système conducteur).

— Quel est le système de représentation sensorielle qui a valeur de preuve de ses certitudes ? (sytème primaire ou de référence).

Les réponses en accord

— La personne cherche-t-elle de préférence ce qui lui est familier ?

— Ses réponses demeurent-elles dans le contexte des questions ?

Les réponses en désaccord

— Polarité : contredit-elle ce qu'on lui dit ?

— Contre-exemple : la personne cherche-t-elle de préférence ce qu'il y a de nouveau ou de différent ?

— Comparaison : la personne effectue-t-elle des comparaisons ?

- *soi/soi ?*
- *soi/autres ?*
- *autres/autres ?*
- *dans le cadre du temps ?*

Réponse témoin ou associée au processus

— La personne est-elle ou non consciente du processus qu'elle vit ?

Rapprochement ou éloignement

— La personne cherche-t-elle à éviter quelque chose ou à se rapprocher de quelque chose ? A-t-elle subjectivement le choix ?

Organisation de l'index de référence

— Ses propres critères sont-ils les plus importants pour cette personne ? (centré sur soi).

— La personne applique-t-elle pour elle-même les critères de quelqu'un d'autre ? (permuté).

— La personne applique-t-elle aux autres ses propres critères ? (déplacé).

— La personne est-elle consciente à la fois de ses critères et de ceux de l'autre ? (simultané).

4. Les opérateurs

Opérateurs modaux

— Que dit la personne pour se sentir engagée dans une action ? (devoir, falloir, pouvoir, vouloir).

— Comment formule-t-elle sa motivation ?

Référence extérieure et référence intérieure

— D'où provient sa certitude, sa motivation, son critère ou sa croyance ?

Actif ou passif

— La personne fait-elle quelque chose pour satisfaire son critère ?

— La personne attend-elle que son critère soit satisfait ?

Passé, présent, futur

Qu'est-ce qui est important :

— Ce qui a été fait ?

— Ce qui est en train de se faire ?
— Ce qui va être fait ?

Relation de cause à effet dans le temps (voir aussi les questions de l'exercice 14 au chapitre précédent)
— A quoi attribue-t-elle la situation présente ?
— En quoi le passé (le présent, le futur) est-il important ?
— Croit-elle qu'elle peut ou non influencer son futur ?
— Qu'est-ce qui est déterminant pour le futur ?

Présent réceptif
— Quelles informations sensorielles la personne prend-elle en considération lorsqu'elle est attentive à son environnement ?

Présent intérieur
— Quel système de représentation sensorielle guide-t-il sa réflexion ?

Temps immobile
— Quels sont les critères de la personne qui traversent le temps sans évoluer ?

Temps fluide
— Quels sont les critères de la personne qui se modifient et qui s'adaptent au cours du temps ?

Quand on se pose ces questions en observant son interlocuteur, cela permet de découvrir les caractéristiques de son métaprogramme. En effet, de façon typique, les personnes ne disposent pas de toutes ces distinctions, ni dans leur vécu subjectif ni dans leur comportement ; en outre, dans un contexte bien défini, on n'en découvre généralement que quelques-unes, celles qui manquent n'étant alors pas pertinentes ou peu significatives ou encore hors de portée de la personne concernée. Là encore, il s'agit de demeurer conscient du contexte observé afin de faire l'économie d'un repérage fastidieux de détails inutiles.

L'expérience aide à établir des combinaisons typiques associant de façon sélective certaines distinctions (par exemple, des réponses *en accord* avec des opérateurs passifs et des références extérieures). Quand on a détecté un élément des métaprogrammes, cela guide ensuite la recherche des autres, et simultanément élimine certaines distinctions qui ne peuvent être présentes en même temps que d'autres.

A la page suivante, se trouve un tableau qui permet de récapituler les éléments observés.

Tableau de mise en évidence d'un métaprogramme

	contexte	
	traitement de l'information	
action information personnes lieu chose *soi/autres*		
	réponses comportementales	
entrée des données	AVK	fractionnement large
système conducteur	AVK	fractionnement étroit
système de référence	AVK	
réponses *en accord*		réponses *en désaccord*
		contre-exemples
		polarité
		comparaisons
réponse témoin		réponse associée
éloignement		rapprochement
index de référence		
centré sur soi		
permuté		
déplacé		
simultané		
	opérateurs	
opérateurs modaux		
référence extérieure		référence intérieure
passé, présent, futur		relation de cause à effet
actif		passif
présent réceptif	AVK	présent intérieur AVK
temps fluide		temps immobile
croyance comportementale :		
autres commentaires :		

b. Tableau de mise en évidence d'un métaprogramme

Ce tableau regroupe les trois catégories d'éléments composant les métaprogrammes :
— traitement de l'information
— réponses comportementales
— opérateurs.

En outre, il comporte un espace réservé au contexte et, en bas, un autre destiné à y inscrire la croyance comportementale dominante et d'autres commentaires.

Ce que nous appelons la croyance comportementale dominante, c'est ce qui guide ou sous-tend le comportement de la personne. La croyance comportementale fondamentale d'une personne demeure inconsciente dans la plupart des cas ; la découverte des critères à travers les comportements permet d'accéder à la croyance qui les génère. Quelqu'un qui croit que la vie est une aventure merveilleuse rencontre souvent des opportunités intéressantes, quelqu'un qui croit qu'il est pénible et douloureux d'apprendre se fatigue davantage qu'un autre persuadé qu'on apprend dans la joie. Ce sont là des croyances qui n'ont de sens que dans le monde de la personne, elle sont pour certaines partagées par la majorité des gens, mais ce n'est pas obligatoire. Quand nous parvenons après avoir étudié le comportement d'une personne à formuler une phrase qui le définisse, nous possédons alors une facette de sa croyance et c'est cela précisément qui va nous permettre de faire la synthèse de nos observations dans un premier temps ; dans un second, ce sera notre guide si nous cherchons à influencer cette personne, qu'il s'agisse de favoriser son développement personnel ou de tenter de la convaincre.

Pour utiliser le tableau de mise en évidence d'un métaprogramme, il suffit de marquer les distinctions présentes dans le contexte observé et noté. On peut le remplir à l'issue d'un entretien, en même temps que l'on observe, ou encore en étudiant les réponses au test que nous allons présenter.

2 - Présentation et mode d'emploi d'un test de mise en évidence des métaprogrammes

Si nous avons dans un premier temps étudié le tableau récapitulatif des distinctions des métaprogrammes ainsi que les questions à se poser pour les détecter, c'est que nous voulions être des plus précis sur ce que nous cherchons en observant le comportement d'une personne.

C'est là d'ailleurs que réside toute la validité des différentes méthodes utilisées pour déceler les grands traits d'une personnalité ou les caractéristiques d'une compétence. Les consultants en recrutement font souvent l'objet de sévères critiques quant à leurs méthodes d'investigation, et force est de reconnaître que certains conduisent leurs recherches d'une façon assez particulière. Il apparaît que parfois, au lieu de chercher à savoir si un candidat est ou non un bon vendeur, nous mettons en œuvre une excellente stratégie pour détecter ses capacités de résistance au stress, ou son agressivité, en le faisant attendre une bonne heure avant de le recevoir, puis en le mettant mal à l'aise pendant l'entretien. Certains lecteurs objectent déjà qu'un vendeur doit avoir une bonne résistance au stress, ne pas se laisser intimider, faire preuve de souplesse et de patience ; ces qualités sont certainement tout à fait souhaitables, mais quelle est la bonne façon de les mettre en évidence ?

En tant qu'enseignants, nous sommes amenés à contrôler les connaissances, si nous procédons autrement que par écrit, nous nous trouvons confrontés à des comportements, nous devons être vigilants et garder présent à l'esprit notre objectif : vérifier que certaines connaissances sont acquises. Il est facile là encore de tester autre chose.

Dans ces situations d'évaluation, notre préoccupation majeure est de travailler dans le respect de la personne. Il est facile quand on est en position de juger d'en profiter plus ou moins volontairement pour provoquer ou renforcer des états émotionnels négatifs chez ceux que nous évaluons. Nous pensons que ce n'est pas nécessaire, et même que, dans certains cas, cela peut nous empêcher de porter un jugement valable. En projetant sur les autres notre peur de nous tromper, de choisir un mauvais candidat pour le consultant, ou de constater que notre enseignement a été peu ou mal compris par la majorité des étudiants, nous n'évaluons pas ce que nous croyons évaluer et n'atteignons pas nos objectifs.

Le test que nous présentons maintenant a pour but de faire apparaître les grands traits de la personne en termes de métaprogrammes ainsi que ses critères dans trois contextes spécifiques ; il se compose de trente affirmations que la personne complète réparties comme suit :

— Relations et choix dans la vie professionnelle (1, 4, 6, 10, 13, 16, 17, 21, 25, 27) ;

— Relations et choix dans la vie affective (2, 5, 8, 11, 15, 19, 22, 24, 26, 28) ;

— Choix personnels (3, 7, 9, 12, 14, 18, 20, 23, 29, 30).

a. Test d'objectivation des critères et des métaprogrammes

Complétez les affirmations suivantes par ce qui vous vient spontanément à l'esprit sachant qu'il n'y a ni bonne ni mauvaise réponse.

1) Florence pense que son patron la félicitera quand il s'apercevra qu'elle...
2) Dorothée dit que pour vivre en paix chez soi, il faut...
3) Myriam consacre beaucoup de temps à...
4) Jacques fait confiance à ses collaborateurs parce que...
5) Antoine s'est fâché avec son père à cause de...
6) Au bureau, Sophie pense qu'il serait nécessaire de...
7) Pendant ses loisirs, Karine aime par-dessus tout...
8) Gilles faisait la queue à un guichet quand il s'est aperçu que quelqu'un essayait de lui prendre son tour, alors il...
9) Ce que Barbara préfère au cinéma, c'est...
10) Pour sa carrière, ce que Lydie craint le plus, c'est...
11) Emilie croise son voisin dans l'escalier et elle...
12) Marc aime le sport, mais surtout à la télé bien installé dans un fauteuil, Sylvain pense que c'est...
13) Alexis a choisi son métier parce que...
14) Bruno rêve qu'un jour il pourra...
15) Frédéric critique les gens qui font la grasse matinée le dimanche, il trouve que c'est...
16) Dans quelques années, Julien pense qu'il sera...
17) Sandrine et Gaétan sont concurrents, Sandrine obtient de meilleurs résultats que Gaétan, alors il s'est promis de la dépasser et pour cela il a décidé de...
18) Serge trouve que la chasse et la pêche, c'est...
19) Pour Agnès, la vie de famille c'est...
20) Quand Delphine a du temps libre, c'est pour...
21) Ce que Véronique déteste le plus dans son travail, c'est...
22) Gérard est sûr que ce qui compte le plus dans la vie, c'est...
23) Quand Arnaud a le temps, il...
24) Si on demande un service à Jean-Michel, il...
25) Hubert s'est mis en colère contre Richard parce qu'il n'avait pas fini son travail en temps utile ; Richard a pensé que...
26) Charlotte affirme qu'elle ne veut plus jamais revoir Sébastien depuis qu'il...
27) Dans son travail, Christian sait qu'il doit avant tout...
28) Caroline remercie sa sœur parce qu'elle...
29) Judith aime...
30) Bernard affirme que ce qui pourrait lui arriver de pire, ce serait...

b. Mode d'emploi du test

1) Première observation : l'écriture

Si on bénéficie des services d'un graphologue, il est intéressant de lui soumettre le document en sachant toutefois que le format ne permet pas à la personne une occupation de l'espace papier aussi personnelle que pour une lettre, seuls quelques grands traits apparaissent de ce fait.

Si on ne bénéficie pas des services d'un graphologue, on ne peut que remarquer :

— la lisibilité,
— les fautes d'orthographe ou de compréhension,
— la longueur et la précision des réponses,
— les affirmations non complétées.

Ces détails renseignent sur un souci de clarté, *se faire bien comprendre,* en termes de critères ; en termes de métaprogrammes, une orientation *information,* une réponse *en accord* (avec le principe de l'épreuve).

2) Seconde observation : analyse des réponses, exemples types de critères et de métaprogrammes.

A la fin de ce mode d'emploi, nous proposons une liste de critères apparaissant fréquemment dans les réponses. Pour qu'un critère soit retenu, nous devons en remarquer la présence dans plusieurs réponses, ainsi que des recoupements avec les autres phrases. Ce qui compte c'est la cohérence de l'ensemble, nous ne pouvons pas dire que quelqu'un a le sens de l'humour parce qu'il aura fait une réponse humoristique sur trente, nous attendons au moins trois répétitions.

Affirmation 1

« Florence pense que son patron la félicitera quand il s'apercevra qu'elle... »

— a bien travaillé ;
— a terminé à temps.

Dans les réponses où la personne indique qu'elle a fait quelque chose pour se rapprocher de ce qu'on lui demande, elle suggère qu'elle veut être appréciée pour son aptitude à suivre les instructions qu'on lui donne.

Traitement des informations *action/soi,* réponses *en accord,* opérateur *référence extérieure*, cause à effet passé-futur.

« Florence pense que son patron la félicitera quand il s'apercevra qu'elle... »

— a pris une décision importante à sa place ;
— sait prendre ses responsabilités.

Dans ce type de réponse, la personne marque son autonomie et son aptitude à faire face, elle veut donner d'elle l'image d'une personne sur qui on peut compter.

Traitement des informations *action,* réponses *en désaccord* par comparaison (à explorer dans l'entretien), index de référence déplacé ou simultané, opérateur *référence intérieure, présent, actif.*

« Florence pense que son patron la félicitera quand il s'apercevra qu'elle... »

— est bien coiffée ;

— est bien habillée.

Ces réponses témoignent d'un souci de plaire par l'image, l'aspect visuel est donc important.

Traitement de l'information *personnes/soi,* réponses *en accord,* entrée des données visuelles, opérateur *présent.*

Affirmation 2

« Dorothée dit que pour vivre en paix dans sa famille, il faut absolument... »

— dialoguer ;

— se respecter, faire des concessions ;

— s'aimer.

Ce type de réponse indique un critère d'intérêt pour les autres.

Traitement de l'information : *personnes/autres,* réponses comportementales : index de référence simultané, opérateur : *actif.*

« Dorothée dit que pour vivre en paix dans sa famille il faut absolument... »

— ne pas vivre chez ses parents ;

— ne pas se forcer.

Pour s'affirmer, la personne fait des choix négatifs.

Traitement de l'information : *personnes/soi,* réponses comportementales : *en désaccord* par polarité, index de référence centré sur soi ou déplacé, éloignement, opérateur : *référence intérieure.*

Affirmation 3

« Myriam consacre beaucoup de temps à... »

— son travail ;

— faire du sport.

Traitement de l'information *action/soi.*

« Myriam consacre beaucoup de temps à... »

— ses enfants ;

— ses amis.

Traitement de l'information *personnes/autres,* réponses comportementales : index de référence permuté ou simultané.

« Myriam consacre beaucoup de temps à... »

— son look (aspect physique).

Critère de séduction par l'image.

Traitement de l'information : *personnes/soi, choses* (à explorer).

Affirmation 4

« Jacques fait confiance à ses collaborateurs parce que... »

— ils sont compétents ;

— ils ont fait leurs preuves.

Dans ce type de réponse, la personne montre qu'elle sait tenir compte des autres.

Traitement de l'information *personnes/autres,* réponses comportementales : index de référence simultané ou permuté, opérateur : cause à effet passé-présent à vérifier.

« Jacques fait confiance à ses collaborateurs parce que... »

— il les connaît ;

— il les a choisis personnellement.

Ce qui apparaît cette fois, c'est une forte *référence intérieure,* il peut exister aussi un index de référence déplacé ou centré sur soi.

Affirmation 5

« Antoine s'est fâché avec son père à cause de... »

— voiture, argent, etc.

Traitement de l'information *choses/soi,* réponses comportementales : fractionnement étroit.

« Antoine s'est fâché avec son père à cause de... »

— ses idées, ses opinions.

Réponses comportementales : fractionnement large, traitement de l'information *information*, probabilité d'un index de référence centré sur soi ou déplacé.

Ce type de réponse suggère l'existence de critères assez rigides.

Si possible, demander dans l'entretien quel âge la personne attribue-t-elle à Antoine, car cela modifie considérablement le comportement face à la référence que représente le père.

Affirmation 6

« Au bureau, Sophie pense qu'il serait nécessaire de... »

— modifier le décor, repeindre, avoir des plantes vertes, etc.

Les réponses de ce type sont à rapprocher de celles concernant le *look,* il s'agit de vérifier l'objectif de la personne lorsqu'elle répond ainsi.

Traitement de l'information *lieu,* mais aussi peut-être *choses,* répartition *soi/autres* à vérifier.

« Au bureau, Sophie pense qu'il serait nécessaire de... »

— dialoguer, discuter, améliorer la communication, avoir une bonne ambiance,etc.

Traitement de l'information *personnes,* réponses comportementales, index de référence simultané ou permuté, système sensoriel de référence probablement kinesthésique.

Affirmation 7

« Pendant ses loisirs, Karine aime par-dessus tout... »

En principe, on retrouve les mêmes critères que pour l'affirmation 3.

Affirmation 8

« Gilles faisait la queue devant un guichet quand il s'est aperçu que quelqu'un essayait de lui prendre son tour, alors il... »

— a souri ;

— l'a laissé faire, n'a rien dit.

Ce type de réponse montre que la personne sait garder son calme mais cela peut dénoter aussi une certaine passivité.

Traitement de l'information *action/autres*, réponses comportementales *éloignement*, opérateur *passif*.

« Gilles faisait la queue devant un guichet quand il s'est aperçu que quelqu'un essayait de lui prendre son tour, alors il... »

— lui a gentiment dit de reprendre sa place.

La personne garde aussi son calme, mais elle est consciente de son bon droit et entend se faire respecter.

Traitement de l'information *action/autres*, réponses comportementales, index de référence simultané ou déplacé, opérateur *actif*.

« Gilles faisait la queue devant un guichet quand il s'est aperçu que quelqu'un essayait de lui prendre son tour, alors il... »

— lui a dit sèchement d'attendre son tour ;

— s'est fâché.

Cette fois, la personne ne sent agressée et réagit en conséquence, les réponses sont parfois très exagérées, il faut donc vérifier dans l'entretien si la personne procède ainsi pour faire de l'humour ou bien si cela n'est pas exagéré dans son modèle du monde !

Traitement de l'information *action/soi*, index de référence déplacé.

Affirmation 9

« Ce que Barbara préfère au cinéma, c'est... »

— les glaces ;

— l'entracte ;

— les fauteuils.

Les réponses sont orientées vers le lieu et/ou les choses, la personne comprend le mot *cinéma* en tant que salle de cinéma.

« Ce que Barbara préfère au cinéma, c'est... »

— l'aventure ;

— Jean-Paul Belmondo, Isabelle Adjani, Gérard Depardieu, et autres ;

— les drames ;

— les histoires d'amour.

Les réponses peuvent aussi être orientées vers l'information, l'action ou les personnes, le mot *cinéma* étant alors compris comme représentant un moyen de communication.

Dans le second cas, il s'agit de remarquer à qui peut s'indentifier la personne (orientation *personnes,* vérifier s'il y a ou non comparaison), dans quels rêves elle se projette, ce qu'elle attend de sa séance de cinéma.

Affirmation 10

« Pour sa carrière, ce que Lydie craint le plus, c'est... »

— l'avenir ;

— le chômage ;

— l'échec.

Ce qui caractérise ce type de réponse c'est :

Un fractionnement large, une réponse témoin du processus (méta), une *référence extérieure,* et parfois un aspect passif. En termes de critères, nous devons vérifier ce dernier point et aussi le côté *confiance en soi.*

« Pour sa carrière, ce que Lydie craint le plus, c'est... »

— les autres, la concurrence ;

— son patron.

Ce type de réponse montre que la personne se sent *victime* des autres, l'aspect *passif* est important, il s'agit de vérifier s'il s'étend à d'autres situations.

Affirmation 11

« Emilie croise son voisin dans l'escalier et elle... »

— lui dit bonjour, le salue.

La personne tient compte des autres, mais pas plus que ne l'exigent les habitudes sociales.

« Emilie croise son voisin dans l'escalier et elle... »

— lui demande de ses nouvelles ;

— lui sourit, l'embrasse, etc.

Ce type de réponse montre un souci de plaire, un intérêt pour les autres, la personne prouve qu'elle sait établir des relations amicales.

Traitement de l'information : *personnes/autres,* réponses comportementales : *en accord,* index de référence simultané, opérateur : vérifier si la référence est extérieure.

Affirmation 12

« Marc préfère regarder le sport à la télé plutôt que d'en pratiquer un, Sylvain pense que c'est... »

— un paresseux, un « pantouflard », un abruti, etc.

La personne porte des jugements de valeur hâtifs.

Vérifier l'index de référence qui est vraisemblablement centré sur soi ou déplacé.

« Marc préfère regarder le sport à la télé plutôt que d'en pratiquer un, Sylvain pense que c'est... »

— plus facile, mais moins bon pour la forme.

Le jugement est moins catégorique que dans les réponses précédentes, la personne se montre plus tolérante.

Vérifier les réponses par comparaison (*soi/autres,* et comparaisons dans le temps).

« Marc préfère regarder le sport à la télé plutôt que d'en pratiquer un, Sylvain pense que c'est... »

— son problème ;

— cela le concerne.

Cette fois la personne se montre beaucoup plus tolérante, cela peut passer pour de l'indifférence.

Traitement de l'information : *information,* l'index de référence est probablement simultané.

Affirmation 13

« Alexis a choisi son métier parce que... »

— c'est en rapport avec ses études.

Dans les réponses à cette affirmation, il s'agit de repérer essentiellement les relations de cause à effet, et les distinctions permettant de savoir si la personne se sent ou non libre de ses choix (*actif/passif*) (*éloignement/rapprochement*) (*référence extérieure/intérieure*).

Quand la personne donne des réponses qui font intervenir les études, cela laisse présumer une relation de cause à effet entre le passé et le présent, un opérateur *actif,* une réponse comportementale de rapprochement.

« Alexis a choisi son métier parce que... »

— il n'a pas eu le choix ;

— son père exerçait déjà ce métier.

Réponses comportementales : éloignement, associé au processus, opérateur : *passif, référence extérieure.*

« Alexis a choisi son métier parce que... »

— ce métier lui plaît.

Vérifier l'existence d'une relation de cause à effet *présent-présent* et explorer les équivalences complexes de plaire.

Affirmation 14

« Bruno rêva qu'un jour il pourrait... »

— être patron, ingénieur, acteur célèbre, astronaute, etc.

La personne indique ses critères de valeur pour la réussite.

Traitement de l'information : *action* ou *personnes,* réponses comportementales : vérifier les comparaisons, opérateurs : *référence extérieure,* vérifier *actif/passif.*

« Bruno rêva qu'un jour il pourrait... »

— faire ce qu'il veut, se sentir bien, etc.

Ce type de réponse signale que la personne recherche un équilibre dans sa vie.

Réponses comportementales : *éloignement* probable, opérateur : relation de cause à effet *présent-futur* à vérifier, ainsi que l'aspect *passif*.

Affirmation 15

« Frédéric critique les gens qui font la grasse matinée le dimanche, il trouve que c'est... »

— de la paresse, du temps perdu, etc.

Ces réponses sont à rapprocher de celles apportées à l'affirmation 12, la personne porte facilement un jugement de valeur sur les autres. Parfois, elle veut donner en affichant une telle opinion une certaine image d'elle-même.

« Frédéric critique les gens qui font la grasse matinée le dimanche, il trouve que c'est... »

— peut-être une perte de temps, mais parfois nécessaire pour récupérer ;

— sans doute une perte de temps, mais c'est quand même bien agréable de temps en temps.

Dans des réponses de ce type, la personne montre qu'elle ne partage pas l'opinion du personnage Frédéric, elle tente donc de faire valoir la sienne.

Traitement de l'information : action, réponses comportementales : contre-exemples, index de référence déplacé ou simultané, opérateurs : vérifier les opérateurs modaux.

Affirmation 16

« Dans quelques années, Julien pense qu'il sera... »

Pour cette affirmation, il est très important de tenir compte de l'âge de la personne et de celui qu'elle attribue à Julien ; le but ici, c'est de comparer avec les réponses obtenues à l'affirmation 14. Les rêves et les ambitions se rejoignent en effet souvent, cela permet aussi d'apprendre si la personne est ou non capable de se donner des objectifs.

Affirmation 17

« Gaétan et Sandrine sont concurrents, Sandrine obtient de meilleurs résultats que Gaétan, alors celui-ci s'est promis de la dépasser, pour cela il a décidé de... »

— travailler dur, s'appliquer dans son travail, etc.

Traitement de l'information : *action,* réponses comportementales : *comparaison, rapprochement,* opérateurs : relation de cause à effet *présent-futur, actif.*

« Gaétan et Sandrine sont concurrents, Sandrine obtient de meilleurs résultats que Gaétan, alors celui-ci s'est promis de la dépasser, pour cela il a décidé de... »

— de suivre une formation ;

— de comprendre pourquoi Sandrine obtient de meilleurs résultats et d'agir en conséquence.

Ce type de réponse montre une souplesse comportementale, un sens de l'adaptation et une aptitude à se distancer par rapport à un problème (réponse témoin du processus, attitude d'analyse). La personne reconnaît qu'elle fait une erreur (vérifier la provenance *extérieure* ou *intérieure* de sa référence) et chercher à modifier son attitude.

« Gaétan et Sandrine sont concurrents, Sandrine obtient de meilleurs résultats que Gaétan, alors celui-ci s'est promis de la dépasser, pour cela il a décidé de ... »

— guetter le moindre faux pas de Sandrine.

La personne qui écrit cela s'est sentie probablement agressée par l'affirmation, vérifier s'il existe d'autres réponses de ce type (affirmations 8 et 25).

Affirmation 18

« Serge trouve que la chasse ou la pêche, c'est... »

Cette affirmation suscite l'apparition de critères, d'opinions qui indiquent un certain type de rapports avec l'environnement, cela permet de savoir si la personne applique ou non un traitement de l'information orienté *choses* au monde vivant qui l'entoure, si elle se sent concernée par ces activités, si elle accepte ou non de donner son avis à ce sujet (réponses comportementales *en accord* ou *en désaccord* par rapport au contexte de l'affirmation).

Affirmation 19

« Pour Agnès, la vie de famille, c'est... »

— important, primordial, essentiel, etc.

Le critère est très valorisé, dans ce cas, il est utile d'en explorer les équivalences complexes.

En termes de métaprogrammes, compte tenu du caractère abstrait des qualificatifs utilisés, on vérifie la dimension du fractionnement.

« Pour Agnès, la vie de famille, c'est... »

— agréable, de bons moments, etc.

Dans ce type de réponse, la manière de fractionner l'expérience est différente et vraisemblablement plus étroite que dans le type précédent.

Affirmation 20

« Quand Delphine a du temps libre, c'est pour... »

— lire, réfléchir, aller au cinéma, apprendre.

Traitement de l'information : *information/soi,* réponses comportementales : *rapprochement,* possibilité aussi de réponses témoins (réfléchir), opérateurs : vérifier les relations de cause à effet mises en jeu par ces activités.

« Quand Delphine a du temps libre, c'est pour... »

— faire la fête, s'amuser, sortir, etc.

Traitement de l'information : *personnes, action*, réponses comportementales : *rapprochement*, réponses associées au processus, opérateurs : relation de cause à effet *présent-présent*.

Affirmation 21

« Ce que Véronique déteste le plus dans son travail, c'est... »
— taper à la machine ;
— la routine ;
— la paperasse.

Ce type de réponses montre que la personne cherche la variété dans son activité, les tâches répétitives sont au contraire dévalorisées, et il y a probablement un besoin de responsabilités.

Traitement de l'information : *choses, action*, réponses comportementales : *éloignement, désaccord*, réponses témoins, opérateur : probable *référence intérieure*.

Affirmation 22

« Gérard est sûr que ce qui compte le plus dans la vie, c'est... »

Cette affirmation appelle différents critères hautement valorisés pour la personne ou pour l'image qu'elle veut donner d'elle-même.
— la réussite professionnelle (*action/soi, personnes/soi*) ;
— l'argent (*choses/soi*) ;
— le bonheur des siens (*personnes/autres*) ;
— la santé (*personnes/soi*).

Affirmation 23

« Lorsqu'Arnaud a le temps, il... »

Cette affirmation est à comparer avec la n° 20, les réponses se recoupent-elles ?

Affirmation 24

« Quand on demande un service à Jean-Michel, il... »
— le rend aussitôt.

Réponse comportementale typiquement *en accord*.

« Quand on demande un service à Jean-Michel, il... »
— est heureux qu'on ait pensé à lui.

Traitement de l'information : *personne*, réponses comportementales : *en accord ;* index de référence permuté, opérateur : *référence extérieure, passif*.

« Quand on demande un service à Jean-Michel, il... »
— temporise, il voit ce qu'il peut faire.

Traitement de l'information : *action*, réponses comportementales : entrée des données visuelles, réponses *en désaccord*, comparaisons probables, témoin du processus et index de référence déplacé ou simultané, opérateur : *référence intérieure*, relation de cause à effet *présent-futur*.

Affirmation 25

« Hubert s'est mis en colère contre Richard parce qu'il n'avait pas fini son travail à temps, Richard a pensé que... »

— Hubert ne le comprenait pas ;

— Hubert était injuste.

Ces réponses montrent comment la personne réagit quand on lui fait des reproches, il y a souvent deux temps dans les réponses, en premier, la personne donne un jugement sur celui qui fait les reproches, en second, elle essaie de comprendre pourquoi ou modifie son comportement.

En termes de métaprogrammes, on aura souvent une réponse comportementale *en désaccord* avec une polarité suivie d'un contre-exemple.

Affirmation 26

« Charlotte affirme qu'elle ne veut plus jamais revoir Bernard depuis qu'il... »

— l'a trompée, lui a posé un lapin, lui a menti, etc.

Cette affirmation fit surgir les critères de rupture d'une relation[1].

Il s'agit d'explorer dans l'entretien comment la personne sait qu'elle peut on non faire confiance, accorder son amitié ou son affection à quelqu'un. Le système de représentation sensorielle utilisé comme référence est utile à connaître.

« Charlotte affirme qu'elle ne veut plus jamais revoir Bernard depuis qu'il... »

— a attrapé des boutons ;

— s'est laissé pousser une grande barbe ;

— s'habille en *punk*.

Traitement de l'information : *choses* appliqué *aux personnes,* réponses comportementales : système visuel référence, *désaccord* par comparaison, index de référence déplacé, opérateur : *référence intérieure.*

Affirmation 27

« Dans son travail, Christian sait qu'il doit absolument... »

— arriver à l'heure ;

— être sérieux ;

— ranger son bureau.

Ce type de réponse indique souvent un critère que la personne veut satisfaire mais qu'elle remplit difficilement.

« Dans son travail, Christian sait qu'il doit absolument... »

— être le premier, le meilleur, prouver sa valeur.

Ce type de réponse indique que la personne est impliqué dans un système

1. Dans *Comprendre la PNL*, voir le schéma de seuil, chapitre 7.

de comparaison *soi/autres*. Dans un sens positif, il s'agit d'un goût pour la compétition, d'un autre point de vue cela peut constituer des blocages.

Affirmation 28

« Caroline remercie sa sœur parce qu'elle... »

— la comprend ;

— la soutient moralement.

Traitement de l'information : *personnes*, réponses comportementales : fractionnement large, index de référence simultané.

Affirmation 29

« Judith aime... »

— les gâteaux, les fleurs, etc. (*choses*) ;

— rire, la fête, s'amuser, les copains (*personnes*) ;

— les balades en forêt, la plage (*lieu*) ;

— le ski, la voile, le judo (*action*) ;

— lire, s'instruire (*information*) ;

— les gens (*autres*) ;

— s'occuper d'elle-même (*soi*) ;

Les réponses peuvent être très variées et viennent confirmer ou recouper les précédentes.

Affirmation 30

« Bernard affirme que ce qui pourrait lui arriver de pire dans la vie, ce serait... »

— de tomber malade, se casser une jambe, etc.

Traitement de l'information : *personnes/soi*, réponses comportementales : fractionnement étroit, index de référence centré sur soi ou déplacé, opérateur : *référence intérieure,* relation de cause à effet *futur-futur*, *actif*.

« Bernard affirme que ce qui pourrait lui arriver de pire dans la vie, ce serait... »

— le chômage, la guerre, une catastrophe.

Traitement de l'information : *information/soi,* réponses comportementales : fractionnement large, réponse témoin du processus, index de référence déplacé, opérateur : *référence extérieure,* relation de cause à effet *futur-futur, passif.*

En termes de critères, la façon dont la personne complète l'affirmation donne des indications sur ses craintes pour le futur et sur son sentiment de responsabilité par rapport à celles-ci.

c. Conclusion

Les exemples types de réponses ont été relevés parmi une cinquantaine de tests complétés par des hommes et des femmes d'une moyenne d'âge de 25 ans à la recherche d'un emploi dans la vente.

Le choix des prénoms est important car il est plus ou moins facile de s'identifier à un prénom selon son âge, et que ce type de test fonctionne par identification aux personnages évoqués. Il demeure toujours possible de différencier les affirmations en changeant les prénoms pour faciliter l'identification des personnes qui les complètent. On peut, selon l'âge du sujet, lui proposer des versions avec des prénoms différents.

Dans leur ouvrage *Un prénom pour la vie,* Guy Desplanques et Philippe Besnard affirment que les prénoms ont un âge défini en fonction de critères d'apparition au cours de certaines périodes ; Jean-Louis Lasnier, conseil en communication, a réalisé une étude statistique qui lui permet d'affirmer par exemple que Sylvie a 27 ans, Corinne 26, Huguette 52, Louise 68, alors que Christophe en a 25, Philippe 31, Jacques 47 et Gaston 65 ; chiffres relevés dans *Jours de France*, 4 avril 1986 : « Les secrets de nos prénoms », article de Olivier Saillant.

Dans un contexte de sélection de candidats, nous conseillons de ne pas utiliser directement ce document dans l'entretien éventuel qui suit mais de relever les points que l'on souhaite éclaircir afin de les inclure dans les questions qu'on prévoit de poser ; si la personne demande des explications à propos de ce test, nous conseillons de ne donner que des éléments positifs car son profil peut, s'il ne nous convient pas, se révéler excellent ailleurs et, en ce sens, nous n'avons pas de jugement de valeur à formuler.

A la page suivante, se trouve une liste de critères apparaissant dans les tests étudiés, cette liste n'est pas exhaustive ; selon les personnes qui complètent les affirmations, les critères sont différents ; dans l'interprétation, il est important de tenir compte de l'âge, du niveau d'études, du milieu socioculturel.

grille de critères

réussite professionnelle

---

conscience professionnelle

---

peur de l'échec

---

manque de confiance en soi

---

peur des autres

---

ambition

---

sens de la compétition

---

esprit d'équipe

sens des responsabilités

acceptation de la hiérarchie

sens de l'adaptation

réalisme

volonté d'apprendre

volonté de communiquer

sens du dialogue

souci de plaire

importance de l'amitié

importance de la famille

rigidité

discrétion

goût du secret

plaisirs matériels

idéalisme

passion

tolérance

sens de l'humour

sens de l'abstraction

créativité

Chaque fois que le critère apparaît dans les réponses, le noter sur cette grille. La liste des critères n'étant pas limitative, il demeure toujours possible de la modifier selon l'usage ou la recherche que l'on effectue. Par exemple, si le sens de l'humour ne présente aucun intérêt à mettre en évidence, il n'y a aucun inconvénient à supprimer ce point.

Nous ne donnons pas de définition spécifique de ces critères, les équivalences complexes apparaissent assez évidentes dans le contexte des exemples types de réponses étudiés plus haut. Ce test nous permet de cerner rapidement les grands traits de caractère de la personne, de plus, il est suffisamment simple pour que son utilisation soit à la portée du plus grand nombre. Nous devons nous garder cependant d'investir dans les tests une confiance aveugle, il est préférable de leur accorder seulement un rôle d'information complémentaire[1].

Les résultats du test nous donnent quelques indications, peut-être avons-nous besoin de contre-exemples à une impression négative ; de toute façon, pour mieux connaître notre interlocuteur, rien ne remplace l'entretien.

Avant d'en venir au questionnement de l'entretien, nous présentons un exemple de test et son interprétation.

La personne qui a complété les affirmations est un homme de 30 ans, employé de bureau, qui cherche une orientation professionnelle différente. Le test a été passé avant un entretien et dans le cadre d'un travail de développement personnel.

e. Test d'objectivation des critères et des métaprogrammes

Complétez les affirmations suivantes par ce qui vous vient spontanément à l'esprit, il n'y a ni bonne ni mauvaise réponse.

1) Florence pense que son patron la félicitera quand il s'apercevra qu'elle...
a rangé son bureau.

2) Dorothée dit que pour vivre en paix chez soi, il faut...
avoir chacun un coin bien à soi.

3) Myriam consacre beaucoup de temps à...
mettre ses lentilles de contact.

4) Jacques fait confiance à ses collaborateurs parce que...
ils sont intègres et soumis.

5) Antoine s'est fâché avec son père à cause de...
parce qu'il ne voulait pas qu'il regarde la télé.

6) Au bureau, Sophie pense qu'il serait nécessaire de...
faire construire des cloisons.

---

1. A ce propos on peut consulter *Les Tests de sélection en question*, par Marie-Madeleine Bernié et Arnaud d'Aboville.

7) Pendant ses loisirs, Karine aime par-dessus tout
se promener au bord de la mer avec des copains.
8) Gilles faisait la queue à un guichet quand il s'est aperçu que quelqu'un essayait de lui prendre son tour, alors il...
tança vertement l'usurpateur !
9) Ce que Barbara préfère au cinéma...
les esquimaux à l'entracte.
10) Pour sa carrière, ce que Lydie craint le plus c'est...
que son supérieur parte à la retraite après elle.
11) Emilie croise son voisin dans l'escalier et elle...
l'embrasse.
12) Marc aime le sport, mais surtout à la télé bien installé dans un fauteuil, Sylvain pense que c'est...
un imbécile.
13) Alexis a choisi son métier parce que...
son père voulait qu'il soit pharmacien.
14) Bruno rêve qu'un jour il pourra...
être un brillant linguiste écouté.
15) Frédéric critique les gens qui font la grasse matinée le dimanche, il trouve que c'est...
dommage de pas faire de sport à la place.
16) Dans quelques années, Julien pense qu'il sera...
viré.

17) Sandrine et Gaétan sont concurrents, Sandrine obtient de meilleurs résultats que Gaétan, alors il s'est promis de la dépasser et pour cela il a décidé de...
suivre un stage de formation.

18) Serge trouve que la chasse et la pêche, c'est...
bête et méchant.

19) Pour Agnès, la vie de famille c'est...
faire des frites le dimanche midi.

20) Quand Delphine a du temps libre, c'est pour...
l'amour.

21) Ce que Véronique déteste le plus dans son travail, c'est...
ses collègues.

22) Gérard est sûr que ce qui compte le plus dans la vie, c'est...
faire construire le plus tôt possible.
23) Quand Arnaud a le temps, il...
regarde des livres de photos.
24) Si on demande un service à Jean-Michel, il...
temporise.

25) Hubert s'est mis en colère contre Richard parce qu'il n'avait pas fini son travail en temps utile, Richard a pensé que...
peut-être il avait raison.
26) Charlotte affirme qu'elle ne veut plus jamais revoir Sébastien depuis qu'il...
s'intéresse aux singes du zoo de Vincennes.
27) Dans son travail, Christian sait qu'il doit avant tout...
se prendre vraiment au sérieux.
28) Caroline remercie sa sœur parce qu'elle...
lui a présenté son cousin.
29) Judith aime...
Robert.
30) Bernard affirme que ce qui pourrait lui arriver de pire, ce serait...
de rencontrer Robert.

Tableau de mise en évidence d'un métaprogramme

		contexte			
passation d'un test					
		traitement de l'information			
action	information	**personnes**	lieu	**choses**	**soi**/autres
		réponses comportementales			
entrée des données			AVK	fractionnement large	
système conduteur			AVK	fractionnement **étroit**	
système de référence			AVK		
réponses en accord				**réponses en désaccord**	

		contre-exemples
		polarité
		comparaisons soi/autres
réponse témoin		réponse associée
éloignement		rapprochement
index de référence		
centré sur soi		
permuté		
déplacé		
simultané		
	opérateurs	
opérateurs modaux	**devoir**	
référence **extérieure**		référence intérieure
passé, présent, futur		relation de cause à effet
		passé/présent
actif		**passif**
présent réceptif	AVK	présent intérieur AVK
temps fluide		temps immobile
croyance comportementale : je dois faire valoir mes idées.		
le sens de ce que je dis ou fais est clair, ceux qui ne me comprennent pas sont stupides.		

Ce qui apparaît dans le relevé des différentes distinctions des méta-programmes (en caractères gras dans le tableau), c'est un conflit entre se conformer à un ordre établi (importance de la *référence extérieure* en opposition avec un index de référence souvent centré sur soi ou déplacé) et faire valoir ses idées. Le conflit est entretenu car la personne se juge dévalorisée (comparaison) par rapport à certains critères qu'elle ne reconnaît cependant pas totalement pour siens (*référence extérieure*). Ce conflit étant en partie résolu par la facilité à se placer dans une position témoin du processus d'où il est aisé de critiquer, de porter des jugements de valeur, et de faire de l'humour.

En termes de critères, cette personne porte des jugements négatifs à propos du travail, ce qui est logique dans la situation de recherche d'une activité différente de celle qu'elle exerce ; cependant, le seuil susceptible d'entraîner un mouvement d'*éloignement* n'est pas encore atteint.

La lecture et l'analyse des réponses complétant les affirmations permettent donc de mettre essentiellement en évidence un conflit. L'entretien objective cette difficulté en précisant l'aspect relationnel de celle-ci : la personne tend à classer rapidement les gens qu'elle côtoie dans des catégories rigides, elle applique alors un traitement de l'information orienté *choses* aux êtres humains. L'entretien a également mis en évidence un aspect *information* appliqué aux domaines intellectuels.

Notre conseil a consisté en l'incitation à se donner des objectifs précis dans les différents contextes d'activité.

3 - Conduite des questionnements

Comme nous l'avons souligné plus haut, le test ne suffit pas à nous faire une idée précise de notre interlocuteur ; par ailleurs, dans certains contextes, nous ne pouvons pas faire passer de test aux personnes que nous rencontrons ! Le questionnement est presque une forme d'art qui allie le sens du contact à une habileté à utiliser la langage. Le but que nous cherchons à atteindre réside essentiellement en l'utilisation des mots *justes* en termes de perception subjective qui nous permettent de découvrir le monde de l'autre. Chaque fois que nous posons une question, nous induisons en partie sa réponse ; nous avons bien entendu différents degrés allant des questions dont la réponse est oui ou non à celles dont la réponse demeure partiellement imprévue :

Exemple :

— Est-ce le style de la coupe qui ne vous plaît pas ?

— Qu'est-ce qui ne vous plaît pas dans ce vêtement ?

Quand nous posons une question, nous présupposons certains éléments, ce faisant, nous utilisons un index de référence déplacé puisque nous appliquons nos critères à l'autre, mais c'est un risque inhérent à l'intuition. En effet, lorsque nous rencontrons quelque chose de nouveau, pour lui donner un sens, nous essayons de le reconnaître comme *appartenant à, différent de,* ou *similaire à,* nous effectuons des associations, des différenciations, des comparaisons avec d'autres éléments provenant soit de notre propre expérience vécue, soit d'une expérience vicariante.

Une personne qui a de l'intuition semble deviner, prévoir, anticiper ce que pense ou ressent son interlocuteur ; l'intuition résulte du sens de l'observation et de l'utilisation pertinente des données recueillies. Il apparaît que l'utilisation de ces données passe par la mise en œuvre d'associations, de différenciations et de comparaisons telles que nous les avons évoquées plus haut. Une personne qui affirme quelque chose communique une information et, pour que son interlocuteur puisse donner un sens à celle-ci, il doit la rattacher à une autre information qu'il possède. Lorsque nous affirmons quelque chose, nous présupposons que notre interlocuteur possède les moyens de comprendre ce que nous venons de dire, parfois c'est juste, parfois non, si nous appliquons à l'autre des critères trop spécifiquement personnels, alors, le déplacement d'index de référence ne sert pas l'intuition mais au contraire provoque des malentendus.

Exemple :

— Allô, bonjour monsieur, je vous appelle pour vous faire découvrir quelque chose de très intéressant pour vous !

— ...Je n'ai besoin de rien, au revoir monsieur !

La personne qui décroche le téléphone présuppose que son interlocuteur veut lui vendre quelque chose, irritée, elle raccroche.

— Je pense que Pierre a besoin de prendre des vacances !

— Vous l'avez trouvé fatigué, ces derniers temps ?

La personne qui répond à l'affirmation présuppose que pour « avoir besoin de vacances », la condition nécessaire est « être fatigué », elle projette sa propre relation de cause à effet dans la question qu'elle pose en retour.

— A mon retour d'Espagne, je ferai une étape à Perpignan !

— Pour y admirer la gare sans doute ?

— Pas du tout, j'ai promis à mon oncle depuis déjà lontemps de m'arrêter pour le voir.

Voilà un exemple où la personne qui questionne se trompe sur les motivations de l'autre qui, en effet, ne s'intéresse pas le moins du monde à la gare de Perpignan.

Ces exemples sont quelque peu caricaturaux mais ils mettent en évidence la façon dont nous procédons pour *deviner* les autres ; en réalité, nous investissons bien souvent dans cette activité une énergie créative importante alors qu'il suffirait d'être simplement attentifs à ce que l'autre personne est en train de dire et d'émettre à notre intention.

En français, nous possédons de plus une structure de la phrase telle qu'elle favorise la divination et l'anticipation sur le sens. En effet, les éléments lourds de significations se trouvent généralement en début de phrase, ce qui nous permet de couper la parole à la personne et de terminer la phrase à sa place. En anglais ou en allemand, il faut attendre la fin de la phrase pour en connaître la signification car les éléments importants y sont fréquemment placés.

Exemple :

— J'ai croisé un drôle de type...

— Ce matin à 7 heures ?

— Oui, comment le savez-vous ?

— Il passe tous les matins à 7 heures, il prend un café au bistrot du coin, il a vraiment une drôle d'allure !

A. LES OUTILS DU QUESTIONNEMENT : LES DIFFÉRENTS TYPES DE QUESTIONS, LA REFORMULATION

Selon les présuppositions que nous introduisons dans nos questions, nous distinguons :

1. Les questions fermées

— C'est le matin que vous êtes parti ?

— Oui.

Une question fermée induit une réponse oui ou non, le contexte est contenu dans la question, elle ne laisse pas de place à l'imprévu pour celui qui répond. Les questions fermées sont très utiles pour résumer ce que l'on vient de décider ou de présenter, elles permettent de vérifier si on peut ou non passer à l'étape suivante.

— Tout le monde sait-il ce qu'est une question fermée ?

Ajoutons que les questions fermées contiennent le maximum de présupposés.

2. Les questions à choix illusoire

— Préférez-vous que je passe demain à 5 heures ou mercredi à 3 heures ?

— Demain, cela ira très bien.

Les questions de ce type sont très connues des vendeurs qui les appellent des alternatives positives en ce qu'elles ne permettent pas à la personne à qui on les pose de dire non (au moins théoriquement), mais seulement de choisir entre deux opportunités soigneusement sélectionnées auparavant parce qu'elles desservent l'objectif de vente.

Les questions à choix illusoire, appelées parfois alternatives illusoires sont également utilisées pour détourner l'attention de la personne.
— Quand vous vous vous souvenez de cet accident, qu'est-ce qui vous apparaît en premier : les personnes présentes ou bien l'endroit où cela s'est produit ?
Quand il s'agit de l'évocation d'une expérience désagréable, la question à choix illusoire permet alors de déconnecter la personne d'une émotion par trop désagréable en l'incitant à prêter attention à autre chose, c'est nettement plus efficace que des *bonnes paroles* telles que : « Mais vous feriez mieux de ne pas y penser ! », qui précisément présupposent que la personne y pense ou doit y penser pour comprendre ce que l'on vient de lui dire.

3. Les questions ouvertes

— Que pensez-vous de ce nouveau logiciel ?
— Je pense qu'il me serait utile, mais je me demande s'il ne fera pas double emploi avec celui dont je me sers actuellement.
Les questions ouvertes sont celles qui laissent la personne à qui on les pose s'exprimer le plus librement possible ; quand on pose des questions ouvertes, on essaie d'induire le moins possible la réponse afin de recueillir beaucoup d'informations. Les questions ouvertes sont généralement pauvres en contenu à l'inverse des questions fermées ; nous devons cependant avoir conscience de ce que nous y projetons. Les distinctions des métaprogrammes sont là pour nous y aider ; quand nous préparons la question que nous allons poser, nous nous demandons d'abord ce que précisément nous voulons savoir, puis nous tentons de trouver une formulation adaptée à cet objectif.
Les questions ouvertes représentent donc un outil indispensable dans la conduite d'entretien et, d'une façon plus élargie, chaque fois que nous avons besoin de détails et d'informations.

4. La reformulation

— Le questionnement est une technique difficile !
— Difficile ?
— Oui, je trouve cela difficile parce que je dois penser à trop de choses en même temps !

La reformulation [1] est la technique qui consiste à répéter la phrase ou la fin de la phrase que la personne vient de dire, cela a pour effet de l'inciter à continuer, à compléter en lui donnant l'impression d'être écoutée et comprise. Pour reformuler, nous redonnons aussi parfois la fin de la phrase ou le dernier mot en utilisant un ton interrogatif, parce que c'est une façon de poser une question et de faire preuve d'intérêt pour notre interlocuteur.

Il est très important de faire la différence entre reformuler et redéfinir :
— Le questionnement est une technique difficile !
— Vous voulez dire que vous avez du mal à poser des questions !

La redéfinition [2] est une façon de traduire dans son propre langage ce que vient de dire la personne, cela constitue une technique très utilisée dans la vente ou la négociation car, en procédant de la sorte, il est possible d'amener doucement son interlocuteur à modifier ses avis ou ses options. En redéfinissant l'affirmation du client, le vendeur introduit ses propres critères pour conduire progressivement le client à partager son objectif. Lorsque cette technique est habilement utilisée, elle donne de bons résultats, mais il faut que les critères les plus valorisés du client soient satisfaits ; dans le cas contraire, les *ficelles* de la technique sont très évidentes, le client ressent l'impression d'être manipulé par un beau parleur et ce que le vendeur lui dit n'a valeur que de baratin.

La redéfinition se rapproche de l'alternative illusoire et procède d'un déplacement d'index de référence et d'une divination. Cela ne signifie pas qu'on ne doive pas s'en servir, la seule réserve que nous émettons c'est la connaissance des critères personnels que l'on y place.

Les outils du questionnement sont essentiellement les différents types de questions : fermées, ouvertes, à choix illusoire, la reformulation et la redéfinition.

---

1. La reformulation, « *back tracking* » dans le langage PNL anglais s'inspire directement des techniques décrites et pratiquées par Carl Rogers.

2. La redéfinition est comprise comme une technique du menu d'influence au chapitre suivant et dans *Comprendre la PNL*.

Exercice 15 : Trois personnes, un sujet, un acteur et un témoin.

1) Le sujet affirme quelque chose.
2) L'acteur pose une question à propos de cette affirmation.
3) Le témoin devine ce qui est présupposé dans la question et quelles sont les distinctions des métaprogrammes mises en jeu.

Exemple :
— J'ai du mal à me lever tôt le matin !
— A Paris ou pendant vos week-ends à Honfleur ?
L'acteur présuppose que cela n'arrive que de façon sélective en rapport avec le lieu et le temps, il y a également une comparaison sous-jacente.

Exercice 16 : Individuellement.

Quel traitement de l'information est-il utilisé dans ces questions ?

— Qu'avez-vous fait jusqu'à présent ?
— Quel était le montant de votre rétribution dans votre emploi précédent ?
— Qui vous a conseillé de venir me demander conseil ?
— Voulez-vous m'expliquer pourquoi vous en êtes là aujourd'hui ?
— Quel est l'endroit le mieux adapté pour servir de salle d'attente ?
— Savez-vous que ce poste requiert une grande mobilité ?

Exercice 17 : Trois personnes, un sujet, un acteur, un témoin.

— Le sujet affirme quelque chose.
— Le témoin suggère à l'acteur une ou deux distinctions des métaprogrammes.
— L'acteur formule une question à propos de l'affirmation du sujet en y introduisant la distinction que le témoin lui a suggérée.
— Le sujet doit deviner de quelle distinction il s'agit.

Exemple :
— J'ai l'intention d'aller visiter le château de Versailles demain.
Distinctions suggérées : *référence extérieure,* comparaison.
— Comment, mais n'avez-vous pas entendu comme moi à la radio qu'il était fermé actuellement ?

B. LE QUESTIONNEMENT D'OBJECTIF

Quel que soit le thème de l'entretien, il est indispensable de connaître l'objectif de l'interlocuteur, rapidement et avec élégance si possible, c'est du moins notre but en étudiant le questionnement.

Les distinctions des métaprogrammes vont nous y aider considérablement en nous donnant la possibilité de mieux comprendre les critères, c'est-à-dire les différents filtres subjectifs que la personne met en œuvre dans ses comportements.

Dès que l'on a une idée des principales distinctions qui reviennent de façon significative chez notre interlocuteur, cela nous permet de prévoir dans une large mesure comment il réagit dans des contextes spécifiques et donc comment nous devons agir en fonction de cette information. Les métaprogrammes nous aident essentiellement à fixer certaines observations dans notre esprit, c'est une façon de classer les informations que nous percevons, mais aussi une façon d'observer les autres. Nous ne sommes pas toujours conscients du fait que nous nous dévoilons beaucoup plus que nous le croyons au cours de nos relations, dès l'instant où nous sommes en interaction, nous présentons de multiples aspects de nous-mêmes accessibles à tous ceux qui se donnent la peine d'être simplement attentifs.

Ce que nous appelons le questionnement d'objectif, c'est un ensemble de territoires que nous cherchons à mettre en lumière parce qu'ils affectent l'objectif de la personne. Si nous admettons l'existence d'un objectif, cela suppose une démarche pour l'atteindre, donc une dynamique de passage d'un contexte à un autre, en PNL, nous les appelons état présent et état désiré. Dans *Comprendre la PNL*, nous avions présenté un ensemble de questions destinées à éclaircir l'objectif de notre interlocuteur, cette fois nous allons développer ce modèle pour atteindre plus de précision.

Nous définissons dans la recherche d'un objectif quatre niveaux, quatre territoires différents que nous nous proposons d'explorer : le contexte, les conditions de vérification, les conditions de réalisabilité, les conséquences.

1. Le contexte

— Que veut notre interlocuteur ?

Nous cherchons à connaître la nature et la situation de l'objectif, par rapport aux questions suivantes :

Quoi ? qui ? quand ? et où ? et par rapport aux différentes orientations du traitement de l'information.

Nous allons chercher à savoir comment la personne traite l'information.

Exemple :

— Qu'est-ce qui vous amène ?

— J'ai eu vos coordonnées par une collègue de travail qui m'a dit que vous pouviez m'aider...

— Que puis-je pour vous ?

— Voilà, j'ai été victime d'une escroquerie et je voudrais porter plainte contre les personnes qui m'ont volé.

La première question est ouverte, pauvre en contenu et moins sèche que ce « que voulez-vous ? » traditionnellement enseigné par la PNL, mais qui ne s'utilise pour ainsi dire jamais en situation réelle.

La personne dans sa réponse montre une orientation *personnes*, et la question qui vient en retour utilise également cette orientation ; noter la différence entre ces différentes formulations :

— Que puis-je pour vous ? (*personnes*)

— Que puis-je faire pour vous ? (*action*)

— En quoi puis-je vous aider ? (*information*)

— Qu'attendez-vous de mon aide ? (*choses*).

Ensuite, nous allons construire le contexte de l'objectif en cherchant à connaître les circonstances :

— **Quand** ? : cette question recouvre tout ce qui concerne les circonstances temporelles de l'objectif telles que les vit la personne concernée ; cette question peut faire apparaître des relations de cause à effet dans le temps ; si c'est le cas, nous pouvons les garder en mémoire pour les explorer un peu plus loin en même temps que les autres liens de causalité.

— **Où** ? : cette question n'est pas forcément pertinente mais il peut exister une importance du lieu qu'il serait alors regrettable de passer sous silence dans, par exemple, des cas de comportements non désirés se produisant de façon sélective à certains endroits (« Chaque fois que j'entre dans son bureau, il a l'air furieux, il faut pourtant bien que je lui fasse signer son courrier ! »).

— **Qui** ? : c'est-à-dire, qui est concerné ? En effet, il est important que la personne désire son objectif en premier lieu pour elle-même si l'on veut que le résultat obtenu soit efficace et durable. Quelqu'un qui voudrait par exemple cesser de fumer parce que son père l'exige a beaucoup de chances de ne pas y parvenir.

— **Quoi** ? : cette question prépare la suite de la stratégie en ce qu'elle concerne les équivalences complexes de l'objectif ; comme pour les autres points évoqués dans le contexte, nous cherchons en effet à obtenir une information précise, détaillée, formulée de façon concrète avec des termes à base sensorielle et surtout sur un mode positif.

2. Conditions de vérification

Nous savons qu'un objectif doit être précis pour pouvoir être atteint, la précision donnant souvent les moyens à mettre en œuvre pour parvenir au but. Pour cela, il nous faut connaître les équivalences complexes de l'objectif, c'est-à-dire trouver une réponse aux interrogations suivantes :

— Que représente cet objectif pour la personne ?

— Comment saura-t-elle qu'elle l'a atteint ? De quelles preuves a-t-elle besoin pour vérifier qu'elle y est parvenue ?

Nous allons vérifier la représentation de l'objectif au niveau de :

— l'état intérieur,

— des processus internes,

— du comportement extérieur.

Ces éléments de vérification constituent les moyens d'illustrer les équivalences complexes que la personne utilise :

Exemple :

— Je veux obtenir mon indépendance le plus tôt possible.

— Comment voyez-vous cela concrètement ?

— Pas de contraintes autres que celles que je choisis de m'imposer !

— C'est-à-dire ?

— Je vais continuer à respecter les mêmes horaires que par le passé, mais je pourrai faire disparaître leur sigle des documents de travail et repeindre les locaux autrement.

Dans cet exemple, la personne répond en termes de comportement extérieur, de preuves visibles, ce qui était fortement suggéré dans la question : « Comment voyez-vous cela concrètement ? » ; d'autres questions font surgir des réponses plutôt orientées vers l'état intérieur ou les processus internes.

— Quel sera alors votre sentiment ?

— Qu'est-ce que cela vous fera éprouver quand vous atteindrez votre but ?

— Que vous direz-vous en atteignant votre but ?

Plus la personne arrive à construire une représentation vivante, claire et précise de ce qu'elle veut et plus elle se donne de chances d'y arriver ; cela ne suffit pas car il est toujours possible de construire des rêves dans lesquels on se complaît mais qui ne sont pas réalisables ; cette condition sera vérifiée un peu plus loin. En termes de métaprogrammes, il est intéressant à ce niveau de détecter comment les systèmes de représentation sensorielle sont mis en jeu pour l'entrée des données, le système conducteur et le système de référence.

Au cours de l'étape de vérification de la représentation de l'objectif, nous travaillons dans un cadre construit situé dans le futur et il faut s'en souvenir pour savoir que l'exploration des possibles est une clé de la créativité mais qu'il est hasardeux de se conduire *comme si* ce futur était dans le présent [1].

Les conséquences pratiques de cela se matérialisent dans l'emploi alterné du futur et du conditionnel. Une personne qui manque de confiance en elle a besoin que celui à qui elle se confie croie en ses possibilités d'atteindre le but choisi ; il lui permet d'accéder plus facilement à un état intérieur de confiance s'il utilise le futur pour parler de ce qu'elle veut obtenir à la place du conditionnel qui met comme son nom l'indique l'accent sur la probabilité de l'événement.

Exemple : Comparez les deux affirmations suivantes :

— Imaginez ce que vous verrez autour de vous quand vous atteindrez votre objectif.

— Imaginez ce que vous verriez autour de vous si vous atteigniez votre objectif.

La première donne un ton de réalité, l'objectif paraît proche, ce n'est qu'une question de temps, la seconde, en revanche, introduit un doute et n'exclut pas en effet la possibilité de ne pas atteindre l'objectif.

En posant les questions destinées à vérifier la représentation de l'objectif, il est donc très important d'être sensible à l'état émotionnel de la personne et de se servir du futur ou du conditionnel avec discernement.

3. Condition de réalisabilité

Pour qu'un objectif soit valable, il doit être réalisable mais pas seulement dans le cadre du futur et dans sa représentation mentale, encore faut-il déterminer quels sont les éléments pouvant participer à la réussite du projet. La troisième étape consiste donc à vérifier cette condition, et nous y parvenons en essayant de déterminer les relations de cause à effet sous-jacentes à l'objectif.

Notre recherche se situe dans le territoire de l'interrogation :

— De quoi (de qui) dépend l'objectif ?

En d'autres termes, nous cherchons à savoir si la personne est seule responsable de l'objectif à atteindre ou bien s'il existe d'autres facteurs déterminants mais qu'elle ne contrôle pas. Un cas typique, c'est celui d'une demande formulée ainsi :

— J'ai déjà essayé de suivre un régime, mais il n'y a rien à faire, je n'y

1. Revoir pour exemple au chapitre précédent les relations de cause à effet futur-futur.

arrive pas, pourtant je voudrais tellement maigrir pour être comme les autres.

— A votre avis, qu'est-ce qui vous arrête alors ?

— Je ne sais pas moi, quand je déjeune avec mes collègues, cela me force à manger plus que je ne voudrais.

— Quand vous êtes seul, vous mangez autrement ?

La personne expose un objectif et une difficulté à l'atteindre, la première question a pour but de mettre en évidence la difficulté, c'est-à-dire ce qui paraît ne pas dépendre de la personne, un facteur étranger qui s'interpose et l'empêche de parvenir à son but. La personne fournit un exemple de facteur pouvant la gêner, il est exprimé sous une forme de relation de cause à effet *présent-présent*. En toute logique PNL, la seconde question vise à vérifier ce lien de causalité, s'il se révèle exact (la personne confirme), il faut alors étudier les responsabilités respectives ; s'il se révèle inexact, on revient à l'étape précédente et on cherche une autre relation de cause à effet responsable de la non-atteinte de l'objectif ou bien on remet en cause le caractère réalisable de celui-ci.

Pour vérifier la validité d'une relation de cause à effet, on procède de la façon suivante :

Exemple : Je voudrais bien partir en vacances mais je n'ai pas de voiture.
— Si vous aviez une voiture, vous partiriez en vacances ?
— Vous est-il déjà arrivé de partir en vacances sans voiture ?

Dans la première question, on examine la validité de la cause, en la mettant au négatif, ce qui revient à l'annuler et on vérifie si elle produit encore le même résultat. Dans la seconde question, on s'attache à l'effet et on cherche à savoir si l'effet s'est déjà produit avec une autre cause.

C'est là une technique efficace pour produire des contre-exemples, ce qui peut être intéressant à faire lorsqu'on ne dispose pas spontanément de cette distinction dans son métaprogramme.

Un dernier point reste à évoquer pour l'étape de vérification de la réalisabilité, il concerne précisément la mise en évidence des relations de cause à effet. Dans bien des cas, nous devons faire appel à notre intuition pour les faire surgir car non seulement elles n'apparaissent pas d'emblée, mais se trouvent souvent exprimées de façon peu claire. Une manière typique cependant peut être signalée : la personne exprime un souhait en se servant généralement d'un opérateur modal au conditionnel (tel que : il faudrait, on devrait, je voudrais, il pourrait), puis laisse sa phrase inachevée ; les personnes dont l'entrée des données est surtout auditive entendent un « mais » qui n'est cependant pas prononcé. En le suggérant, cela permet à la personne d'exprimer ce qui l'empêche d'atteindre son but et qu'elle n'a pas dit initialement.

Exemple :

— Je pourrais certainement lui consacrer plus d'attention...

— ... mais...

— Dès qu'il me voit, il commence à se plaindre.

Exemple :

— Les possibilités de ce matériel me semblent prometteuses...

— ... mais...

— Je crains qu'il ne soit trop fragile pour l'usage que je demande.

Cette façon de relever les relations de cause à effet résulte d'une observation attentive de l'interlocuteur, cette observation doit à l'évidence ne pas se contenter du contenu du discours, mais englober l'ensemble du comportement, et surtout mettre l'accent sur la manière dont la personne ponctue ce qu'elle dit avec les éléments analogiques de sa communication.

Cette étape nous a permis de connaître les responsabilités de la personne et les relations de cause à effet inhérentes à l'atteinte de son objectif ; pour terminer, nous allons envisager l'écologie de cet objectif.

4. Les conséquences

On évoque l'écologie de l'objectif car, cette fois, on élargit le cadre de notre recherche afin de savoir en quoi le fait d'atteindre son objectif va modifier l'environnement de la personne. Ce que nous voulons mettre en évidence avant de nous engager vers les moyens d'atteindre l'objectif, ce sont les éventuels conflits d'intérêt qui s'y rattachent.

D'autre part, nous nous intéressons également lors de cette étape à la valeur subjective de l'objectif, c'est-à-dire à tous les éléments qui concourent à ce que la personne puisse avoir la certitude de poursuivre un but qui en vaut vraiment la peine. Les interrogations qui vont alors guider notre recherche peuvent se résumer ainsi :

— Que se passera-t-il si la personne atteint son objectif ?

— En quoi cela va-t-il modifier son environnement ?

— Quelqu'un d'autre peut-il en souffrir, en bénéficier ?

— Qu'est-ce que cette personne va gagner en atteignant son objectif ?

— Qu'est-ce qu'elle va perdre en atteignant son objectif ?

Cette démarche correspond en termes de métaprogrammes à un élargissement de la dimension du fractionnement et à la mise en place d'une relation de cause à effet entre le présent et le futur, ainsi qu'à l'intérieur même du futur.

— Si vous atteignez votre objectif, en quoi cela va-t-il affecter votre avenir ?

— Quelles seront les conséquences de votre démarche actuelle, pour vous, pour ceux qui vous entourent ?

Nous essayons de situer la personne dans un cadre plus vaste que sa dimension personnelle afin de réaliser une vérification des possibles conséquences. Cela constitue une étape indispensable à réaliser avant de mettre en œuvre une action spécifique pour atteindre l'objectif ; en effet, si ce dernier a des conséquences non désirées sur l'entourage de la personne, cela modifie considérablement sa valeur.

— Voudrez-vous encore atteindre cet objectif si vous savez que cela va provoquer quelque chose de désagréable pour quelqu'un ? Quand on prend une décision, cela implique qu'il existe au moins un choix que nous ne faisons pas, certains disent que nous abandonnons quelque chose au profit d'autre chose. En d'autres termes, nous pouvons dire aussi qu'une décision entraîne d'une part un gain : les conséquences que l'on peut obtenir, d'autre part une perte : les conséquences négatives que l'on ne peut éviter. Un choix est équilibré, écologique lorsque le gain possède plus de valeur que la perte. Par exemple, quelqu'un qui choisit de changer de travail s'engage dans cette démarche parce qu'il pense y gagner quelque chose de supérieur en valeur à ce qu'il perd inévitablement en entreprenant cette action. Un objectif nécessite donc la mise en œuvre d'une évaluation de ses conséquences en termes de gains et de pertes pour la personne elle-même, mais aussi pour son environnement.

— Si vous parvenez à vaincre votre timidité, qu'allez-vous perdre ?

— Je ne comprends pas.

— Qu'est-ce que votre timidité vous apporte de positif ?

— Hum... Je pense que dans certaines situations, les gens qui voient que je suis timide se montrent plus gentils avec moi à cause de cela.

— Cela pourrait-il changer si vous appreniez à avoir confiance en vous ?

— Oui, je n'aurais pas de traitement de faveur, enfin, si on peut appeler cela ainsi !

— Alors, cela en vaut-il toujours la peine ?

— Certainement.

Cet extrait d'entretien montre comment on essaie de mettre en évidence les éventuels avantages secondaires de la difficulté que la personne expose. Nous avons souligné au début de ce point qu'un objectif impliquait une démarche allant d'un état présent non désiré à un état futur souhaité : l'objectif en question. Il s'agit de savoir s'il existe quelque chose dans cet état présent que la personne souhaite conserver dans l'état futur, et notre questionnement doit être construit en fonction de cela.

Quand un objectif n'est pas suffisamment précis et que ses conséquences n'ont pas été étudiées, cela amène souvent des résistances, des objections se manifestant de façon typique dans les remarques telles que :

— J'ai suivi vos conseils scrupuleusement, mais cela n'a pas marché !

Il arrive même parfois que la personne annonce cela avec un malin plaisir, en fait, à ce type de réflexion il s'agit de comprendre que l'objectif réel de la personne n'est pas de vous demander conseil, ce n'est qu'un prétexte et son but véritable est tout autre. Selon les contextes, il vous appartient de l'aider à le connaître ou de continuer à jouer le même jeu.

Pour conclure, nous insistons sur l'importance de cerner l'objectif de nos interlocuteurs mais aussi les nôtres, c'est une façon de mieux nous connaître et de communiquer de façon efficace qui nous fournit les moyens d'obtenir ce que l'on veut et de donner aux autres ce qu'ils attendent de l'interaction. Un objectif bien déterminé représente une base de départ pour des interrogations plus précises telles que nous allons les étudier à présent.

Exercice 18. Questionnement d'objectif et métaprogrammes, phase 1 : déterminer l'état présent. Trois personnes, un sujet, un acteur et un témoin, à tour de rôle, temps limité à trente minutes par sujet.

L'acteur pose au sujet les questions suivantes :

— 1) Existe-t-il actuellement quelque chose dans votre vie que vous voudriez changer ?

— 2) De quoi s'agit-il ? (Contexte.)

— 3) Comment cela se manifeste-t-il ? (Vérification, équivalences complexes.)

— 4) Qu'est-ce qui détermine cet état de choses ? (Réalisabilité, responsabilités.)

— 5) Quelles en sont les conséquences ? (Conséquences, écologie.)

Le sujet répond le plus spontanément possible.

Le témoin note les distinctions des métaprogrammes utilisées par le sujet.

L'acteur et le témoin font ensemble le bilan des informations recueillies (contexte, vérification, réalisabilité, conséquences, distinctions métaprogrammes impliquées). L'acteur et le témoin rendent compte au sujet de leur analyse de la situation exprimée, ce dernier doit les aider à mieux comprendre s'ils ont fait des erreurs.

Exemple :

— Existe-t-il quelque chose dans votre vie que vous aimeriez changer ?

— Hum... je manque de patience, je ne sais pas attendre.

— Cela se manifeste comment ? Donnez-moi un exemple.

— J'ai tendance à harceler mes collaborateurs quand ils n'arrivent pas à faire ce que je demande en temps utile.

Dès la première réponse, le sujet indique une difficulté à propos du temps, il précise ensuite que cela se manifeste dans ses relations avec les autres. Il traite l'information avec une orientation *personne* et *action*, la répartition est *soi* ; nous avons également des éléments dans la dernière affirmation qui nous incitent à penser qu'il se sert d'un index de référence *déplacé*, il applique ses critères de temps aux autres.

Cependant, ce comportement ne le satisfait pas puisqu'il le cite pour vouloir le changer ; dans la suite du questionnement, il pourrait être utile entre autres de chercher des comparaisons *soi/autres*, et de faire préciser la nature des liens de cause à effet dans le temps.

Exercice 18. Phase 2 : L'état désiré avec si possible les mêmes personnes et les mêmes consignes de temps.

Cette fois, l'état présent est clairement défini et le rôle de l'acteur consiste avec l'aide du témoin à déterminer l'état désiré. Pour poser les questions, il doit s'aider des informations recueillies (critères et métaprogrammes) ; voici quelques questions type :

— 1) Vous venez d'exprimer un souhait de changement, pouvez-vous préciser en quel sens ? (Contexte.)

— 2) J'aimerais que vous me décriviez un exemple de manifestation de ce changement. (Vérification, équivalences complexes.)

— 3) Qu'est-ce qui en détermine la réalisation ? (Réalisabilité, responsabilités.)

— 4) Si ce changement se produisait, quelles en seraient les conséquences pour vous, pour les autres, à court terme, à long terme ? (Conséquences, écologie.)

Bien entendu, ces questions ne sont proposées qu'à titre indicatif, elles se veulent précises mais pauvres en contenu de façon à ce qu'il soit aisé d'en garder la direction générale pour l'adapter à un contenu plus spécifique. Parfois, il est nécessaire de poser plusieurs questions pour recueillir les informations concernant l'un des points que l'on cherche à élucider.

— L'acteur pose les questions et, avec l'aide du témoin, prend note des critères et des distinctions des métaprogrammes utilisées par le sujet.

— L'acteur et le témoin font la synthèse de ce qu'ils ont appris et proposent au sujet leur compréhension de son objectif ; le sujet doit alors les éclairer s'ils ont omis quelque chose ou fait fausse route.

Exemple : Nous reprenons l'exemple précédent (exercice 18 phase 1).

— Vous avez exprimé un souhait de changement, pouvez-vous préciser en quel sens ?

— Oui, je voudrais arriver à garder mon calme pour ne plus harceler mes collaborateurs. Cela ne favorise pas l'efficacité !

— Si vous arriviez à garder votre calme, quelle serait alors votre attitude ?

— Au lieu de m'énerver, je poserais des questions pour savoir pourquoi ils sont en retard, j'essaierais de comprendre ce qui s'est passé, et cela nous permettrait de penser à des solutions.

La personne exprime son objectif en conservant le même traitement de l'information que précédemment ; ce qui change de façon flagrante, en revanche, c'est l'organisation de l'index de référence qui devient simultanée. Il existe aussi très probablement dans la description de l'état désiré, l'objectif, une réponse témoin du processus alors qu'il y avait une réponse associée dans celle de l'état présent.

Le but de ces exercices est de faire apprendre à poser des questions appropriées au sujet, d'une part et d'autre part d'apprendre à séparer l'état présent et l'état désiré. Ce n'est bien sûr possible que théoriquement parce que, dans la pratique, nous vivons dans un enchevêtrement complexe de relations de cause à effet dans le temps. Néanmoins, ce sont des étapes indispensables à réaliser avant de déterminer ce dont la personne a besoin pour arriver à atteindre ce qu'elle désire : la ou les ressources.

Nous reviendrons sur cela en détail dans le chapitre suivant.

Exercice 19 : Comportements et métaprogrammes, deux groupes de deux personnes.

— Chaque groupe de deux personnes imagine un personnage avec son métaprogramme d'une part et d'autre part un contexte.

— Chaque groupe échange son personnage et détermine le comportement de celui-ci dans le contexte qu'il a imaginé.

— Les deux groupes font se *rencontrer* leurs personnages.

Dans l'observation pratique, nous établissons le métaprogramme d'une personne à partir de son comportement ; cette fois, nous procédons en sens inverse. Cet exercice a un but évident : la créativité ; il permet également de se servir des métaprogrammes de façon pratique en actualisant le lien entre une distinction et le comportement qu'elle peut entraîner.

C. QUESTIONNEMENT ET CRITÈRES

Au début de ce chapitre, nous avons montré que nos questions contenaient à différents degrés nos présuppositions selon que nous utilisons des questions fermées, à choix illusoire, ouvertes ou encore des redéfinitions. Lorsque nous effectuons une reformulation, nous ne projetons que peu de nos critères puisque nous ne changeons pas les mots utilisés par la personne, cependant, notre influence se marque dans le choix de ce que nous décidons de reformuler et, bien entendu, dans notre langage non verbal appelé également *marquage analogique* lorsqu'il s'agit très précisément des éléments analogiques qui accompagnent le contenu du discours.

Le fait que la formulation des questions détermine en partie les réponses se fonde sur les mêmes observations que celles qui ont conduit à mettre en évidence les phénomènes de mimétisme comportemental présents dans l'interaction, appelés aussi *rapports* dans le jargon de la PNL. Nous avons tous plus ou moins tendance à nous adapter à nos interlocuteurs en les reflétant à la fois par notre comportement non verbal et notre langage, cependant, nos différences se font jour et c'est précisément l'objet de notre étude que de les décrire avec précision.

Maintenant, nous allons présenter un ensemble de questions en montrant quels critères et quelles distinctions des métaprogrammes elles contiennent, mais surtout quelles réponses elles entendent faire apparaître ; ces questions sont destinées à dévoiler les critères de la personne à qui elles sont posées. Le choix des mots qui composent la question détermine plus ou moins la réponse qu'elle suscite. Nous incitons le lecteur à étudier ces questions en se demandant quels autres termes il utiliserait pour les mêmes attentes, compte tenu de ses propres critères, ceci dans le but de reconnaître ce qui caractérise son métaprogramme dans ce contexte et, d'une façon plus générale, les distinctions qu'il applique à la majorité des situations. Par exemple, si une personne possède une forte orientation *action*, elle a tendance à *traduire* en termes d'action ce qui a davantage trait à l'information ou aux personnes, ce qui se manifeste de façon caractéristique dans des questions telles que : « Qu'avez-vous fait alors ? » qui dirigent différemment la réponse d'une interrogation comme : « Que s'est-il passé alors ? »

Nous allons envisager d'abord des questions d'ordre général, ensuite des contextes plus spécifiques.

1. Questions d'ordre général

1) Qu'est-ce qui fait que la PNL vaille la peine qu'on l'étudie ?

En posant cette question, nous présupposons que certaines personnes étudient la PNL et qu'elles y trouvent un intérêt. En termes de métaprogrammes, nous trouvons :

— un traitement de l'information orienté vers l'information ;

— des réponses comportementales caractérisées par un fractionnement large ; on s'attend en toute logique à une réponse globale car la question est très générale.

Cette question appelle une évaluation qualitative qui peut prendre la forme d'une comparaison.

2) Dans quel domaine pouvez-vous avoir une certitude ?

Dans cette question, nous présupposons essentiellement que la personne est capable d'avoir des certitudes, d'une part, d'autre part dans certains domaines seulement.

En termes de métaprogrammes, ce qui est intéressant de noter c'est l'utilisation de l'opérateur modal *pouvoir*, qui présuppose que la personne qui peut avoir une certitude possède en même temps des moyens pour la prouver.

Cette question est destinée à faire apparaître les critères les plus stables de la personne, ceux qu'elle ne souhaite pas remettre en cause et qui se caractérisent par une distinction *temps immobile.*

3) Citez quelque chose de bien que vous ne possédez pas et que vous ne voulez surtout pas posséder.

Cette fois, il s'agit plutôt d'une suggestion qui conduit la personne à s'interroger, mais la phrase ne se présente pas comme une question car il était difficile de garder une question ouverte avec ce contenu.

Le but de cette suggestion est de découvrir ce qui peut susciter une réponse comportementale d'éloignement chez la personne, et ce qui peut l'amener à séparer ses critères de ceux des autres, c'est-à-dire l'amener en indexation simultanée.

Il y a une opposition entre le début de la proposition et la fin, la personne peut être tentée de chercher « quelque chose de bien » comme faisant partie de ce qu'elle aimerait posséder ; si la personne accepte la proposition, elle doit se dissocier en portant un jugement de valeur positif au sujet de quelque chose et en estimant que cela ne lui convient pas. Cette suggestion fait également surgir une facilité ou une difficulté de réponse témoin (métaposition).

4) Quels changements avez-vous vécus ?

Cette question oriente d'emblée la personne vers le passé, elle présuppose qu'elle a vécu des changements dans sa vie sans pour autant préciser dans quel (s) domaine (s). La question peut amener une grande variété de réponses, cependant, il est intéressant de remarquer les points suivants :

— le sujet fait-il ou non aisément référence au passé ?

— le sujet établit-il ou non aisément des relations de cause à effet à partir d'événements passés ?

Cette question représente souvent le point de départ d'une serie destinée à élucider les équivalences complexes de « changements », la dimension du fractionnement et les autres distinctions des métaprogrammes pertinentes dans ce contexte.

5) Pour vous, qu'est-ce qu'une véritable réussite ? (Un véritable échec ?)
Cette question présuppose que la personne utilise dans son modèle du monde des critères ayant pour noms « réussite » ou « échec » fondés sur des équivalences complexes et des expériences spécifiques.

Ce qui nous intéresse en posant cette question, c'est d'observer où la personne va chercher la réponse, quelles références utilise-t-elle et quelles sont les équivalences complexes qui surgissent.

6) Que cherchez-vous dans vos relations avec les autres ?
Cette question recèle un contenu relativement riche en termes de méta-programmes ; en premier lieu, nous remarquons l'orientation *personnes*. En second lieu, les réponses comportementales attendues présupposent une attitude de rapprochement ou d'éloignement (la personne se rapproche-t-elle de quelque chose dans ses relations avec les autres ou bien cherche-t-elle au contraire à s'éloigner de quelque chose ?), enfin l'organisation de l'index de référence *simultané* est également présente.

En posant cette question, nous attendons une réponse qui nous apporte des précisions à propos de la façon dont la personne utilise ces distinctions dans son métaprogramme.

7) Qu'est-ce qui en vaut vraiment la peine dans la vie ?
Cette question est très lourde sur le plan de la signification si la personne accepte d'y répondre car elle nous renseigne sur ses croyances majeures. Dans ce cas, notre propos se limite à observer très attentivement la réponse tant au niveau du contenu qu'à celui du marquage analogique. La question étant très générale, elle oriente la personne vers un fractionnement large ainsi qu'une réponse témoin, mais ces deux distinctions n'apparaissent que si elle les possède dans son métaprogramme ; dans le cas contraire, il est intéressant de remarquer comment elle *traduit* ou quels autres éléments des métaprogrammes elle utilise à la place.

2. Questions dans un contexte spécifique

Maintenant, nous présentons une série de questions dont certaines ont déjà été évoquées dans ce chapitre ; elles concernent une situation où la personne s'est engagée dans une démarche pour atteindre un but. Ces questions sont destinées à faire surgir de façon sélective certaines distinctions des métaprogrammes qu'elles contiennent et que nous indiquons après chacune d'elle.

1) Qu'est-ce qui vous importe dans cette situation ?
— hiérarchie de critères.

2) Comment saurez-vous que vous avez réussi ?
— équivalences complexes, conditions de vérification.
3) Comment pensez-vous pouvoir atteindre votre objectif ?
— action.
4) Où pensez-vous l'atteindre ?
— lieu.
5) D'où vient votre motivation ?
— références dans la catégorie des opérateurs.
6) Qu'est-ce qui compte dans cette situation ?
— cette question recoupe la première, en étant plus générale, on cherche à connaître la dimension du fractionnement et bien sûr les critères.
7) Pour quelles (s) personne (s) est-ce important ?
— *personnes,* répartition *soi/autre,* organisation de l'index de référence.
8) Avez-vous besoin des autres ?
— *personnes,* répartition *soi/autres,* organisation de l'index de référence.
9) Comment pouvez-vous me décrire cela?
— systèmes de représentation sensorielle.
10) Que se passera-t-il concrètement quand vous aurez atteint votre objectif ?
— systèmes de représentation sensorielle, conditions de réalisabilité.
11) Y a-t-il quelqu'un qui puisse vous aider ?
— *personnes,* répartition *soi/autres,* organisation de l'index de référence, passif/actif, référence extérieure/intérieure.
12) A qui vous référez-vous pour affirmer que c'est important ?
— *personnes, référence extérieure/intérieure.*
13) De quelles informations avez-vous besoin pour y arriver ?
— *information, référence extérieure/intérieure.*
14) Pourquoi est-ce important de vouloir cela ?
— *information,* opérateurs modaux utilisés pour la motivation.
15) Qui vous permettra de savoir que vous avez réussi ?
— *référence extérieure/intérieure.*
16) Que mettez-vous en œuvre pour obtenir cela ?
— *action,* témoin ou associé au processus, *actif/passif.*
17) Quels événements extérieurs pourraient-ils concourir à votre réussite ?
— *information, choses,* conditions de réalisabilité de l'objectif, témoin ou associé au processus extérieure.
18) Que s'est-il produit dans le passé qui affecte aujourd'hui la situation ?
— référence *passé* et relation de cause à effet *passé-présent.*
19) Que se passe-t-il aujourd'hui qui déterminera la situation de demain ?
— référence *présent* et relation de cause à effet *présent-futur.*
20) Avez-vous toujours voulu cela ?
— référence *passé* et temps immobile appliquée aux critères.

21) Par quoi allez-vous commencer ?
— la personne établit-elle ou non des priorités ? Comparaisons.
22) Que se passera-t-il ensuite ?
— *information,* la personne établit-elle ou non des priorités ? Comparaisons.
23) Et pour finir ?
— *information,* la personne établit-elle ou non des priorités ? Comparaisons.
24) Vous inspirez-vous de quelque chose qui s'est déjà passé ?
— référence *passé*, comparaisons.
25) Qu'y a-t-il de nouveau par rapport à cela ?
— réponses *en désaccord* avec comparaisons.
26) A quoi vous opposez-vous catégoriquement dans cette situation ?
— réponses *en désaccord* avec polarité.
27) Quelle est la signification globale de tout cela ?
— réponse témoin du processus (métaposition).
28) De ces deux possibilités, laquelle est la meilleure ?
— comparaisons.
29) Dans cette situation, à qui prêtez-vous attention ? Etes-vous votre juge le plus fiable ?
— organisation de l'index de référence *centré sur soi, référence intérieure.*
30) Comment quelqu'un d'autre pourrait-il influencer vos choix ?
— systèmes de représentation sensorielle conducteur, *référence extérieure,* organisation de l'index de référence *permuté* ou *simultané.*
31) Si vous étiez à sa place que penseriez-vous ?
— organisation de l'index de référence *déplacé*, réponse témoin du processus (métaposition).
32) Dans cette situation, est-il important de tenir compte des autres personnes ? si oui, comment le faites-vous ?
— *personnes,* répartition *soi/autres*, organisation de l'index de référence *simultané* et équivalences complexes des conditions de vérification.

Ces questions peuvent s'adapter à de nombreux contextes en leur donnant plus de contenu ; en outre, nous incitons le lecteur à chercher d'autres façons de les exprimer et d'explorer les différences entre ces dernières et les suggestions que nous offrons ici. Dans beaucoup de cas, il apparaît nécessaire de proposer à notre interlocuteur plusieurs formulations pour la même interrogation, afin de trouver celle qui convient à ses critères. Maintenant, nous allons présenter d'autres questions qui reprennent et recoupent certaines que nous avons déjà évoquées mais qui constituent un ensemble destiné d'une part à connaître l'objectif de la personne, d'autre part ses motivations.

3. Questionnaire : objectifs et motivations

Ce questionnaire a été utilisé essentiellement pour le recrutement et cela de plusieurs manières ; d'une part, tel quel avec seulement les modifications contextuelles (poste concerné) qui s'imposaient ; d'autre part, proposé en guise d'exercice, les participants devant alors sélectionner les questions qui leur semblaient utiles. L'exploitation de l'exercice (pratiqué par des responsables d'équipes de vente) a conduit à remarquer que les personnes choisissent typiquement les questions auxquelles elles peuvent répondre en fonction des distinctions des métaprogrammes qu'elles possèdent et de leurs propres critères de sélection.

Nous proposons au lecteur d'aborder cette liste comme une synthèse et de s'interroger sur les questions qu'il ne poserait certainement pas afin d'en déterminer les caractéristiques en termes de métaprogrammes.

Lorsque nous avons posé ces questions lors d'un entretien, nous en avons adapté certaines, par exemple : à la place de la question n°5, nous avons souvent préféré : « Si vous obtenez le poste que nous cherchons à pourvoir, qu'est-ce qui va changer pour vous ?... et pour les autres ? »

1) Quel est votre objectif ?

2) Comment saurez-vous que vous l'avez atteint ?

3) Quelles en seront les preuves pour un tiers ?

4) Qu'est-ce qui vous empêche de l'atteindre ?

5) Que se passera-t-il quand vous l'aurez ?

6) Quand voulez-vous l'atteindre ?

7) Qu'est-ce qui existe dans votre activité d'aujourd'hui que vous souhaitez conserver dans votre activité de demain ?

8) Qu'est ce qui existe dans votre activité d'aujourd'hui que vous ne souhaitez pas conserver dans votre activité de demain ?

9) Qu'attendez-vous de votre future activité en termes de différence avec ce que vous faites aujourd'hui ?

10) Quelle a été jusqu'à présent votre meilleure expérience professionnelle ?

11) Pouvez-vous me citer un exemple que vous considérez comme une véritable réussite ?

12) Pouvez-vous me citer un exemple que vous considérez comme un véritable échec ?

13) Qu'est-ce qui fait que cette démarche vaille la peine d'être entreprise ?

14) Que pensez-vous en obtenir ?

15) Que pourriez-vous perdre en atteignant votre objectif ?

16) Qu'est-ce qui pourrait vous faire changer d'objectif ?

17) Qu'est-ce qui pourrait augmenter votre motivation ?

18) Comment avez-vous décidé d'entreprendre cette démarche ?

19) Qu'est-ce qui fait que vous vous sentiez engagé dans cette démarche ?
20) Qu'est-ce qui vous incite à continuer ?
21) Qu'est-ce qui pourrait vous inciter à continuer ?
22) Comment savez-vous que vous devez agir ?
23) Qu'est-ce qui pourrait vous en empêcher ?
24) Comment envisagez-vous votre futur dans cinq ans ?
25) Que faites-vous aujourd'hui pour préparer votre futur ?
26) Qu'avez-vous fait dans le passé qui explique ce que vous faites aujourd'hui ?
27) Existe-t-il quelque chose que vous continuez à faire actuellement bien que cela ne vous corresponde plus ?
28) Faites-vous quelque chose actuellement qui peut influencer votre avenir d'une façon que vous ne souhaitez pas ?
29) Existe-t-il quelque chose que vous voulez faire mais que vous ne faites pas à cause de ce qui est arrivé dans le passé quand vous l'aviez fait ?
30) Pouvez-vous en une phrase résumer le but qui conduit vos actions actuelles ?

Pour conclure au sujet du questionnement, nous rappelons l'importance de la formulation qui nous donne accès au modèle du monde de notre interlocuteur. En employant les mots justes par rapport à ses critères, nous suscitons l'apparition d'une information de qualité.

Une information de qualité se caractérise par le fait qu'elle nous apprend réellement quelque chose dont nous avons besoin pour atteindre notre objectif dans l'interaction. Nous devons utiliser autant que faire se peut des questions ouvertes, pauvres en contenu, destinées ainsi à laisser s'exprimer la personne si nous voulons obtenir une information de qualité.

Enfin, il est utile de savoir se dégager du contenu pour accéder à la forme empruntée par la personne que nous questionnons ; en effet, en détectant les points de repère que représentent les distinctions des métaprogrammes, cela permet de prévoir dans les grandes lignes les comportements de cet individu dans d'autres contextes et avec d'autres contenus. Par exemple, dans le cas où l'observation nous a amenés à constater que ce qui apparaît de façon quasi permanente c'est une organisation de l'index de référence *centré sur soi*, nous n'avons pas besoin que la personne nous explique comment elle se conduit dans une situation spécifique car il y a de fortes probabilités pour qu'elle y applique son organisation de l'index de référence *centré sur soi* selon son habitude. En revanche, il est intéressant de chercher des contre-exemples, c'est-à-dire dans ce cas des situations dans lesquelles elle ne pourrait pas se conformer à son habitude, en s'interrogeant de la façon suivante : Quel autre critère pourrait-il soumettre ce dernier et prendre ainsi la priorité ?

L'exercice 19 dans lequel nous créons un personnage avec son métaprogramme nous aide à *prévoir* les comportements ; il nous faut cependant rester prudents car nous ne pourrons jamais établir de prévisions justes à 100 %, nous apprenons avec les techniques de la PNL à développer notre intuition, nous ne devenons pas pour autant d'infaillibles devins.

Quand nous posons une question, nous devons aussi avoir conscience que nous influençons la réponse, et un de nos objectifs consiste à reconnaître quels critères nous projetons dans cette action. Nous influençons essentiellement la réponse à nos questions en raison de l'interrogation initiale que nous transmettons, c'est-à-dire ce que nous cherchons à découvrir. Si nous filtrons les informations avec un critère *action*, nos questions s'orientent en ce sens ainsi que les réponses qu'elles suscitent.

Exercice 20 : Trois personnes, deux acteurs et un sujet.

— Le sujet parle de quelque chose qui l'intéresse.

— L'acteur 1, pendant cinq minutes, essaie d'en savoir davantage en redéfinissant ce que le sujet vient de dire, il essaie de comprendre ce qu'il veut dire et de trouver comment il aurait dit cela à sa place.

— L'acteur 2, pendant cinq minutes, essaie d'en savoir davantage en se contentant de reformuler mot pour mot la fin des phrases que prononce le sujet, il essaie de comprendre ce que ce dernier a voulu dire.

— Le sujet indique par lequel des deux acteurs il se sent le mieux écouté et le mieux compris.

D. ANALYSE D'ENTRETIENS

Dans cette dernière partie consacrée à l'application des métaprogrammes, nous allons présenter des extraits d'entretiens relevés dans la presse. Le travail de questionnement du journaliste et les réponses obtenues constituent des informations que nous rencontrons quotidiennement ; nous avons parfois l'impression que les personnages interrogés ne répondent pas aux questions qu'on leur pose et il est exact qu'ils le font souvent d'une manière très indirecte dont nous avons un aperçu quand nous étudions les techniques du menu d'influence. A ce sujet, nous pensons que, dans la plupart des cas, les personnages qui occupent le devant de la scène médiatique se servent de ces techniques à la manière du Monsieur Jourdain de Molière qui faisait de la prose sans le savoir ; ceux-ci appliquent les recettes du menu d'influence sans en être conscients et, en fait, n'exploitent que très partiellement les possibilités qu'il offre.

Au niveau des techniques avancées de la PNL où nous nous situons actuellement, nous voulons réfléchir sur la rencontre des critères qui se produit dans l'entretien. Cette rencontre s'effectue par l'échange question-réponse et toute l'interaction comportementale mise en jeu. Dans les extraits que nous proposons, il ne nous reste que les éléments digitaux de la communication, c'est-à-dire le langage ; c'est pourquoi, nous devons avoir sans cesse présente à l'esprit la certitude que notre analyse ne tient pas compte de tout ce que nous pourrions observer d'une interaction. A partir de nos découvertes, nous reconstruisons mentalement l'échange tel qu'il a pu se produire, il s'agit d'un travail dans le cadre du probable, non du réel.

Nous avons choisi pour illustrer notre propos deux extraits d'entretiens, l'un, politique, tiré de *L'Express,* l'autre, technique, issu de *La Recherche*. Ces choix ont été motivés par le souci de donner au lecteur des exemples caractéristiques tant au niveau des critères que des métaprogrammes et des stratégies, d'analyse du langage utilisé par les médias.

1. Entretien politique avec un homme politique

Pour commencer, voici l'extrait d'un entretien avec Edouard Balladur (actuellement ministre de l'Economie) paru dans *L'Express* du 30 avril au 7 mai 1987, page 20, sous le titre « Les Français sont écœurés des fausses promesses ».

— « *L'Express* : Comment réagissez-vous aux attaques qui, depuis quelques semaines, se développent contre vous dans les rangs mêmes de la majorité ?

— Edouard Balladur : Je ne crois pas que ces attaques soient bien vives, et, en tout cas, je n'en suis pas conscient. Je n'ai pas la prétention de penser que ce que je fais est toujours incontestable... »

La question témoigne d'une orientation *action* (comment réagissez-vous... ?), elle présuppose donc une réponse en ce sens. Par ailleurs, on note que le journaliste essaie de placer son interlocuteur dans une situation de défense (attaques, contre vous, dans les rangs mêmes), pour tenter de lui faire exprimer sa réaction. Les questions des journalistes sont volontiers agressives, elles suscitent généralement des réponses polarisées ou d'habiles échappatoires.

La réponse s'effectue en premier lieu par une acceptation de la question, on a une réponse *en accord* puis *en désaccord*, la démarche même du contre-exemple, qui reprend même le terme d'attaque ; cependant, l'orientation du traitement de l'information change, il ne s'agit plus d'action comme dans la question mais d'information (je ne crois pas que ces attaques soient bien vives) et de personnes (en tout cas... incontestable). La répartition est *soi*, et l'organisation de l'index de référence *centré sur soi* dans la première phase en *simultané* dans la seconde avec une réponse *témoin* du processus se manifestant par un commentaire à propos de son action.

Ce schéma représente le type même des distinctions des métaprogrammes utilisés par les personnages publics dans leurs entretiens ; nous trouvons un peu plus loin dans le même article le même type de question destinée à mettre l'interlocuteur mal à l'aise : « Vous aviez annoncé un retour rapide à la confiance et des résultats concrets avant 1988. Aujourd'hui, vous révisez vos objectifs à la baisse, n'êtes-vous pas en train de créer des déçus du chiraquisme ? » Cette question est suivie du même type de réponse, cette fois une autre distinction est appliquée, celle d'un fractionnement étroit (citation de chiffres). Puis on note le passage à un fractionnement large (situer les résultats dans un cadre plus vaste : « Nous ne sommes pas seuls au monde. »). Les techniques varient, mais la démarche est identique, il y a d'abord une acceptation de la question puis une contestation. Ce procédé peut se comparer à la stratégie défensive enseignée et mise en pratique dans l'aïkido [1], l'attaque est en quelque sorte absorbée puis retournée à son expéditeur en lui ménageant une issue ou une fuite possible ; il est en effet hors de question que la défense se transforme en attaque. C'est également une stratégie comparable qui se trouve à la base du recadrage en une seule phrase : la proposition de l'interlocuteur est acceptée dans un premier temps, dans un second elle est transformée.

Si nous revenons à notre entretien, nous trouvons un peu plus loin d'autres exemples caractéristiques :

— « On s'en prend à votre style, qui serait trop autoritaire...

— Une politique de redressement est difficile à conduire. Elle demande des sacrifices de la part de tous ...Je ne suis pas indifférent à l'opinion d'autrui. J'ai souvent observé qu'une des tentations des gouvernants était l'autosatisfaction. J'essaie de m'en garder de mon mieux. Mais j'ai une mission à remplir dont je suis responsable devant le Premier ministre. Je la remplirai selon mes convictions. »

Dans la question, nous trouvons essentiellement des trangressions du métamodèle pour le langage, une généralisation « on », une omission par comparaison « trop autoritaire ».

L'interlocuteur aurait donc certainement pu en tirer parti, or il ne s'y attarde pas comme nous allons le constater. Enfin, cette question s'inscrit dans une orientation *personnes*.

Ce que réplique l'interlocuteur se situe d'emblée dans un cadre différent, l'orientation est *information*, et les réponses *en désaccord* se traduisent dans un commentaire à propos de la situation, donc une métaposi-

1. Art martial japonais destiné à la défense.

tion. Sur le plan des critères, on remarque l'utilisation d'une technique du menu d'influence appelée « hiérarchie de critères » ; l'interlocuteur fait intervenir les critères hautement valorisés de la « mission à remplir » et des « convictions » qui se trouvent alors placés dans une relation de cause à effet qui se doit d'expliquer, de justifier et d'éclairer différemment les faits évoqués au départ (voir les deux premières phrases).

La question suivante change de terrain, est-ce un des effets obtenus ? Nous pouvons le supposer en toute vraisemblance.

Dans cet exemple, nous pouvons remarquer une autre technique de réplique très courante dans ce type d'entretien, c'est la réponse tremplin. La personne met à profit la question pour continuer à développer son argument et ne répond ni directement ni indirectement. Le réponse tremplin n'a donc dans la plupart des cas aucun rapport avec la question, cela se manifeste même parfois d'une façon caricaturale qui frustre le lecteur, l'auditeur ou le spectateur. Lorsqu'il ne s'agit plus de frustration, cela devient parfois de l'incohérence résolue alors dans un cadre humoristique ; les artistes de variétés, imitateurs et comiques utilisent abondamment les réponses tremplins pour caractériser et caricaturer le discours politique.

2. Entretien technique avec un homme politique

Cet entretien est extrait de *La Recherche,* n° 183 de décembre 1986. Les propos de René Monory, ministre de l'Education nationale, ont été recueillis par André Warusfel.

— « *La Recherche* : Premier acheteur français de logiciels, votre ministère est aussi un décideur essentiel au niveau de leur réalisation. Vous changez les options du Plan informatique pour tous définies par Laurent Fabius. Quelles conséquences peut-on en attendre ?

— René Monory : Ce plan avait suscité une grande bonne volonté de la part des enseignants. Mais, faute d'orientation précise, ils ont souvent rédigé de façon dispersée un grand nombre de logiciels dont le manque de souplesse et l'hétérogénéité bloquent toute exploitation extérieure. Nous lançons donc un programme national centré sur deux thèmes principaux : simulation et bases de données. L'usage de démarches de simulation, au sens large, permet d'agir à partir de modèles théoriques issus de toutes disciplines en mettant l'élève en situation presque expérimentale...

...A partir d'orientations déterminées par le ministère, l'écriture des logiciels sera désormais confiée à des professionnels... Cette professionnalisation du travail permettra à notre industrie du logiciel de garder sa place privilégiée actuelle et de déboucher sur l'étranger, ce qui est impossible actuellement avec les logiciels éducatifs dont nous disposons aujourd'hui. »

Dès la lecture de cet échange, il apparaît clairement que les deux interlocuteurs se trouvent dans le même contexte, ils utilisent en effet une orientation *information*. Ce que l'on peut remarquer en outre, c'est que la réponse est *en accord* avec le contenu de la question ainsi qu'avec sa forme (deux phrases décrivent le contexte au début la question, la réponse débute également par deux phrases descriptives, ce qui réalise une symétrie).

Ensuite, la réponse utilise un fractionnement de plus en plus étroit pour montrer par des exemples quelles conséquences pratiques le plan va entraîner, enfin, le fractionnement redevient large et situe le contexte dans une perspective plus étendue.

On constate que, d'un bout à l'autre, la réponse demeure *en accord* avec la question. D'autre part, l'orientation *information* suscite une réponse témoin du processus comme elle décrit une situation et porte un commentaire sur la globalité de l'action entreprise.

A la fin de l'entretien nous trouvons :

— « *La Recherche* : Comment apprendre à vivre avec l'informatique de notre société de communication ?

— René Monory : Même si l'école est le lieu privilégié pour cette sensibilisation, j'approuve toutes sortes d'initiatives, dont ce concours de logiciels éducatifs de haut niveau. Il est intéressant qu'IBM remette son prix sur le site du futuroscope qui a en effet été conçu comme ouvert à tout ce qui va se transformer. Des expositions permanentes et des zones de formation au caractère original basées sur le traitement de l'information veulent préparer ici l'avenir. »

La question relève encore d'une orientation *information*, la réponse également, mais ce qui apparaît plus caractéristique, c'est la notion de rapprochement : « J'approuve toutes sortes d'initiatives » et le futur intervenant alors comme référence : « ... le futuroscope conçu comme ouvert à tout ce qui va se transformer... préparer l'avenir. »

On constate que la question a le présent comme référence, et qu'elle entraîne une réponse qui s'intéresse plutôt au futur ou plus exactement qui établit un lien de cause à effet entre le présent et le futur.

Cet entretien diffère beaucoup du premier, essentiellement au niveau des critères, cependant, comme il s'agit de questionnements effectués par des journalistes, nous présupposons que les objectifs sont comparables et qu'il s'agit dans l'un et l'autre cas de recueillir de l'information. Tandis que, dans le premier entretien, le journaliste se montre assez agressif, utilise des orientations *action* et *personnes*, obtient des réponses *en désaccord* par contre-exemple, le second utilise l'orientation *information*, obtient des réponses *en accord* très détaillées quant au contenu. Il est permis de penser que le caractère surtout politique du premier et celui surtout technique du second justifient les résultats obtenus dans les réponses aux questions posées. Nous remarquons en dernier lieu que, dans le cadre d'entretiens différents (recrutement, orientation professionnelle, développement personnel, évaluation), nous ne saurions nous contenter de réponses aussi générales que celles qui apparaissent dans les extraits cités. Cependant, notre expérience et notre apprentissage du questionnement passent par ce que nous apprenons dans les médias qui font partie de notre quotidien. Ainsi, nous avons souvent tôt fait de nous satisfaire de réponses imprécises, et d'éviter de chercher à aller plus loin dans l'exploration des équivalences complexes et des trangressions du métamodèle.

En conclusion, nous voulons ajouter que l'objectif d'un questionnement efficace, c'est avant tout de permettre au questionneur de comprendre le point de vue du questionné, qu'il s'agisse de s'informer lui-même ou de rendre compte de cette information dans le cas du journaliste. Le questionnement est aussi destiné à laisser la personne s'exprimer et ceci ne doit jamais être oublié si l'on vise l'efficacité. Enfin, plus nous sommes conscients de nos propres critères, mieux nous savons les reconnaître dans nos questions et ainsi comprendre en quoi ils peuvent déterminer les réponses que nous obtenons. Pour l'efficacité du questionnement, le mot clé, c'est l'exigence vis-à-vis de soi pour connaître ses propres critères et modeler la formulation de ses questions jusqu'à ce qu'elles soient subjectivement acceptées par nos interlocuteurs et fournissent une information de haute qualité.

Chapitre 5

Les techniques d'intervention en PNL

Dans ce chapitre, nous allons évoquer et mettre en pratique les techniques d'intervention PNL telles qu'elles sont enseignées au cours des stages didactiques et de développement personnel. Notre objectif n'est pas de nous livrer à une démonstration de psychothérapie mais de montrer comment elle représentent des processus sinon naturels du moins très habituels de la pensée.

Sur le plan pratique, nous présentons les interventions sous forme d'exercices à faire réaliser dans le cadre de séminaires d'enseignement de la PNL. Au cours de ces stages, une des règles du jeu consiste à accepter d'essayer sur soi-même les effets des techniques enseignées de manière à acquérir une expérience vécue qui vienne compléter et renforcer l'information reçue. Nous n'avons pas la prétention de vouloir montrer tous les modèles de la PNL, cependant les techniques que nous avons sélectionnées dans ce chapitre permettent au lecteur d'accéder aux modèles existant à l'heure actuelle et enseignés au cours des formations longues de praticien et de maître praticien.

Le mérite de la PNL réside dans le fait qu'elle a mis en évidence la structure des processus qu'elle étudie, les rendant ainsi reproductibles et enseignables ; elle ne propose pas de solutions mais des moyens d'accès à des solutions pour la plupart des difficultés psychologiques que nous pouvons rencontrer. Nous précisons que notre démarche dans tous les types d'intervention procède de la croyance suivante : nous possédons en nous-même les moyens nécessaires pour faire face à la plupart des situations que nous pouvons rencontrer. Il existe cependant des problèmes du fait que nous ne savons pas comment accéder et mobiliser ces moyens que la PNL appelle des **ressources**.

C'est pourquoi, nous allons commencer par nous intéresser à elles, cherchant à savoir d'où elles proviennent et comment les rendre disponibles. Cela constitue une étape indispensable à toutes les interventions PNL.

1 - Les ressources

La PNL nomme ressources les moyens que nous mettons en œuvre pour faire face à des difficultés. Une ressource correspond à un état particulier de la personne, par exemple la confiance en soi peut en être une dans certains contextes, elle se compose d'un état intérieur, d'un processus interne et d'un comportement extérieur comme n'importe quel autre état de la personne. Nous parlons également d'état de ressource, ce qui revient au même, puisqu'il se caractérise par le fait que la personne qui l'éprouve dispose alors des moyens adaptés pour résoudre ses problèmes. En résumé, on pourrait définir une ressource comme une émotion adaptée. Cette même émotion n'est pas forcément une ressource si elle n'est pas adaptée au contexte où elle survient. En effet, si nous reprenons le cas de la *confiance en soi*, elle représente une ressource dans des contextes tels que se présenter à un entretien de recrutement, passer un examen ; elle devient un handicap lorsqu'elle empêche une remise en question, un doute constructif dans l'analyse d'un échec par exemple.

a. La provenance des ressources

provenance des ressources

expériences passées personnelles vécu ou information	expériences passées des autres vécu ou information
imagination	capacité d'apprendre

Le schéma ci-dessus représente les quatre principales provenances des ressources :
— **nos propres expériences,**
— **l'expérience des autres,**
— **l'imagination,**
— **la capacité d'apprendre.**

Selon les contextes, nous allons chercher nos ressources dans l'une ou l'autre de ces catégories. Il apparaît cependant que nous avons nos préférences quant à la provenance et celà est à rapprocher du choix de nos références (intérieures ou extérieures) pour les expériences passées personnelles ou autres. L'imagination, lorsqu'elle est une provenance de ressources privilégiées traduit souvent une aptitude à produire des réponses *en désaccord ;* quant à la capacité d'apprendre, elle est à mettre en relation avec une orientation *information* et un opérateur *actif.*

Dans des contextes de relation d'aide ou de conseil, il est très important de savoir où la personne va chercher ses ressources car il est inutile et peu efficace de tenter de lui faire essayer une autre source sauf si elle présente des réponses *en désaccord,* auquel cas elle se dirige facilement vers quelque chose de nouveau ou de différent de ce qu'elle connaît.

Des questions telles que :
— Avez-vous déjà vécu une situation qui vous fait penser à celle d'aujourd'hui ?
— Comment cela s'est-il passé lorsque votre sœur (ou une autre personne à laquelle le sujet a fait référence) a affronté cette difficulté ?
— Que pouvez-vous imaginer qui vous tirerait d'affaire ?
— Quelle compétence devriez-vous posséder pour maîtriser ce problème ?
font respectivement apparaître des ressources possibles dans les quatre catégories évoquées plus haut.

En posant des questions orientées de la sorte et en observant les réponses, la provenance des ressources se fait jour et, à partir de là, il convient d'en sélectionner une ou plusieurs pour le contexte dans lequel prend place la difficulté.

b. L'accès aux ressources

1. Ressources de l'histoire personnelle ou de celle d'une autre personne

Exercice 21 : Six étapes, deux personnes, un sujet et un acteur.

1 - Le sujet identifie une ressource qu'il aimerait posséder ou qu'il pos-

sède déjà mais souhaite développer. Il peut également choisir une ressource qu'une autre personne possède et qu'il souhaite adopter.

2 - Le sujet définit une situation, une expérience contenant cette ressource, l'expérience peut être personnelle ou vicariante. L'acteur procède à un ancrage kinesthésique (n° 1) de cette ressource.

3 - L'acteur vérifie son ancrage puis, en l'activant, parcourt l'histoire du sujet pour y trouver d'autres expériences contenant la ressource. Chaque fois qu'une telle expérience apparaît, le sujet le signale et lui donne un nom ou la qualifie d'une courte phrase. L'acteur et le sujet doivent en trouver de 5 à 10.

4 - Après que le sujet a recueilli ces expériences, l'acteur l'aide à sélectionner celles qui vont constituer un ensemble de référence pour la ressource. Le sujet choisit l'expérience qui représente le mieux selon lui la ressource.

5 - Le sujet classe les expériences de l'ensemble de référence en fonction de leur intensité. L'acteur conduit le sujet à travers toutes les expériences qui font partie de l'ensemble de référence défini à l'étape précédente, il s'assure qu'il les revit mentalement dans l'ordre défini, les expériences les plus intenses étant situées à la fin et, au fur et à mesure de cette traversée, il relie l'expérience à l'ancrage initial, réalisant ainsi un stockage d'ancres.

6 - L'acteur réalise une vérification dans le futur : il demande au sujet de penser à une situation dans laquelle il aura besoin de cette ressource, puis il active l'ancre et constate en quoi cela modifie l'expérience du sujet.

Changer de rôle lorsque cette vérification est effectuée.

Cette technique donne conscience au sujet qu'il possède les moyens de surmonter ses problèmes, elle ne requiert pas d'ordre chronologique des expériences choisies pour l'ensemble de référence, la personne peut aller chercher ce dont elle a besoin là où elle le souhaite.

2. Ressources de l'imagination et de la capacité d'apprendre le cadre du *comme si*

Dans le questionnement pour connaître l'objectif d'une personne, nous interrogeons ainsi : « Que se passerait-il si vous atteigniez votre but ? » Si la personne accepte de répondre à cela, elle se place automatiquement dans le cadre du *comme si*, c'est-à-dire qu'elle imagine et explore les probables conséquences de ses choix.

Lorsque nous travaillons dans le cadre du *comme si*, il est utile parfois de demander à la personne non seulement de penser, d'imaginer, mais encore de faire comme si elle avait atteint son objectif ou résolu sa difficulté. Cela revient à essayer un nouveau comportement, et peut être suffisant dans certains cas pour venir à bout du problème.

Pour faire apparaître le cadre du *comme si*, on peut se servir de questions telles que :

— Si vous aviez atteint votre objectif, comment cela se manifesterait-il ?

— A quels signes une personne que vous rencontrez pourrait-elle savoir que vous avez atteint votre objectif ?

Si la personne accepte ces questions, elle se place automatiquement dans le cadre du *comme si* et peut ainsi tester ses ressources, essayer de nouveaux comportements, élargir le champ de son expérience.

3. Le cadre de contraste

Nous avons mentionné cette technique au chapitre précédent en présentant le questionnement d'objectif. A travers les étapes de celui-ci, nous cherchons à faire définir un état présent et un état désiré représentant l'objectif à atteindre. Le cadre de contraste consiste à faire émerger la différence entre l'état présent et l'état désiré (l'objectif) ; cette différence représente alors la ressource nécessaire pour aller de l'état présent à l'état désiré, c'est-à-dire pour atteindre l'objectif.

Le cadre de contraste met en jeu l'aptitude à comparer, cela peut être également un bon moyen d'apprendre à distinguer l'important de l'accessoire, en d'autres termes de se fixer des priorités.

Des questions telles que :

— Qu'est-ce qui fait la différence entre votre situation actuelle et celle que vous désirez obtenir ?

— Pourquoi préférez-vous cela ?

mettent en évidence le cadre de contraste, la personne compare deux situations et détermine les différences essentielles entre elles. Admettons que notre sujet présente son objectif ainsi :

— Cette année, je veux profiter de mes vacances, l'année dernière, je n'ai pas eu de véritables vacances !

En dépit du fait que cet objectif n'est pas très clair ni très bien formulé selon les critères PNL, il apparaît que la personne compare deux situations, l'une qu'elle a déjà vécue, l'autre qu'elle s'apprête à vivre. Si nous lui posons la question suivante :

— Qu'est-ce qui fait la différence entre les vacances que vous avez prises l'année dernière et de véritables vacances ?

Nous obtenons le critère qui change tout :

— Pour moi, les vacances, c'est au bord de la mer, l'année dernière, je suis allé à la campagne, en fait, j'aurais presque mieux fait de rester chez moi !

Dans un autre contexte :
— Je veux apprendre à surmonter le trac que j'ai à chaque fois que je rencontre un client important.
— Si vous n'aviez plus le trac, comment cela se manifesterait-il ?
— Je dominerais la situation, et donc je serais certainement plus crédible.
— Quelle est la différence essentielle entre votre comportement actuel et celui que vous voulez apprendre ?
— ... me sentir objectif, en fait, être capable d'observer calmement les faits.

Dans cet échange, le sujet présente sa difficulté, et son interlocuteur, en premier lieu, le fait entrer dans le cadre du *comme si* pour chercher l'équivalence complexe de « ne plus avoir le trac », il cherche la ressource. La seconde question met en scène le cadre de contraste et ce dernier fait apparaître la ressource telle que le sujet la définit : « Etre capable d'observer calmement les faits. » En d'autres termes, le sujet demande à passer d'une réponse associée au processus à une réponse témoin ou métaposition.

4. Le fondu enchaîné

Cette technique est une sorte de variante du cadre de contraste, mais qui se pratique sur mode essentiellement visuel. Comme le cadre de contraste, le fondu enchaîné met en jeu deux situations, l'une plutôt négative et l'autre positive. Cette dernière contient bien entendu la représentation de la ressource qui fait défaut dans la première situation. Il s'agit de visualiser deux images, la première représente quelque chose que la personne vit d'une manière désagréable, la seconde ce que la personne voudrait à la place. La technique comprend six étapes que nous présentons ci-dessous sous la forme d'un exercice.

Exercice 22 : Le fondu enchaîné, exercice avec deux personnes, un acteur et un sujet à tour de rôle, quinze minutes par tour.

1) Le sujet identifie une image qui représente quelque chose qu'il vit de façon négative, inutile ou désagréable, qui provoque un comportement non désiré.

2) L'acteur demande au sujet de se représenter cette image en grandes dimensions, occupant tout son champ visuel un peu comme au cinéma, de plus, il lui suggère de donner à cette image des qualités de netteté et de brillance. Lorsque cette image est construite, l'acteur calibre le sujet qui la regarde.

3) L'acteur demande alors au sujet de quitter cette image et de lui décrire

ce qu'il voudrait à la place ; il aide le sujet à se représenter dans une seconde image agissant *comme si* il n'avait plus sa difficulté. Cette seconde image doit représenter la personne comme étant différente, disposant de ses ressources et se sentant libre de ses choix de façon à ce que la personne éprouve une réaction très positive. L'acteur calibre cette réaction positive du sujet regardant la seconde image.

4) L'acteur demande de nouveau au sujet de se représenter la première image, comme si c'était sur un écran de cinéma ou à la télévision et d'y insérer dans le coin inférieur gauche la seconde image mais de dimensions réduites et assombrie.

5) L'acteur demande alors au sujet d'agrandir rapidement l'image positive qu'il a placée dans le coin inférieur droit de son écran imaginaire, de la rendre en même temps plus nette et plus claire et de continuer jusqu'à ce qu'elle occupe toute la place de l'écran.

Il lui demande ensuite de porter quelques instants son regard sur autre chose ou de fermer les yeux s'il imagine les yeux ouverts.

Le sujet répète cette séquence cinq à six fois de suite : visualiser l'image négative, puis agrandir l'image positive jusqu'à ce qu'elle remplissse la totalité de l'écran, procéder à une interruption (fermer les yeux ou regarder quelque chose d'autre) et répéter.

6) Pour vérifier que l'intervention a été efficace, l'acteur suggère au sujet de faire revenir l'image négative, celle-ci doit être difficile à visualiser clairement et surtout à maintenir.

Cette intervention est efficace sous deux conditions essentielles :
— le sujet choisi doit se montrer apte à visualiser facilement, ce qui requiert un système de représentation sensoriel dominant visuel.
— la difficulté choisie doit rester quelque chose de mineur.

La seconde condition s'explique du fait que la technique ne permet pas d'explorer toutes les données ni d'élaborer un objectif très précis. En revanche, le fondu enchaîné se prête facilement à la démonstration dans le cadre de séminaires, l'intervention étant pratiquée sans que le sujet fasse allusion à un contenu.

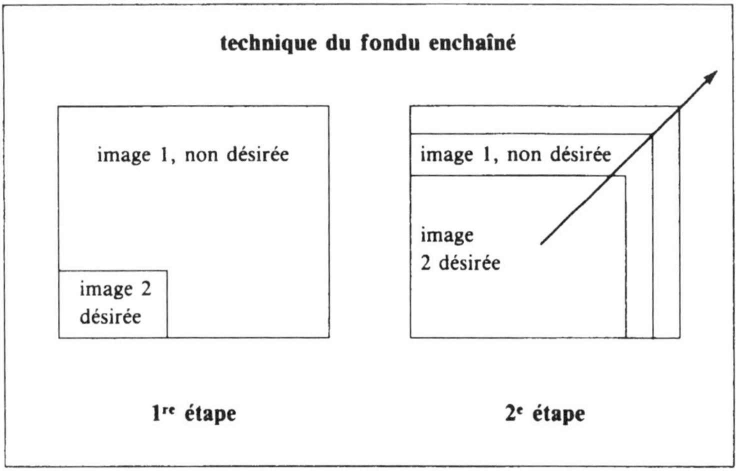

Le schéma ci-dessus montre la démarche du fondu enchaîné, cependant, il s'agit de faire preuve de souplesse en l'appliquant car le sujet peut très bien placer différemment les deux représentations. Ce qui compte, ce n'est pas l'emplacement des images mais le fait que l'image positive vienne chasser la négative.

2 - Les ancrages

Les ancrages se fondent sur la réaction conditionnelle, le chien de Pavlov en est l'illustration usuelle. Une information visuelle, auditive ou kinesthésique déclenche une réponse, un comportement spécifique. En PNL, pour réaliser un ancrage, on associe à un comportement, un état intérieur, une attitude, une information kinesthésique, visuelle ou auditive ; ainsi, quand nous avons besoin de déclencher le comportement associé, il suffit d'activer l'ancre. La suggestion post-hypnotique est également une forme d'ancrage puisqu'un stimulus choisi déclenche un comportement ou un état intérieur prédéterminé. Les techniques de thérapie comportementale font aussi usage des ancrages, tant pour les désactiver [1] que pour en créer d'utiles pour gérer la difficulté en question.

1. La technique de désensibilisation systématique par exemple joue sur l'intensité des éléments déclenchant (ancrages négatifs) le comportement non désiré.

a) Les ancres kinesthésiques, visuelles, auditives
1. Les ancres kinesthésiques

Elles sont les plus utilisées dans le cadre didactique et en techniques de développement personnel. Généralement, on procède ainsi : installé assez près de la personne pour pouvoir toucher facilement son bras, son épaule ou sa main qu'elle place sur ses genoux, on procède à l'intervention. Quand on lui fait évoquer une situation spécifique (état de ressource ou autre), on calibre soigneusement et, au moment où la personne atteint le pic, c'est-à-dire lorsqu'elle revit l'expérience le plus intensément, on touche du bout de l'index (ou d'un autre doigt) un doigt, ou un endroit bien précis entre les doigts et l'épaule. Certaines interventions requièrent plusieurs ancres, il faut donc veiller à ce qu'il soit possible de les activer sans que cela oblige à une gymnastique par trop contraignante. Par exemple, quand on fait une chaîne d'ancres, on les associe deux par deux, il faut donc le prévoir en les posant initialement.

Dans d'autres contextes, les ancres kinesthésiques telles que nous venons de décrire leur pratique ne peuvent être utilisées sous cette forme. Elles existent cependant sous d'autres formes, la poignée de main fait appel au toucher, mais les ancrages olfactifs se révèlent parfois très efficaces et très puissants. Une odeur précise peut nous faire évoquer une expérience passée même ancienne, elle peut exercer sur nous un vif attrait ou une franche répulsion qui s'exprime parfois ainsi : « Ils ne peuvent décidément pas se sentir ! »

2. Les ancres visuelles

Elles fonctionnent sur le même principe que les précédentes mais associent cette fois une information visuelle à un comportement, un état intérieur, une attitude. Dans le contexte de la formation, elles sont constituées par ce qui est à la portée du regard des participants, un geste que nous répétons peut déclencher le rire, l'attention ou une autre réaction utile ou non à l'objectif.

N'importe quelle information visuelle peut servir d'ancre, il s'agit seulement de bien se souvenir de ce qu'on a utilisé à cet effet. Lorsque nous nous servons d'un geste, nous devons répéter le même geste pour qu'il joue son rôle d'ancre. Dans les situations où l'on parle devant un groupe, on peut se servir de l'occupation de l'espace comme d'une ancre visuelle et associer certaines informations avec la droite de la pièce et d'autres avec la gauche.

3. Les ancres auditives

Exemple :

> Un étudiant me demanda de lui expliquer ce qu'était une ancre auditive, je fis semblant de réfléchir un instant, puis je pris un ton de voix déterminé pour annoncer : « Prenez une feuille de papier, une double, et inscrivez votre nom en haut et à gauche ! » Dès les premiers mots, l'atmosphère de la classe s'était transformée, au léger brouhaha habituel avait succédé un «oh ! » surpris et un peu choqué qui venait de faire place à un silence lourd . Je mis à profit ce silence pour expliquer : « C'était un exemple d'ancrage auditif ! »

Nous réagissons aux ancres auditives comme aux autres, ce sont certainement les plus faciles à glisser dans la conversation, dans le discours, parfois même nous le faisons involontairement. On utilise généralement soit les mots eux-mêmes, soit la qualité de la voix, c'est-à-dire le ton, le volume, le rythme, la hauteur du son, mais la plupart du temps le contenu verbal et la qualité de la voix sont associés.

Les ancrages auditifs peuvent aussi s'effectuer grâce à des sons ou de la musique. Certaines musiques sont destinées à faire éprouver des émotions spécifiques et pas toujours à « adoucir les mœurs » ! N'en prenons comme illustration que les hymnes et marches militaires.

4. Le chevauchement de systèmes de représentation sensorielle

Cette technique consiste à passer d'un système de représentation sensorielle à un autre en les faisant se chevaucher, elle est utile lorsque la personne est bloquée dans un système. Par exemple, si la vue d'une image (ancre visuelle) déclenche une sensation kinesthésique[1] négative chez la personne, on pourra la déconnecter de cette dernière en lui faisant prendre conscience des sons impliqués ou en la mettant en contact avec un dialogue intérieur ou extérieur (parler avec quelqu'un). Pour cela, on procède au chevauchement des systèmes de représentation sensorielle kinesthésique et auditif pour passer en système auditif. Dans ce but, des suggestions telles que :

---

1. Une personne qui affirme : « La vue d'une araignée me rend malade » présente un exemple de fonction cénesthésique (une image entraîne une sensation kinesthésique) dont Grinder et Bandler traitent longuement dans *The Structure of Magic* des moyens d'annuler les effets négatifs.

— Lorsque vous revivez cette expérience comme vous le faites en ce moment, qu'est-ce que vous vous dites, quelles réflexions cela amène-t-il à votre esprit ?
conduisent la personne à faire se chevaucher les systèmes de représentation kinesthésique et auditif.

Dans des contextes tels que celui-ci, le chevauchement peut également aboutir à une réponse témoin du processus ; lorsque la personne est capable de faire un commentaire au sujet de son expérience, cela signifie qu'elle n'est déjà plus en train de la vivre.

Le chevauchement de systèmes de représentation sensorielle s'utilise également dans le cadre d'une autre technique, un recadrage, un enchaînement d'ancres, une dissociation visuelle kinesthésique, par exemple. Il sert à aider la personne à se donner une représentation très complète en termes de perceptions sensorielles d'une expérience. Le chevauchement peut être utilisé dans le même ordre d'idées lorsque la personne a des difficultés à visualiser ou à se représenter une expérience selon toutes ses modalités sensorielles. Comme nous avons tous un système de représentation sensorielle préféré, nous avons tendance à privilégier celui-ci et certains d'entre nous accèdent plus ou moins facilement aux différents registres sensoriels ; en partant d'une représentation perçue et exprimée dans le même système, on évoque les autres caractères perceptibles de cette représentation mais qui font partie d'un autre système. Par exemple :

« Vous imaginez que vous êtes assis près d'un feu de cheminée, vous voyez les flammes orangées qui montent frénétiquement dans la cheminée, en éclairent la plaque noircie de l'âtre qui représente une salamandre. Tandis que vous observez cela en rêvant, vous sentez que, pour un peu, vous pourriez vous assoupir parce qu'il fait bon vous réchauffer auprès de ce feu. »

A partir d'une perception visuelle, il est possible de passer à une perception kinesthésique ou auditive ; dans l'exemple ci-dessus, nous aurions pu tout aussi bien évoquer le crépitement et les craquements du feu et passer ainsi en mode auditif.

Le chevauchement reprend un peu la technique du fondu enchaîné que nous avons présentée plus haut, là encore il s'agit de passer d'un état à un autre, en l'occurrence d'une représentation sensorielle à une autre.

b. L'association d'ancres

Lorsque nous avons mis en place des ancres avec un but spécifique, nous pouvons aussi les associer soit pour les neutraliser soit pour les renforcer. L'association d'ancres s'utilise quelque fois seule, mais le plus souvent dans le cadre d'une technique ; lorsqu'on va à la recherche de ressources dans l'histoire de la personne, on réalise un stockage d'ancres en renforçant l'ancre initiale par l'association de celles recueillies pendant la démarche. Lorsque nous créons un enchaînement qui permet de passer d'un état intérieur négatif à un état intérieur positif, nous associons les ancres qui ponctuent la succession de ces états.

Au cours des stages, les participants posent souvent la question de savoir comment faire pour se débarrasser d'ancres négatives, nous proposons pour répondre à cette attente la technique suivante à réaliser sous forme d'exercice.

1. Associer des ancres pour les neutraliser

Exercice 23 : huit étapes, avec deux personnes, un acteur et un sujet à tour de rôle, dix minutes par tour.

1 - L'acteur demande au sujet de se souvenir d'une situation au cours de laquelle il a eu un comportement, une sensation ou une émotion qu'il juge inutile, désagréable ou inadaptée au contexte.

2 - Le sujet évoque cette situation à l'aide d'une expérience qu'il choisit dans son vécu, ou encore il laisse l'émotion ou la sensation le ramener vers une expérience passée caractéristique. L'acteur s'assure que l'attention du sujet est bien placée sur cela, il calibre et il donne une ancre kinesthésique au sujet.

3 - L'acteur fait sortir le sujet de cette expérience, interrompt ce processus pour réaliser un intermède puis il active l'ancre n°1 pour vérifier si elle déclenche bien l'état non désiré. Sinon, il reprend à l'étape 1, si oui il passe à l'étape suivante.

4 - L'acteur aide le sujet à trouver un état opposé à l'état non désiré et de chercher cet état dans une expérience. Ce doit être un état très positif ou vécu comme tel.

5 - L'acteur calibre la réaction du sujet et place une deuxième ancre kinesthésique.

6 - Comme à l'étape 3, l'acteur interrompt le processus quelques instants et vérifie que l'ancre n°2 fonctionne bien, dans le cas contraire, il reprend à l'étape 4.

7 - L'acteur active les deux ancres **simultanément** et calibre le résultat.

8 - L'acteur fait sortir le sujet de cette expérience, puis il active l'ancre n°1 et vérifie qu'une différence est apparue.

Le résultat de cette technique dépend de plusieurs conditions :

— Les états opposés doivent être clairement définis et bien distincts pour le sujet.

— Plus l'état négatif est vécu intensément et plus la différence finale est minime, parfois il est nécessaire de recommencer plusieurs fois la technique avant d'obtenir un résultat satisfaisant.

— La personne qui joue le rôle de l'acteur doit veiller à calibrer très attentivement les deux états et à déclencher simultanément les deux ancres.

Ces conditions étant réunies, la technique de neutralisation d'ancres produit les résultats attendus. Ce qui apparaît lorsqu'on active simultanément les deux ancres, c'est un troisième état qui n'est ni le premier ni le deuxième mais quelque chose de différent vécu comme positif ou plutôt positif.

Si l'état négatif l'emporte, il est bon d'interrompre le processus, de revenir à l'état positif et de l'augmenter jusqu'à ce qu'il soit assez intense pour refaire l'exercice.

2. Associer des ancres pour les renforcer

Cette technique peut servir dans le cas où l'ancre de ressource dont le sujet a besoin pour surmonter une expérience désagréable ou négative se révèle insuffisante, il faut donc augmenter l'efficacité de cette ressource et, pour cela, on va lui en ajouter d'autres qui l'amplifient.

Exercice 24
— Stocker des ancres. Huit étapes avec deux personnes, un acteur et un sujet, à tour de rôle, 10 minutes par tour.

1 - L'acteur demande au sujet de retrouver en lui un état de ressource et de laisser cet état le ramener à une expérience positive.

Ou bien, l'acteur passe directement à l'étape 3 si le sujet possède déjà une ancre de ressource bien définie.

2 - L'acteur calibre le sujet pendant (que celui-ci accède à cet état de ressource et donne une ancre kinesthésique n° 1.

3 - L'acteur procède à une interruption de processus, puis active l'ancre n° 1 pour vérifier qu'elle fonctionne.

4 - L'acteur aide le sujet à trouver un autre état positif qu'il souhaite ajouter au premier, par exemple, si le sujet choisit un état qu'il appelle « confiance en soi », il peut vouloir lui associer un autre état de ressource nommé « détermination », ou « patience », certains états de ressources ne peuvent être ajoutés.

5 - Lorsque cet état est trouvé, bien défini et soutenu par l'exemple concret d'une expérience, l'acteur amène le sujet à revivre mentalement cette expérience, il calibre sa réaction et donne une seconde ancre kinesthésique.

6 - L'acteur vérifie l'ancre n° 2 comme il l'a fait à l'étape 3.

7 - L'acteur active la première ancre et dès qu'il obtient la réaction, il déclenche la seconde, il calibre.

8 - Les deux ancres sont associées non pas simultanément mais successivement comme pour le début d'un enchaînement, donc, la première ancre doit déclencher aussi la seconde.

Pour vérifier, l'acteur, après avoir effectué une interruption de quelques instants, active l'ancre n° 1 et calibre le résultat. Si la technique a été efficace, et que les ancres sont associées, l'ancre n° 2 suit automatiquement l'ancre n° 1. Si ce n'est pas le cas, il faut recommencer.

Cette technique constitue la base de l'enchaînement d'ancres que nous étudierons ultérieurement, on peut lui apporter quelques variantes : par exemple, au lieu de choisir deux états de ressource qui se complètent, sélectionner des expériences qui représentent des variations d'intensité de l'état initial en augmentant la force de la ressource. C'est d'ailleurs ainsi que l'on procède lorsqu'on fait une recherche de ressources dans l'histoire de la personne comme nous l'avons montré au début de ce chapitre, dans les techniques d'accès aux ressources.

Nous avons présenté les associations d'ancres sur un mode kinesthésique, c'est-à-dire que dans les deux techniques ci-dessus, c'est une sensation, une émotion, un état intérieur qui sert de guide au sujet pour trouver une expérience significative de cet état. Nous rappelons cependant qu'il est toujours possible d'utiliser un autre registre sensoriel. Par exemple, il peut s'agir d'une image qui soit représentative d'un état spécifique et serve aussi à le déclencher, et cela n'exclut pas la possibilité d'utiliser une information auditive (mots, sons, musique, etc.) dans le même but.

c. Les trajectoires associatives

Nous présentons ce modèle avec les ancrages car il existe entre eux une liaison évidente.

Une trajectoire associative c'est le chemin que suit le regard et qui conduit la personne à associer certains états spécifiques à certaines directions. Par exemple, il peut être impossible à une personne d'évoquer quelque chose de très agréable et positif en portant son regard vers le bas et la gauche ;

en revanche, si elle regarde en bas et à droite, elle fait surgir sans difficulté des états plutôt positifs. Il y a donc une association entre la trajectoire du regard et le contenu subjectif de ce que la personne éprouve. A l'inverse, nous retrouvons certaines émotions spécifiques en suivant des trajectoires précises.

Ce modèle se rattache aux ancrages par le caractère associatif de la direction du regard et de l'état émotionnel, il se rattache également aux stratégies telles que nous les avons présentées dans *Comprendre la PNL*. En effet, la succession des trajectoires définit une stratégie, ainsi, quelqu'un qui parle d'une expérience passée la retrouve en évoquant une image, (clés d'accès visuelles en haut à gauche), puis passe à un dialogue intérieur (clés d'accès visuelles en bas à gauche), et à des comparaisons visuelles construites, etc.

Cependant, les trajectoires associatives ne sont pas forcément liées aux clés d'accès visuelles. En effet, si l'on représente le champ visuel comme un écran divisé par trois lignes horizontales et trois verticales matérialisant neuf rectangles (voir schéma ci-dessous), la personne peut placer des images dans n'importe lequel des espaces ainsi délimités. Dans le cadre d'un entretien au cours duquel on cherche à définir l'objectif d'une personne, lorsqu'elle décrit une difficulté qu'elle veut surmonter, on observe que son regard s'oriente dans une direction bien précise lorsqu'elle évoque son problème. C'est cette direction qu'il s'agit de repérer très vite, car si on a besoin de la déconnecter rapidement de son expérience négative, on doit lui faire porter son attention, son regard dans une autre direction. Tant que la personne reste bloquée dans cette direction, il est difficile voire impossible de l'abstraire de l'expérience négative. Au contraire, si on veut évoquer une situation précise, une expérience dont la personne a parlé, il est très commode et très rapide de lui suggérer par un geste ou la direction de son propre regard, la trajectoire et l'espace du champ visuel où elle a placé l'expérience pendant qu'elle l'évoquait et la décrivait.

Le schéma ci-dessous nous montre comment on peut *découper* le champ visuel. Ce modèle se révèle très pratique car il permet de classer les images dans l'espace.

trajectoires associatives et représentation du champ visuel

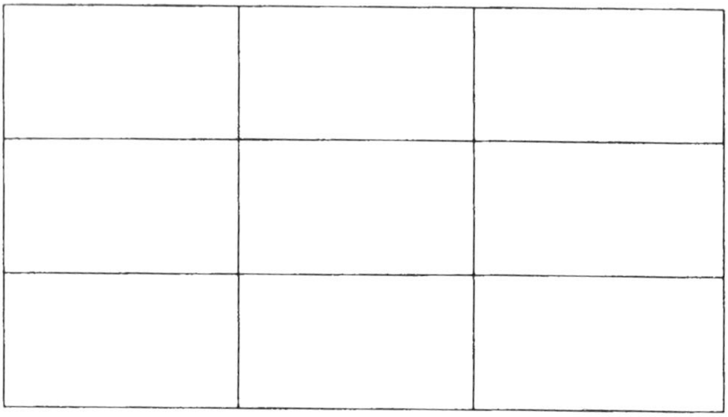

Exercice 25 :
— trajectoires associatives : Quatre étapes, avec deux personnes, un acteur et un sujet, à tour de rôle, dix à douze minutes par tour.

1 - En se souvenant de la convention de découpage du champ visuel (voir schéma), l'acteur demande au sujet d'évoquer une image positive.
2 - L'acteur repère la trajectoire associative du sujet et lui demande de projeter cette image le long de cette trajectoire comme si elle était environ à six mètres de lui.
3 - Le sujet définit bien cette image et note ce qui la caractérise.
4 - L'acteur demande au sujet de regarder dans une autre direction, de penser à nouveau à cette image et de constater en quoi elle se modifie. L'acteur fait parcourir au sujet chaque territoire du champ visuel et constate avec lui les modifications qui surviennent.

Le but de cet exercice est de faire prendre conscience à la personne de la spécificité des images selon leur trajectoire associative, et de montrer à celle qui joue le rôle de l'acteur en quoi elle peut influencer ses partenaires en suggérant une orientation spécifique du regard. D'autre part, cet exercice nous apprend à repérer rapidement la trajectoire associative de la personne, ce qui nous aide considérablement pour réaliser d'autres techniques, et surtout celle que nous allons présenter : la dissociation visuelle kinesthésique.

3 - La dissociation visuelle kinesthésique en trois points

Nous avons déjà évoqué l'existence de cette technique dans *Comprendre la PNL*, cette fois, nous en présentons la schéma type tel qu'il est enseigné au cours des stages de PNL à but didactique et de développement personnel. Nous précisons que certaines écoles appellent la dissociation VK le « modèle pour les phobies », cela nous paraît un peu restrictif par rapport aux possibilités de la technique, c'est pourquoi nous ne retenons pas cette expression.

Exercice 26 : Huit étapes, deux personnes, un acteur et un sujet, à tour de rôle, vingt-cinq à trente minutes par tour.

1 - Le sujet évoque une difficulté qu'il rencontre et qui provoque une réaction très négative, il détermine une expérience caractéristique de cette difficulté et tandis qu'il y pense et la revit mentalement, l'acteur repère la trajectoire associative où se trouve l'image de l'expérience négative, il calibre.

2 - L'acteur fait sortir le sujet de cette expérience, interrompt le processus et le conduit dans un état positif en renforçant le rapport et en suggérant un état de sécurité. L'acteur donne au sujet une ancre (n° 1) puissante pour bien fixer comme ressource l'état de sécurité qu'il a fait surgir. L'acteur doit donner à cette ancre de ressource des caractères de sécurité mais aussi de compétence à gérer le présent. On peut réaliser cette ancre en prenant la main du sujet, de toute façon il est préférable d'utiliser des ancres kinesthésiques pour cette technique.

3 - L'acteur demande au sujet de se souvenir de l'une des premières fois où il a éprouvé ce problème. Il est maladroit de demander à la personne de se souvenir de la première fois qu'elle a rencontré la difficulté car cette exigence peut l'inhiber.

L'acteur amène le sujet à remonter le fil de son expérience avant que quoi que ce soit de négatif ou de pénible ne se produise, il lui demande alors d'en faire une image fixe et de la placer quelque part dans l'espace devant lui. L'acteur veille à ce que le sujet n'installe pas cette image le long de la trajectoire associative du problème car cela pourrait le ramener inopinément.

Il est très important de ne pas laisser le sujet revenir à son problème et éprouver de nouveau la sensation négative ; si cela se produit cependant, il faut interrompre le processus et réactiver les ressources de sécurité, compétence, etc.

4 - L'acteur suggère au sujet de visualiser cette image à partir de sa situation présente et donne une seconde ancre (n°2).

Cette ancre représente le troisième point de la dissociation VK en trois points ; si l'on a choisi la métaphore du cinéma, le sujet doit se voir en tant que spectateur parmi d'autres spectateurs en train de regarder l'écran où il se voit (ce qui donne donc trois représentations différentes du sujet, un sur l'écran, un dans la salle, un qui observe le tout et qu'on peut éventuellement placer dans la cabine de projection).

5 - Puis, l'acteur active les deux ancres et demande au sujet de visualiser cela comme un film, l'image fixe représente le début, et en lui disant qu'il va en apprendre quelque chose d'utile. Le film va à la vitesse décidée par le sujet qu'on doit laisser totalement libre de modifier les modalités de l'expérience.

Pendant que le sujet regarde la scène, l'acteur doit renforcer la dissociation en donnant des suggestions de sécurité, de compétences, etc., si besoin est.

6 - Lorsque le sujet a regardé le film, l'acteur l'aide à faire le point de ce qu'il en a appris, il le rassure et lui dit qu'alors il ne pouvait pas faire d'autre choix que ce qu'il a fait.

7 - Puis, l'acteur lui demande de retourner vers le film et de rassurer à son tour l'image de lui-même, de lui apprendre ce qu'il vient lui-même d'apprendre et de lui faire part de ses conclusions et réflexions. Le sujet travaille à cela jusqu'à ce que l'image de lui-même qu'il voit dans le film soit plus positive.

8 - L'acteur demande alors au sujet d'intégrer cette connaissance puis il le fait revenir au cadre d'ici et maintenant et vérifie qu'un changement se met en place en évoquant de nouveau la possibilité de surgissement de l'expérience négative dans un futur proche.

Cette technique est très efficace même pour les difficultés importantes ; Franck Stass, psychiatre et formateur en PNL au New York Institute témoigne l'avoir utilisée avec succès pour le cas d'une jeune fille victime d'un rapt dans son enfance l'ayant très gravement traumatisée, et dont les suites empoisonnaient son existence d'adolescente. Cependant, il ne faut pas hésiter à refaire plusieurs fois le processus, car on n'obtient pas toujours le résultat souhaité dès la première séance. Si le résultat obtenu n'apporte qu'une légère amélioration, cela est cependant pris en compte comme une réussite ou plus exactement comme une étape vers la réussite. Certains problèmes font apparaître des réactions très négatives ; si celles-ci sont trop intenses, il est bon d'en changer, ce qu'en PNL on appelle les sous-modalités. Par exemple, si la scène est colorée en rouge, on peut en changer la couleur ou la faire visualiser en noir et blanc ; si c'est le son qui déclenche une réaction très négative, on le diminue ou on le remplace par un autre que la personne tolère mieux. Malgré tout, il faut savoir que le sujet devra à un moment ou à un autre visualiser la scène avec ses sous-modalités telles qu'elles étaient dans la réalité, sinon il ne pourra apprendre à gérer cette image.

Ce qu'il est très important d'éviter, c'est que ce travail ne remette la personne en contact avec les sensations négatives éprouvées dans la scène négative, c'est le principe même de la technique. La dissociation consiste à faire travailler mentalement la personne sur une image visuelle séparée des sensations kinesthésiques négatives qu'elle contient et/où provoque. En maintenant la personne dissociée, on lui apprend à se distancer par rapport à ses difficultés. Quand on travaille ainsi avec un sujet, on lui enseigne une stratégie de dissociation qui lui servira pour tous les autres contextes où il en aurait besoin.

La dissociation VK se combine aussi avec une dissociation dans le temps, on présuppose que la personne qui est ici et maintenant est différente de celle qui a vécu initialement la difficulté et qu'il existe une relation de cause à effet entre qui elle est aujourd'hui et qui elle était hier. Lorsqu'elle visualise la scène négative, la personne est dissociée sur le plan visuel/kinesthésique et aussi entre le passé et le présent, cependant lorsqu'elle prend conscience de ce qu'elle a appris dans cette scène, elle rétablit la relation de cause à effet entre le passé et le présent, cette fois de façon positive.

On peut imaginer une variante en pratiquant une dissociation VK pour quelque chose qui n'est pas encore arrivé mais que la personne redoute particulièrement. Pour travailler mentalement et se préparer à une épreuve, la personne répète la scène jusqu'à ce qu'elle soit satisfaite du résultat. Cependant, pour que cette variante donne un bon résultat, il faut pouvoir être sûr que l'issue de l'épreuve dépend essentiellement de la responsabilité de la personne, l'objectif à atteindre doit être soigneusement défini.

Comme son nom l'indique, la dissociation visuelle/kinesthésique est une technique fondée sur des données visuelles, les résultats dépendent en partie de l'aptitude de la personne à visualiser.

4 - Le changement du vécu subjectif de l'histoire

Cette fois, nous allons aborder une technique habituellement décrite comme *kinesthésique* ; c'est en effet une émotion qui sert de guide ; l'aspect visuel n'est cependant pas négligeable.

Dans *Comprendre la PNL*, nous avions présenté cette technique comme une reconstruction du passé. Les formateurs américains utilisent l'expression « *change history* », le lecteur familiarisé avec la PNL la connaît probablement déjà et l'a sans doute rencontrée sous la forme de « changement d'histoire ». Il ne s'agit pourtant pas de changer l'histoire, le passé est le passé comme l'aurait justement souligné Monsieur de La Palice, nous ne pouvons donc pas le changer. En revanche, ce que nous pouvons changer, c'est notre perception subjective du passé, ainsi un événement que nous avons jugé négatif peu de temps après qu'il se soit produit, se révèle parfois positif plusieurs années après, l'événement n'a cependant pas changé.

La technique du changement du vécu subjectif de l'histoire sert à modifier, à positiver une perception négative d'une expérience passée.

Exercice 27 : Onze étapes, deux personnes, un acteur et un sujet, à tour de rôle, vingt-cinq à trente minutes par tour.

1 - L'acteur aide le sujet à identifier l'émotion négative qui survient de façon répétitive et qui le bloque, il calibre et donne une ancre (n° 1).

2 - En maintenant cette ancre, l'acteur demande à la personne de laisser cette émotion la ramener dans le passé vers d'autres expériences où elle était également présente ; ces expériences n'ont pas besoin d'être reliées entre elles sur le plan chronologique, leur seul lien, c'est ce que le sujet ressent en les évoquant.

3 - Tandis que le sujet traverse ces différentes expériences, l'acteur lui demande de les identifier par un mot ou une courte phrase.

4 - Après avoir traversé le temps, identifié de trois à cinq expériences qui contiennent le même sentiment négatif, et les avoir classées selon leur intensité, l'acteur ramène le sujet dans le présent, *ici et maintenant,* et relâche l'ancre n° 1.

5 - L'acteur met le sujet en contact avec les ressources dont il dispose aujourd'hui, et lui suggère de déterminer une ressource qui lui aurait permis de mieux surmonter les expériences négatives issues du passé.

6 - L'acteur demande au sujet de revivre mentalement une expérience dans laquelle il a disposé de la ressource, il calibre et il ancre cette ressource (n° 2). Le cas échéant, on peut donner deux ressources. Dans tous les cas, l'acteur vérifie l'ancrage de la ressource.

7 - En maintenant l'ancre n° 2, l'acteur ramène le sujet à travers chaque expérience et il l'aide de façon à ce qu'il éprouve une émotion positive à chaque expérience. Pour ce faire, il demeure toujours possible de donner au sujet des ressources auxquelles il n'a pas pensé avant.

8 - Après avoir traversé toutes les expériences du passé (placées par ordre d'intensité, les plus intenses à la fin), l'acteur relâche l'ancre n° 2 et fait

revenir le sujet dans le présent. Il lui suggère alors de traverser à nouveau ces expériences, cette fois sans l'ancre de ressource. C'est une première vérification de l'efficacité de la technique.

9 - L'acteur suggère au sujet de penser maintenant à une expérience très récente au cours de laquelle il a ressenti l'émotion négative. Tandis que la personne revit mentalement cette expérience, l'acteur l'aide le cas échéant à la traverser grâce à l'ancre de ressource. C'est le calibrage qui lui indique s'il y a lieu ou non de le faire.

10 - Lorsque ce travail est réalisé, l'acteur procède à une vérification dans le futur. Il demande au sujet d'imaginer une expérience au cours de laquelle il pourrait ressentir l'émotion négative.

Si la personne a des difficultés à traverser cette expérience, l'acteur doit l'aider à identifier ce qui déclenche l'émotion négative et associer ce stimulus à l'ancre de ressource.

L'acteur procède ensuite à deux autres vérifications, l'une avec l'ancre ainsi associée, la seconde sans ancre.

Le calibrage donne la réponse quant aux résultats obtenus.

11 - L'acteur félicite le sujet pour le travail accompli.

Le changement du vécu subjectif de l'histoire est, comme nous l'avons souligné avant d'en détailller la démarche, une technique essentiellement kinesthésique destinée à apprendre à la personne à gérer des situations dans lesquelles elle ressent une émotion, un état intérieur inapproprié. La personne voudrait éprouver quelque chose, mais c'est un autre état intérieur qui surgit en elle dans cette situation et qui la bloque. Par exemple, dans un contexte d'évaluation la personne voudrait éprouver une sensation de compétence et d'efficacité, au lieu de cela, elle ressent une sorte de culpabilité qui la bloque, l'empêche précisément de faire preuve de compétence.

Une personne qui éprouve ce type de difficultés les présente généralement en se servant de quantifieurs universels :

— Je ne sais pas pourquoi, mais quand on me demande des explications au sujet de mon travail, ou d'autre chose, j'ai toujours l'impression d'être jugée et je perds tous mes moyens.

Ce type de formulation représente un indicateur pour effectuer un changement du vécu subjectif de l'histoire, cependant, si l'état intérieur négatif est trop important il est préférable de procéder à une dissociation visuelle/kinesthésique.

5 - Les recadrages

Les recadrages constituent une des techniques majeures de la PNL, nous allons en présenter plusieurs aspects. Si nous parlons des recadrages, c'est que nous en distinguons au moins deux formes : la méthode désormais classique du recadrage en six étapes et celle plus artistique du recadrage en une seule phrase.

Le fait de recadrer consiste à donner un cadre différent à un événement ; nous en avons largement expliqué le mécanisme dans *Comprendre la PNL*. Rappelons simplement que, face à un problème quelconque, si nous choisissons de le recadrer, nous allons faire apparaître un autre point de vue, une compréhension différente, en d'autres termes, un cadre nouveau.

Ce nouveau cadre est destiné à réorienter différemment le problème, à proposer des options qui jusqu'alors n'étaient pas à la disposition de la personne. En termes de métaprogrammes, recadrer nécessite essentiellement une aptitude à produire des réponses *en désaccord* par contre-exemple, et des réponses témoin du processus : une métaposition.

D'autre part, le recadrage est considéré comme une technique auditive, il peut aisément être pratiqué sous forme de dialogue intérieur, ce qui n'est pas le cas des autres techniques présentées auparavant : dissociation VK et changement du vécu subjectif de l'histoire.

Nous avons dit que le recadrage avait pour but de montrer le problème sous un jour différent de celui dans lequel il est précisément considéré comme un problème ; cela présuppose l'intervention d'autres sources de référence que celles utilisées.

Si nous sommes quatre personnes qui observons le même objet, nous en aurons quatre points de vue différents ; selon nos subjectivités respectives, les différences seront plus ou moins importantes. Lorsqu'on se propose d'effectuer un recadrage dans un contexte de développement personnel, le cas typique est celui d'une personne qui éprouve une difficulté dans sa vie et qui s'en plaint. Pour recadrer cette difficulté, nous allons lui en faire découvrir un autre aspect, cependant, ce n'est pas notre rôle que de donner notre avis qui pourrait être un point de vue différent du problème en question ; pour des raisons d'efficacité, nous préférons que la personne découvre en elle-même les moyens de surmonter ses problèmes. Celà étant posé, nous allons devoir fournir à la personne les moyens de découvrir en elle-même d'autres choix, pour cela, nous faisons appel à ses aptitudes de dissociation et nous l'aidons à créer, à objectiver en elle différentes parties.

Chaque fois que nous hésitons entre plusieurs options, nous mettons en scène différentes parties de nous-même nous allons chercher certaines références qui s'opposent mais dans lesquelles nous nous reconnaissons pourtant. Par exemple, il n'est pas rare d'éprouver un fort désir pour quelque savoureuse tentation et de choisir délibérément d'y résister : dans un cas tel que celui-ci, nous avons hésité entre deux possibilités, celle qui l'a emporté avait très certainement des avantages secondaires importants, mais, au-delà du contenu, ce qui nous intéresse dans l'optique du recadrage, c'est le *dialogue* qui s'est installé en nous-même entre deux parties qui se sont opposées puis qui ont vraisemblablement négocié un accord écologique pour l'ensemble des différentes parties, c'est-à-dire la personne.

L'aptitude à se dissocier en plusieurs parties différentes représente une condition nécessaire au recadrage, cette condition est également un présupposé. Il en est un autre sur lequel se fonde la technique : nous pensons qu'en chacun de nous existe une sorte de sagesse inconsciente [1] qui veille au maintien d'une écologie personnelle. Cela s'illustre dans de nombreux exemples, dans des expériences très largement partagées par la plupart d'entre nous. Ne vous est-il jamais arrivé de vous dire ou d'entendre dire autour de vous :« Je ne sais pas ce qui m'a pris de refuser les propositions de ce vendeur, sur l'instant, mon associé m'a fait des reproches, mais, quand nous nous sommes aperçus qu'il avait roulé plusieurs personnes avant nous, je me suis dit que j'avais bien fait de me fier à mon instinct ! » Dans certaines circonstances, la logique voudrait que nous agissions d'une certaine façon, malgré cela nous nous y prenons autrement et il apparaît que nous avons inconsciemment choisi la bonne solution. Selon nos différences, nous appelons cela avoir du flair, de l'intuition, se fier à son instinct, mais ces expériences sont très courantes. Nous nous fondons sur la certitude issue de tels événements pour étayer notre croyance, ainsi que sur la notion de marge d'influence que nous avons évoquée dans *Comprendre la PNL*. Nous pensons qu'il est impossible d'influencer les autres dans un sens différent de celui de leurs critères essentiels, si nos propositions transgressent leurs valeurs fondamentales, nous n'avons aucune chance de les voir acceptées. D'autre part, nous ne sommes pas toujours conscients du fait que nous choisissons des options qui vont dans le sens de nos critères hautement valorisés, c'est ce que nous appelons des choix inconscients. Ces choix inconscients tiennent compte d'exigences personnelles que nous ne connaissons pas forcément, ils maintiennent notre cohérence et participent à notre écologie.

Dans le contexte du recadrage, l'existence de choix inconscients visant à protéger l'écologie de la personne est essentielle et nous devons en parler, l'expliquer et faire adopter cette croyance avant d'entreprendre le recadrage. La personne doit croire que le dialogue qui s'installe en elle tra-

1. La notion de sagesse inconsciente est très utilisée dans la pratique de l'hypnose ericksonnienne. Voir à ce propos : *Milton Erickson : un thérapeute hors du commun*, par Jay Haley et *L'Hypnose thérapeutique*, quatre conférences de Milton Erickson.

vaille pour elle dans un sens positif, dans le cas contraire, le recadrage ne donne pas les résultats souhaités ou n'est pas accepté par la personne. En outre, il est indispensable, pour réaliser le recadrage en six étapes, que la personne accepte la possibilité de l'existence de signes de communication entre son inconscient et son conscient.

Pour obtenir la participation de la personne, il est utile de se servir d'exemples issus de la vie quotidienne ou de métaphores mettant en scène des faits qu'elle connaît et accepte, et de se servir des mots qu'elle utilise car ce sont ceux-là qui précisément traduisent ses critères.

Le recadrage en six étapes nécessite la participation de différentes parties de la personne, pour ce faire, nous présentons une sorte d'aide-mémoire qui récapitule des points importants à mettre en évidence lorsqu'on fait appel à une partie ou que l'on en crée une. On peut considérer que ces *parties* représentent les ressources nécessaires pour résoudre le problème en question.

a. Créer une partie, une ressource

1. Définir la partie :

— Que voudriez-vous pour vous-même ?

On demande à la personne de déterminer quelque chose qu'elle aimerait avoir, un comportement, une attitude ou bien quelque chose qu'elle possède déjà mais voudrait développer. La personne peut choisir quelque chose qu'elle apprécie chez une autre personne.

2. Identifier le contexte et le déclencheur

— Où et quand ?

Cette fois, il s'agit de savoir où et quand cette partie a un rôle à jouer et qu'est-ce qui lui permet de savoir qu'elle doit jouer ce rôle. Par exemple, si la personne souhaite acquérir une partie « goût du risque », il est des circonstances où elle ne doit pas se manifester et d'autres où elle se révèle de la plus grande utilité ; la personne doit donc réfléchir et trouver contextes et déclencheurs de cette partie. Si elle permet à la partie « goût du risque » de se manifester dans le contexte de la conduite automobile pour les promenades en famille le dimanche après-midi, ce n'est certainement pas un choix responsable ; en revanche, la partie « goût du risque » peut représenter une ressource considérable lorsque la personne qui l'utilise sait limiter ses contextes : reconnaître à qui s'adresse le risque et ce qu'elle met précisément en jeu.

3. Définir les actions

— Comment précisément va-t-elle jouer son rôle ?

Cette exploration se compare à celle des équivalences complexes d'un objectif[1] ; nous demandons à la personne de répondre à une variante de la question : « Comment saurez-vous que vous avez atteint votre but ? » Ici l'interrogation pourrait se formuler ainsi :

— Qu'attendez-vous de cette partie, que doit-elle faire pour vous ?

Ce qui est sous-endendu c'est « pour vous permettre de la reconnaître et de l'apprécier ». Ici, on se réfère encore au schéma de provenance des ressources, pour guider la recherche de la personne, si elle choisit une partie « patiente », on lui demande de fournir des exemples et de préciser à quelles actions cela correspond.

4. Déterminer l'état intérieur associé

Jusqu'à maintenant, nous avons mis en évidence le contexte et les équivalences complexes : nous étions au niveau du comportement extérieur ; il nous reste à découvrir quelle sensation intérieure accompagne ce comportement[2]. Si nous reprenons le cas de notre sujet qui veut avoir « le goût du risque », nous allons chercher à savoir quelles émotions soutiennent le comportement que nous avons élucidé à l'étape précédente. Pour mettre en pratique son « goût du risque » en jouant à un jeu dit de hasard, il aura probablement besoin de garder tout son calme, le meilleur moyen pour ce faire est encore de rester calme, on peut donc accepter cet état intérieur défini comme tel en tant que sensation accompagnant le comportement « goût du risque ».

5. Les croyances

— Qu'est-ce qui vous oblige à vouloir cela ?

Les croyances motivent et maintiennent les comportements, celui qu'on définit ici n'échappe pas à cette règle, et nous allons donc essayer de mettre en évidence la croyance comportementale qui l'étaye. Des questions telles que :

— Comment pouvez-vous qualifier une personne qui fait preuve avec compétence de... (le comportement de la partie) ?

---

1. Voir chapitre précédent : Le questionnement d'objectif.

2. Voir le schéma de la PNL, comportement extérieur, état intérieur et processus interne.

— En quoi est-ce important d'être... (le qualificatif donné) ?

Exemple : « Comment pouvez-vous qualifier une personne qui fait preuve avec compétence du "goût du risque" ?

— C'est quelqu'un de courageux !

— En quoi est-il important d'être courageux ?

— Il faut faire preuve de courage pour montrer l'exemple ! »

Deux interrogations suffisent pour parvenir aux valeurs essentielles et critères qui découlent de la croyance ; dans l'exemple ci-dessus, notre sujet croit en la valeur de l'exemple, en l'image que l'on donne de soi et, pour être en accord avec lui-même, il doit accomplir les exigences inhérentes à l'image qu'il veut montrer aux autres comme exemple.

6. Spécifier l'écologie

— Que va-t-il se passer lorsque cette nouvelle partie agira ?

— En quoi l'action de la nouvelle partie va-t-elle affecter l'ensemble ?

Nous devons trouver des réponses à ces questions afin de relever d'éventuelles incompatibilités ; en effet, il serait vain de vouloir se doter de comportements qui se révéleraient en contradiction avec l'ensemble des autres. Le rôle de la nouvelle partie doit venir compléter et s'harmoniser avec celui des autres déjà existantes.

Exercice 28 : Créer une partie dans le cadre du *comme si* : deux personnes, un acteur et un sujet, à tour de rôle, dix minutes par tour.

— L'acteur recueille auprès du sujet les informations concernant les six points énumérés ci-dessus.

— L'acteur aide le sujet à construire dans le cadre du *comme si* un scénario qui mette en scène la nouvelle partie. L'acteur doit veiller à la présence d'éléments déclencheurs au début du scénario, et doit guider le sujet du cadre du *comme si* à la projection dans le futur pour effectuer à la fois une transition vers la réalité et une vérification.

— Le sujet fait part de son expérience et remarque s'il a découvert quelque chose d'utile, de différent ou d'inattendu au cours de ce travail.

Ce travail a pour but d'apprendre à cerner rapidement une partie ou une ressource, il permet en effet par une suite de vérifications comparable au questionnement d'objectif de savoir si la demande de la personne est valable ou non dans son cadre spécifique. C'est un moyen de faire le point sur les besoins réels de la personne ; l'exercice donne les moyens d'une mise en pratique mentale qui représente une ultime vérification. Cette démarche d'exploration a enfin un autre but qui est de prendre conscience d'une possibilité de communication entre les différentes parties de la personne, et entre son conscient et son inconscient. Comme nous l'avons souligné plus haut, ce dernier point est indispensable à mettre en place avant d'effectuer un recadrage en six étapes.

Au cours du recadrage, nous n'avons généralement pas recours à toutes ces étapes car nous faisons appel à des parties que la personne reconnaît posséder en elle, à l'exception des cas où elle n'a pas conscience de disposer de telle ou telle partie. Quand nous suggérons à la personne qu'il existe en elle une partie créative, elle refuse parfois cette suggestion et, dans ce cas, nous devons, avec son accord et sa participation, créer cette partie manquante en suivant les étapes définies ci-dessus.

b. Le recadrage en six étapes

Exercice 29 : Deux personnes, un acteur et un sujet, à tour de rôle, de vingt à quarante minutes par tour.

L'acteur a expliqué auparavant au sujet l'existence de différentes parties en lui-même, leur possibilité de communiquer et d'établir des signes, la notion de choix inconscients.

1 - L'acteur aide le sujet à identifier le comportement qu'il vit comme un problème ou qui représente une difficulté. Le sujet donne un nom à ce comportement

2 - L'acteur amène le sujet à demander à la partie de lui-même responsable de la difficulté si elle est d'accord pour communiquer.

L'acteur fait établir par le sujet un signal oui/non avec cette partie. Pour cela, il demande au sujet du prendre conscience de ce qui se passe en lui au moment où il pose la question (image, son, sensation). Si la partie responsable de la difficulté est d'accord, le sujet lui demande de le signifier en augmentant le signal, si elle n'est pas d'accord pour communiquer, le sujet lui demande de diminuer ce signal.

Si la réponse est oui, l'acteur demande au sujet de remercier cette partie de lui-même pour sa coopération.

Si la réponse est non, il explique au sujet que cette partie de lui-même a parfaitement le droit de ne pas faire confiance à son conscient, peut-être estime-t-elle que ce n'est pas le bon moment pour travailler ou qu'elle a besoin d'être rassurée quant aux intentions positives à son égard.

Si l'acteur travaille en ayant mis le sujet en état d'hypnose, il peut également tenter d'établir un signal entre lui-même et cette partie en passant au-delà du conscient du sujet.

Dans le contexte du développement personnel, l'exercice peut s'arrêter là ; en effet, le problème soulevé est trop important, ou bien encore une approche différente ou différée s'impose. une autre possibilité pour continuer l'exercice consiste à apporter des informations de manière à rassurer la partie responsable de la difficulté en lui prouvant que le sujet n'a aucune intention négative à son égard, reposer la question puis continuer ou arrêter l'exercice en fonction de la réponse.

3 - L'acteur suggère ensuite au sujet de demander à la partie de lui responsable de sa difficulté de lui faire part de son intention lorsqu'elle produit ce comportement non désiré. Il s'agit de bien séparer le comportement de l'intention et d'amener le sujet à reconnaître cette partie de lui comme une alliée, une amie et non comme quelque chose de négatif dont il voudrait se débarrasser. Le travail de l'acteur consiste à faire accepter au sujet l'intention positive qui lui est révélée. Cette information doit souvent être traduite à partir d'une sensation, d'une image, d'une perception que le sujet commente et interprète ; l'acteur peut également faire réfléchir le sujet dans le cadre du *comme si* (si vous étiez à la place de cette partie, que voudriez-vous obtenir en agissant de la sorte, compte tenu de l'aspect positif de l'intention ?).

L'acteur suggère au sujet de remercier la partie responsable de la difficulté pour sa collaboration.

4 - L'acteur suggère au sujet d'entrer en contact avec la partie créative qui existe en lui (si le sujet nie l'existence de cette partie, en créer une dans ce but), et de lui demander de proposer à la partie responsable de la difficulté au moins trois alternatives au comportement non désiré. Ces possibilités doivent répondre à la même intention que le comportement non désiré pour que la partie responsable de ce dernier puisse accepter de les essayer.

Ces nouveaux choix peuvent s'effectuer à l'insu du conscient du sujet, si c'est le cas, l'acteur le rassure en lui disant par exemple que ces parties de lui travaillent ainsi pour être plus efficaces, et lui suggère simplement de vérifier que le contact est bien établi, puis que la partie responsable de la difficulté a bien reçu le message de la partie créative.

Lorsque ce travail est effectué, l'acteur demande au sujet de remercier sa partie créative.

5 - L'acteur suggère ensuite au sujet d'entrer en contact avec la partie responsable de la difficulté, puis de lui demander de contrôler les possibilités que la partie créative lui a proposées et d'en retenir de une à trois qui satisfassent ses intentions aussi bien que le comportement non désiré. Le sujet lui demande ensuite de lui faire savoir avec signal oui/non si elle est d'accord pour essayer ces nouveaux comportements, si oui, il remercie la partie de sa collaboration, si non, il va falloir négocier un nombre d'essais ou une limite dans le temps.

6 - Étape de vérification.

L'acteur demande au sujet de prendre tout le temps nécessaire pour vérifier que ces possibilités sont acceptées non seulement par la partie responsable du comportement non désiré, mais aussi par les autres parties de lui-même. Le sujet doit vérifier s'il existe en lui quelque chose qui s'oppose à la mise en place de ces nouveaux comportements.

Si une objection apparaît, l'acteur fait revenir le sujet à l'étape 3 et parcourt à nouveau le processus.

Si plusieurs objections apparaissent, l'acteur amène le sujet à faire une négociation entre toutes ces objections.

Si aucune objection n'apparaît, l'acteur suggère au sujet de remercier toutes ces parties de lui qui ont accepté de collaborer.

L'acteur félicite le sujet d'avoir réussi à établir une communication avec son inconscient et l'encourage à mettre en pratique ce qu'il a appris de l'exercice.

Cette technique de recadrage en six étapes est la plus connue et la plus souvent enseignée dans les stages de PNL de niveau praticien. Il existe des variantes qui sont :

— Le recadrage de contexte

— Le recadrage spatial.

c. **Le recadrage de contexte** à la différence du modèle type présenté ci-dessus qui s'intéresse au contenu du problème, ne vise pas à remplacer un comportement non désiré par un autre comportement, mais simplement à changer le contexte d'apparition de ce comportement non désiré. On procède donc comme pour le recadrage en six étapes, mais à l'issue de la troisième, on cherche d'autres contextes pour le comportement.

On vérifie ensuite en projetant dans le futur et, en cas d'objection, on négocie avec les parties qui s'opposent jusqu'à ce que l'on obtienne un accord unanime.

d. **Le recadrage spatial** n'est autre que la technique des chaises vides utilisées par Fritz Perls à qui l'on doit la thérapie et la démarche *gestalt*. Pour cette technique, on identifie les différentes parties responsables d'un comportement non désiré et on leur assigne un emplacement (une chaise par exemple).

Lorsque le sujet occupe cet emplacement, il s'exprime comme s'il était la partie concernée.

Le travail consiste à établir une communication entre le sujet et les différentes parties de lui-même pour négocier un comportement adapté et consenti à l'unanimité.

Dans le même état d'esprit, on évoque la technique de Virginia Satir[1] « *Part's Party* ». Cette technique s'effectue dans l'imaginaire de la personne qui invite à une réunion les différentes parties d'elle-même concernées par un problème (comportement non désiré ou autre). Le praticien aide le sujet à faire s'exprimer chaque partie afin d'établir une communication entre elles et la personne.

Le recadrage tel que nous l'avons présenté cherche à créer des options différentes en permettant à la personne de dialoguer avec elle-même. Cest un excellent moyen de comprendre et de résoudre nos incongruences.

On dit qu'un comportement est incongruent quand il émet des messages contradictoires. Le ton de la voix et le contenu du discours peuvent être en désaccord ou bien l'expression du visage contredit les gestes. L'incongruence peut aussi se manifester à différents moments au lieu d'être simultanée, dans ce cas, la personne produit un comportement congruent qu'elle contredit l'instant d'après par un autre comportement congruent mais en total désaccord avec le premier. Ces comportements sont initiés par différentes parties de la personne que le recadrage permet de mettre en communication pour aboutir à une ou des solutions satisfaisantes pour l'ensemble.

e. Le recadrage en une phrase que nous allons évoquer maintenant brûle ces étapes et propose seulement un résultat sans en montrer la démarche.

Quand on effectue un recadrage en une seule phrase, on commence par sortir du cadre initial (réponse *en désaccord*) et on produit un contre-exemple qui met en évidence un aspect du problème jusque-là ignoré ou passé inaperçu.

Les techniques du menu d'influence conviennent parfaitement pour effectuer des recadrages en une seule phrase et le métamodèle pour le langage constitue un outil précieux. Nous donnons plus loin un bref aperçu de ces deux outils de la PNL à titre de rappel.

Le recadrage en une phrase procède globalement de deux approches : l'une se manifeste comme une contre-attaque et s'apparente à un combat où l'on rend coup pour coup, la boxe constitue une comparaison acceptable pour cette façon de faire.

L'autre approche se fait en deux temps, en premier il s'agit d'accepter l'affirmation, en second de la retourner sous une forme différente à son partenaire. Nous ne sommes plus dans le cadre du combat, mais davantage dans celui de l'utilisation des différences ; c'est dans cet esprit que nous enseignons aux vendeurs à accepter et gérer les objections que formulent les clients. Nous fondons cette attitude sur la croyance suivante :

1. Cette technique est reprise et décrite par Genie Laborde dans une forme individuelle.

nous créons notre réalité, donc si nous combattons, nous avons en face de nous des adversaires et, si nous dialoguons, nous échangeons des propos avec des interlocuteurs ou des partenaires.

Dans le contexte du développement personnel, nous cherchons par le recadrage à positiver une attitude, un état intérieur, un comportement que la personne présente comme négatif. Si quelqu'un dit :

— Cela m'ennuie terriblement et me paralyse d'avoir le trac avant d'entrer en scène !

On peut lui répondre pour positiver cette affirmation et la recadrer :

— Il n'y a que les bons acteurs qui ont le trac avant d'entrer en scène !

En procédant ainsi, on transforme le trac vécu comme handicap en un moyen d'information qui traduit la qualité de l'acteur, en exagérant un peu, on pourrait aller jusqu'à dire : « Vous devriez pourtant vous en féliciter, car il n'y a que les bons acteurs qui ont le trac ! »

Lorque notre observation nous a permis de découvrir les croyances et les critères de la personne, le recadrage en une phrase se révèle d'une grande efficacité s'il utilise cette porte ouverte qu'ils représentent.

Exercice 30 : un acteur et un sujet, dix à quinze minutes.

— L'acteur et le sujet conversent en ayant soin de choisir un thème qui les intéresse beaucoup l'un et l'autre ou au moins le sujet.

— L'acteur relève les principales distinctions des métaprogrammes et les critères du sujet et, lorsque celui-ci fait une affirmation, il la recadre en une phrase qui tienne compte des observations effectuées.

Exemple :

— Je trouve que les courses automobiles sont dangereuses, inutiles et coûtent beaucoup d'argent.

(On admet que la personne utilise une orientation *personnes*, des réponses de rapprochement, un opérateur modal *devoir* pour la motivation et une référence futur.)

— Les courses automobiles sont en effet dangereuses pour les pilotes, mais elles sont très populaires et passionnent un vaste public, en outre on se doit de passer par un tel investissement pour réaliser les progrès indispensables pour que la construction automobile s'adapte aux futures conditions du marché.

Le recadrage, le changement du vécu subjectif de l'histoire et la dissociation visuelle kinesthésique représentent les trois interventions majeures de la PNL, les autres techniques que nous avons présentées dans ce chapitre sont plutôt des éléments qui s'y intègrent bien que, dans certains cas, ils peuvent suffire, comme l'association d'ancres ou la recherche de ressources.

Le recadrage occupe cependant une place spécifique en ce qu'il peut être réduit à une seule phrase, et c'est probablement le fait qu'on le considère comme une technique *auditive* qui permet cela. Cependant, nous ne devons pas exclure la possibilité d'effectuer un changement du vécu subjectif de l'histoire sur le mode d'un dialogue. Les questions et suggestions suivantes :

— Que s'est-il passé ?

— Qu'avez-vous éprouvé alors ?

— Cela s'est-il produit plusieurs fois ?

— Comment auriez-vous souhaité agir au lieu de cela ?

— Qu'auriez-vous éprouvé ?

— Décrivez-moi ce qui aurait dû se passer.

— Que vous manque-t-il pour y arriver ?

— Disposez-vous de cette ressource dans d'autres contextes ?

— Voulez-vous essayez d'imaginer ce qui aurait changé si vous aviez disposé de cette ressource la dernière fois que vous avez éprouvé cette sensation négative ?

permettent de faire apparaître les étapes d'un changement du vécu subjectif de l'histoire : définition du problème, définition des ressources, vérification de l'utilité de la ressource dans le contexte passé.

La démarche de la dissociation visuelle-kinesthésique peut aussi s'effectuer sous forme de questions et réponses, les questions qui permettent à la personne de se dissocier étant :

— Si vous analysez cette expérience, à votre avis comment les choses devraient-elles se passer ?

— Qu'aurait pu constater un observateur en regardant cela ?

ou bien

— Si vous aviez été témoin de cette expérience au lieu d'y avoir participé, qu'auriez-vous vu ? appris ?

— Qu'en aurait-il appris ?

— Pouvez-vous imaginer les résultats visibles de cet apprentissage ? En quoi va-t-il modifier les prochaines expériences de ce type ?

Au niveau des techniques avancées de la PNL, nous utilisons de façon privilégiée les interventions réduites à une seule phrase, nous effectuons des recadrages qui ne s'adressent pas seulement au contenu ou au contexte d'un comportement mais intéressent également le passé, on évoque alors une variation du changement du vécu subjectif de l'histoire.

C'est de ce point de vue que nous nous proposons de poursuivre la présentation des modèles d'intervention en PNL par un rappel des différentes techniques du menu d'influence, elles nous sont indispensables pour réaliser des interventions réduites à une seule phrase.

6 - Le menu d'influence

Le menu d'influence se compose de treize techniques différentes destinées à :

— **réorienter des présuppositions ;**

— **vérifier la validité des relations de cause à effet ;**

— **effectuer des interventions en une seule phrase.**

Nous avons déjà évoqué le menu d'influence dans *Comprendre la PNL*, sous la forme d'une énumération complète, expliquée en détails, mais un peu simplifiée quant aux distinctions de chacune des treize techniques. La version présentée ci-dessous est plus détaillée mais nous faisons l'économie des explications pour éviter les répétitions.

Nous proposons au lecteur d'illustrer ces techniques en utilisant comme point de départ cet exemple qui sera conservé tout au long de cette présentation.

— « **Je me sens mal à l'aise lorsque j'ignore la réponse à une question qu'on me pose.** »

On imagine la situation suivante, une personne prononce cette affirmation, son interlocuteur la conteste en utilisant les techniques du menu d'influence.

1) *Changer la taille du cadre : chunk up, chunk down, lateral chunking*

a) ***Chunk up***

Il s'agit d'agrandir la taille du cadre en élevant le débat.

— Ce n'est pas le fait d'ignorer la réponse qui vous met mal à l'aise, c'est plutôt d'avoir l'impression de frustrer celui qui pose la question.

b) ***Chunk down***

Il s'agit de rétrécir la taille du cadre en allant vers les détails, on utilise alors :

— **Le métamodèle pour explorer les équivalences complexes :**

— Qu'est-ce que cela signifie précisément pour vous « ignorer une réponse » ?

— **Les sous-modalités auditives, visuelles, kinesthésiques de l'expérience :**

— Qu'est-ce qui vous met le plus mal à l'aise : voir la personne poser une question, entendre la question, ou bien est-ce quelque chose que vous ressentez ?

— **Les croyances, valeurs ou critères** :

— Comment qualifiez-vous quelqu'un qui a réponse à tout ?

c) ***Lateral chunking***

Il s'agit de créer des relations de similitudes.

— C'est comme si vous aviez l'impression d'être jugé ?

2) Changer le cadre lui-même

— **Métacadre ou commentaire à propos du cadre :**
— Que pensez-vous de cette attitude quand vous l'analysez ?
— **Le contexte :**
— C'est une façon de vouloir vous soustraire à l'opinion des autres !

3) La contestation

a) Le comportement extérieur :
— Cela ne se voit vraiment pas !
b) L'équivalence complexe :
— Le fait d'ignorer une réponse se traduit-il toujours ainsi ?
c) Le critère :
— Pourquoi devriez-vous être capable de donner des réponses aux questions qu'on vous pose ?
d) L'état émotionnel :
— Ce malaise est un excellent indicateur de l'état de vos connaissances !
e) Le contexte :
— Cela ne se produit-il qu'avec vos supérieurs hiérarchiques ?
f) La relation de cause à effet :
— Est-ce vraiment le fait d'ignorer la réponse qui vous met mal à l'aise ?
— Si vous connaissiez la réponse à la question, seriez-vous à votre aise ?

4) La stratégie de la réalité

Comment la personne sait-elle ce qu'elle sait ?
— Qu'est-ce qui vous permet de savoir que vous ignorez totalement la réponse ?

5) Le modèle du monde

Replacer l'affirmation dans le contexte de la réalité spécifique de la personne ou dans celle d'une autre personne.
a) Appliqué à soi :
— C'est vous qui jugez cela ainsi, vos auditeurs n'interprètent pas votre comportement de la sorte !
b) Appliqué à l'autre :
— Pour ma part, lorsque j'ignore la réponse à une question, cela aiguise ma curiosité !

6) L'objectif

Il s'agit de déterminer le but de l'affirmation.

a) Appliqué à soi :
— Voulez-vous modifier cet état de choses ?
b) Appliqué à l'autre :
— En quoi puis-je vous être utile pour cela ?
c) Méta-objectif ou commentaire sur l'objectif :
— A votre avis, quel but cherche-t-on à atteindre par le savoir ?

7) L'intention

Il s'agit de découvrir l'intention du comportement, éventuellement pour l'en séparer.
a) Appliquée à soi :
— Pourquoi évoquez-vous cela maintenant ?
— En quoi ce comportement vous est-il utile ?
b) Appliquée à l'autre :
— J'espérais que vous en prendriez conscience plus tôt !
— Je me félicite d'avoir fait confiance à votre capacité de discernement !

8) Les conséquences

Négatives ou positives, quelles peuvent être les conséquences de l'affirmation ?
— Si vous continuez ainsi, vous risquez d'être souvent mal à l'aise !
— C'est en prenant conscience de ses lacunes qu'on peut les combler !

9) Les contre-exemples

— Existe-t-il des circonstances où cela ne vous met pas mal à l'aise ?
— Vous n'aviez pas l'air particulièrement mal à l'aise hier quand vous avez reconnu que vous ignoriez ce que je vous demandais !

10) Redéfinir

Il s'agit de traduire l'affirmation.
— Changer les équivalences complexes :
— Si je vous comprends bien, vous ne pouvez vous exprimer autrement lorsque vous ignorez quelque chose ?
— Vous pourriez mettre à profit ce malaise car il vous signale que vous devez compléter vos informations !
— Ce que vous décrivez est souvent une manifestation de crainte !

11) Etablir une hiérarchie de critères

Quels sont les critères les plus valorisés de la personne ?
— Que préférez-vous : avoir des réponses toutes prêtes pour toutes sortes

de questions ou bien savoir qu'avant d'apprendre quelque chose il est nécessaire d'être conscient de son ignorance ?

— Qu'est-ce qui est le plus important pour vous dans cette situation ?

— Dans cette situation, à quoi donnez-vous la priorité ?

12) Appliquer le critère

— Si vous êtes mal à l'aise, cela met les autres mal à l'aise !

— Quand vous ignorez la réponse à une question, cela signifie en principe que vous êtes au moins deux dans le même cas !

— La personne qui vous questionne n'est certainement pas plus à l'aise de devoir poser la question que vous d'en ignorer la réponse !

13) Les métaphores, les comparaisons

— J'ai souvent éprouvé cela, avant de prendre conscience que c'était une chance qui m'était offerte de me remettre en question !

— C'est un peu comme si vous aviez fait une promesse que vous ne pouviez tenir.

— Dans l'enseignement, il y a beaucoup de moments difficiles comme ceux dont vous me parlez aujourd'hui !

7 - Le métamodèle pour le langage

Le métamodèle pour le langage est constitué d'un ensemble de techniques utilisant le langage pour contester ou clarifier le contenu des informations verbales que nous échangeons dans l'interaction. Comme le menu d'influence, le métamodèle pour le langage a été déjà étudié dans *Comprendre la PNL*, c'est pourquoi nous n'en donnons qu'un rappel sous la forme d'une énumération des différentes techniques de questionnement permettant de contester les affirmations qui le transgressent. Le métamodèle est destiné à faire clarifier l'information que nous fournissent nos interlocuteurs en mettant en évidence l'utilisation limitante qu'ils font des phénomènes nommés universels de modelage de l'expérience. Les universels de modelage de l'expérience sont des filtres qui agissent entre notre perception et la représentation linguistique de celle-ci d'une part, d'autre part entre la représentation linguistique de notre perception et les mots sélectionnés pour véhiculer un message destiné à la traduire. On distingue **l'omission, la généralisation et la distorsion**, en tant qu'universels de modelage de l'expérience ; selon les contextes, ils sont utiles ou limitants et c'est dans ce cas que les techniques du métamodèle entrent en jeu.

Les questions qui permettent de contester les transgressions du méta-modèle sont soulignées.

a. Les omissions

— **Simples, liées aux verbes non spécifiés.**
Exemple :
— Paul m'a fait peur depuis quelque temps !
— Comment précisément vous fait-il peur ?
— **Simples, liées aux comparatifs et aux superlatifs.**
Exemple :
— Vous feriez mieux de ne pas répondre aux provocations !
— Par rapport à quoi cela serait-il mieux ?
— **Complexes : opérateurs modaux de nécessité (devoir, falloir) et de possibilité (vouloir, pouvoir).**
Exemple :
— Vous devez prendre conseil de vos parents !
— Que se passera-t-il sinon ?
— Je ne peux pas arriver à mon but !
— Qu'est-ce qui vous en empêche ?
— **Complexes : verbes symétriques (l'action nécessite la présence d'au moins deux personnes : se disputer, s'embrasser, etc.).**
Exemple :
— Mes voisins ne me disent jamais bonjour quand ils me croisent !
— Dites-vous bonjour à vos voisins quand vous les croisez ?

b. Les généralisations

— **Mots sans index de référence : on, les gens.**
Exemple :
— On m'a dit que vous reveniez des Indes.
— Qui précisément vous a dit cela ?
— **Noms désignant des catégories**
Exemple :
— Les vendeurs sont de beaux parleurs !
— Quels vendeurs précisément ?
— **Quantifieurs universels : tout, rien, personne, nul, tout le monde, jamais, toujours, etc.**
Exemple :
— Il ne fait jamais ce que ses patrons lui demandent !

— Vraiment jamais ?
— Je n'ai rien appris à son cours !
— Vraiment rien ?

c. Les distorsions

— **Nominalisations (noms issus d'un verbe).**
Exemple :
— C'est pour mettre fin à sa dépendance vis-à-vis de ses chefs que j'agis de la sorte.
— Qu'est-ce que cela représente pour vous : dépendre de ses chefs ?
— Il s'est sacrifié par amour de la patrie !
— Qu'est-ce que cela signifie pour lui : aimer la patrie ?
— **Divination ou *mind-reading*.**
Exemple :
— Je sais qu'il est triste.
— Qu'est-ce qui précisément vous permet d'affirmer cela ?
— Henri est un homme courageux.
— Comment le savez-vous ?

— **Affirmations toutes faites : *lost performatives* (le responsable de l'affirmation a disparu, le but de la contestation est de le retrouver).**
Exemple :
— Ici, il ne faut pas parler de ce sujet !
— Qui en a décidé ainsi ?
— On ne peut pas rester seul !
— Qui a dit cela ?
— **Relations de cause à effet (vérification de leur validité).**
Exemple :
— Je partirais bien en vacances mais je n'ai pas de voiture.
— Si vous aviez une voiture, vous partiriez en vacances ?
— Il pourrait réussir s'il n'était aussi paresseux !
— Voulez-vous dire qu'il ne réussit pas parce qu'il est paresseux ?

— **Relations de cause à effet par équivalence.**
Dans ce type de relation, la personne associe des comportements comme étant équivalents ; généralement, deux affirmations juxtaposées ou séparées par une pause indiquent la présence de ce type de relation.
Exemple :
— Ma secrétaire ne sourit jamais... Elle a mauvais caractère !
— Voulez-vous dire qu'elle a mauvais caractère parce qu'elle ne sourit jamais ?

— On ne peut pas s'entendre avec Gaël ! ... Il ne parle pour ainsi dire jamais.

— Voulez-vous dire que vous ne vous entendez pas avec Gaël parce qu'il ne parle pour ainsi dire jamais ?

8 - Détecter une stratégie de motivation

A présent, nous allons étudier les moyens de reconnaître les stratégies de motivation grâce à la combinaison de différentes distinctions des métaprogrammes. Cela va nous fournir les critères que la personne cherche à satisfaire par son comportement, ainsi que l'emballage linguistique qu'elle utilise pour les exprimer. Cette recherche a pour but précisément de recueillir assez d'informations pertinentes pour être en mesure de se servir de la forme de cette stratégie pour en installer une autre sans pour autant remplacer la première s'il ne s'agit pas d'un comportement non désiré.

Nous considérons que nous agissons en fonction de plusieurs critères et que notre champ d'action se situe entre deux pôles, l'un étant représenté par *l'impossibilité de ne pas agir ainsi,* l'autre par *l'impossibilité d'agir ainsi.* Nous distinguons successivement les catégories ci-dessous associées aux distinctions des métaprogrammes.

catégories	**métaprogrammes**
— ne pas pouvoir s'empêcher de...	*soi*
— vouloir faire...	*rapprochement*
— faire... pour être en accord avec soi	*référence intérieure*
— faire... pour préparer le futur	*éloignement*
— faire... par obligation	*référence extérieure*
— ne pas pouvoir faire.	*autres*

La première catégorie ***ne pas pouvoir s'empêcher de*** représente ce que la personne fait en le ressentant comme une action automatique voire même compulsive ; ce type d'action est exclusivement orienté vers *soi* et situé dans le présent.

La deuxième catégorie ***vouloir*** concerne ce que la personne aime ou a envie de faire, il s'agit d'une réponse de *rapprochement.*

La troisième catégorie ***en accord avec soi*** s'intéresse à ce que la personne choisit de faire parce que cela correspond avec l'image qu'elle veut donner d'elle et l'idée qu'elle a d'elle-même ; la référence est donc *intérieure.*

La quatrième catégorie ***faire... pour préparer le futur*** regroupe ce que la personne fait pour en obtenir un bénéfice dans l'avenir, ce sont des investissements à moyen et long terme effectués selon une réponse d'*éloignement*.

La cinquième catégorie ***faire... par nécessité*** concerne ce que la personne fait parce qu'elle est obligée de le faire, cela ne procédant pas d'un choix de sa part ; les contraintes sociales font partie de cette catégorie. La référence est donc *extérieure*.

Enfin, **la sixième catégorie** ***ne pas pouvoir faire*** représente ce que la personne considère comme lui étant totalement étranger ; cela ne fait pas partie de son modèle du monde et, à ce titre, entre dans la distinction *autres* des métaprogrammes.

On peut déjà remarquer que l'attention se porte sur le choix spécifique des opérateurs modaux, ils diffèrent selon que la personne place l'action dans l'une des six catégories. Notre rôle consiste à découvrir quelles actions la personne place dans ces catégories et quelles sont celles dans le cadre desquelles elle agit le plus souvent, afin d'utiliser la forme déjà existante pour, le cas échéant, installer une autre stratégie. Ce type d'intervention s'effectue sous la forme d'une ou deux phrases qui produisent l'effet désiré pourvu qu'elles empruntent les chemins habituels de la motivation de la personne.

Exemple :

1) Que faites-vous sans pouvoir vous en empêcher ?

— Je suis curieux de tout ce qui se présente et que je ne connais pas.

2) Qu'avez-vous envie de faire ?

— Découvrir des choses nouvelles, j'aime beaucoup voyager par exemple.

3) Que faites-vous pour être en accord avec vous-même ?

— Je me tiens informé de l'actualité, bien que parfois cela m'ennuie un peu parce qu'à mon avis les mêmes événements et les mêmes commentaires se répètent trop souvent.

4) Que faites-vous pour préparer l'avenir ?

— Il faut bien que je fasse des économies, ne serait-ce que pour m'offrir les voyages dont je rêve !

5) Que faites-vous par nécessité ?

— Je m'occupe de la paperasse, comme la plupart des gens.

6) Que vous est-il impossible de faire ?

— Imaginer de passer ma vie à remplir des paperasses !

Dans cet ensemble de réponses, nous notons l'importance que la personne accorde à rester dans une dynamique de curiosité, de découverte. Ses réponses d'*éloignement* concernent les tâches routinières (la paperasse). Cela caractérise des réponses *en désaccord* qui s'appliquent dans un contexte *action* et *information* ; pour cette personne, se tenir au courant de l'actualité représente vraisemblablement une habitude contraignante par certains aspects mais nécessaire à maintenir l'image qu'elle se fait d'elle-même. Nous notons également que les réponses figurant dans les cadres de nécessité (4 et 5) s'orientent vers les *choses*, ce qui montre que la personne sait tenir compte de la réalité dans ses choix et qu'elle arrive à s'imposer des contraintes prolongées dans le temps pourvu que l'objectif désiré en vaille la peine (il entre dans le cadre des deux premières catégories). On note également la présence de comparaisons *soi/autres*.

Si nous voulons motiver cette personne pour acheter un appartement situé dans une grande ville, il nous faut utiliser le critère de la curiosité dans le contexte *action* et les réponses de *rapprochement*. Si nous voulons utiliser les conséquences négatives, il nous faut jouer sur les réponses d'*éloignement* par rapport aux critères que représentent l'habitude et la routine. Nous pouvons lui dire :

— En choisissant de vivre ici, vous choisissez de garder le contact avec tout ce qui bouge tandis qu'en prenant l'option pavillon dans un quartier résidentiel, vous verrez toujours les mêmes têtes, et vous passerez vos week-ends à tondre la pelouse pour faire comme vos voisins !

Ces arguments tiennent compte des critères majeurs que la personne a exprimés en répondant aux questions. Il est bien évident cependant que nous ne pouvons pas les poser sous cette forme dans des contextes autres que ceux du développement personnel. Comme c'est souvent le cas avec les questionnements proposés par la PNL, l'interrogation s'adresse d'abord à l'observateur avant l'observé, c'est-à-dire que celui qui pose les questions garde présent à l'esprit ce fil directeur que constitue l'interrogation qui agit alors comme un filtre. Généralement, nous trouvons ce que nous cherchons, plus exactement nous trouvons les choses dont la découverte nous concerne à cet instant : si nous nous promenons en forêt et que nous cherchons des champignons, notre attention est centrée sur cette recherche, nous pourrions observer bien d'autres choses, mais nous ne les voyons pas parce qu'à cet instant nous n'y pensons pas. Il en va de même pour l'observation des éléments de la communication que nous retenons comme significatifs, beaucoup d'entre eux nous échappent parce que nous ne les retenons pas comme pertinents. Parfois, c'est à juste titre, d'autres fois nous laissons ainsi s'enfuir des informations précieuses.

En règle générale, pour réaliser des interventions en une seule phrase, nous devons avoir très présent à l'esprit l'objectif à atteindre car c'est ce dernier qui fournit le cadre de notre recherche et de notre observation des critères. Si nous cherchons à connaître ce qui motive une personne, notre attention se porte sur les distinctions caractérisant les stratégies de motivation, d'autres surgissent que nous ne retenons pas dans le cadre de cet objectif.

En conclusion de ce chapitre, nous précisons que nous n'avons pas présenté toutes les techniques d'intervention de la PNL mais seulement celles qui forment la base des autres. Cela signifie qu'à partir des techniques étudiées ici, le lecteur se trouve en mesure de recréer celles qu'il aurait abordées au cours de stages, et de créer celles dont il a besoin dans sa pratique particulière. La PNL a pour objectif de fournir des informations à propos du comment de nos expériences subjectives et de nos comportements, à ce titre, elle donne les moyens de construire des modèles, c'est-à-dire de déceler les structures des diverses expériences que nous traversons.

Dans le chapitre suivant, nous proposons au lecteur un des plus récents modèles de la PNL, celui des émotions, de leur structure et des moyens de les utiliser au mieux selon chacun.

Chapitre 6

A propos des émotions

1 - Généralités et références

Nous avons choisi d'évoquer le vaste sujet des émotions car c'est un domaine récemment investi par la P.N.L, son exploration a permis d'élaborer des modèles dont nous proposons ici une synthèse.

a. Définition des émotions

Nous définissons une émotion comme un état intérieur vécu par la personne, état auquel elle donne un nom et qui se manifeste par un comportement spécifique. **Une émotion est une expérience subjective**, le nom qu'on lui donne correspond à des sensations, des comportements et divers caractères (les distinctions des métaprogrammes en particulier) la composant. Dans leur ouvrage commun *The Emotional Hostage*, Leslie Cameron-Bandler et Michael Lebeau définissent l'émotion comme une **réponse subjective globale à un moment donné**. Ces définitions de l'émotion se veulent très larges et ne revêtent aucun caractère de valeur, nous ne parlons pas de bonnes ou de mauvaises émotions, mais nous nous contentons d'observer la présence d'états intérieurs adaptés ou non aux contextes où ils apparaissent.

Nous pensons que nous éprouvons tous des états intérieurs, des émotions variées plus ou moins adaptées, ce qui frappe cependant, ce sont les différences entre les descriptions que nous en donnons. Nous insistons sur l'importance que nous accordons au fait de désigner les émotions avec des mots car ils apportent une indication à propos du vécu subjectif de celles-ci. Certaines personnes ne peuvent dire autre chose de leur état intérieur que : « Je me sens bien » ou « Je ne me sens pas bien » ; entre ces deux formules, il existe un vide dans lequel ils éprouvent sans doute des états intérieurs intermédiaires entre « bien » et « pas bien » mais qu'ils sont incapables de reconnaître.L'incapacité à reconnaître une émotion conduit à avoir une attitude passive et soumise par rapport à celle-ci.

L'émotion ou état intérieur produit des comportements spécifiques ; quand nous nous sentons joyeux, nous l'exprimons dans nos actions d'une certaine façon qui ne saurait exister si, à la place de la joie, nous ressentions de la nostalgie ou de la peur.

Comme le montre le schéma de la PNL qui fait le lien entre état intérieur, processus interne, et comportement extérieur, l'émotion en tant qu'état intérieur représente le point de départ de nos comportements. Les processus internes, mécanismes et stratégies de la pensée contribuent aussi à produire des émotions, des comportements et inversement un comportement peut déclencher un processus interne ou une émotion.

Il est important de comprendre pour la suite de cette étude que les émotions ne surgissent pas comme des diables échappés d'une boîte mais s'intègrent logiquement dans un ensemble comprenant entre autres le cadre du temps (avant, pendant, après) et de multiples relations de cause à effet. D'autre part, nous devons garder très présent à l'esprit que l'émotion est une expérience subjective ; à ce titre, les généralisations que nous pourrions être tentés de faire doivent rester très limitées. Ainsi, lorsque nous aborderons un peu plus loin dans ce chapitre la structure des émotions, nous décrirons certains ingrédients qui les composent, tout en sachant bien qu'il ne s'agit que de grandes lignes permettant toutes sortes d'adaptations particulières. Si l'on pose la question : « Que ressentez-vous quand vous êtes... (le nom d'une émotion) ? », la personne interrogée décrit avec ses mots son expérience personnelle et, à travers de nombreuses descriptions, il est possible d'observer des coïncidences, des répétitions qui tendent à faire apparaître des caractères communs à une émotion étiquetée du même nom chez différentes personnes.

b. Objectifs de l'étude des émotions

C'est en tant qu'expérience subjective que les émotions intéressent la PNL. Nous cherchons essentiellement à comprendre ce qui les caractérise, comment elles surgissent, comment les individus les décrivent, et quelles sont leurs conséquences pour la personne.

D'autre part, la PNL cherche à mettre en évidence des modèles reproductibles pour les émotions en partant de la constatation suivante : certaines émotions sont adaptées aux contextes dans lesquelles elles apparaissent, qu'est-ce qui les caractérise et en quoi consiste la différence entre émotion adaptée et inadaptée au contexte ?

La réflexion est similaire à celle qui conduisait Richard Bandler et John Grinder à s'interroger sur les éléments constants d'une communication efficace : découvrir les caractéristiques de l'excellence et les modéliser, c'est-à-dire les rendre aptes à être reproduites et enseignées.

Il semble que notre expérience subjective soit largement liée aux émotions en ce sens qu'une émotion est toujours présente, quelle que soit l'action que nous entreprenons.

Cependant, nous ne percevons pas les émotions de la même façon, et nous les vivons différemment ; les différences interindividuelles sont telles que nous sommes parfois tentés de penser que certains êtres ne ressentent pas d'émotion.

En fait, c'est l'expression de leurs états intérieurs qui diffère largement de la nôtre.

Notre but est donc de comprendre cela et, à travers la construction de modèles, de permettre à chacun de mettre à profit pour lui-même et les autres ses propres émotions.

c. La notion de choix

La plupart des gens que nous rencontrons et qui parlent de leurs émotions tendent à penser qu'ils n'ont aucune maîtrise sur elles, ils les vivent sur un mode totalement passif et s'y soumettent plus ou moins de bon gré. C'est en effet une idée très répandue qui veut que nous ne choisissons pas nos émotions ; mais il y a plus grave encore ! Si nous les choisissons ou si nous le prétendons, nous passons pour des simulateurs (nous n'avons pas de vraies émotions), des personnes insensibles (nous n'avons pas d'émotions du tout) et calculatrices. Beaucoup de gens pensent en effet que tant que nous restons soumis aux émotions, cela nous garantit d'être spontanés ; nous perdrions notre spontanéité si nous étions capables de choisir nos émotions.

Dans le cadre de la PNL, nous réfutons cela car nous croyons au contraire qu'il nous est possible de choisir ; nous ne parlons pas de surmonter, de maîtriser, ni de combattre, car nous ne nous reconnaissons pas davantage dans le langage guerrier appliqué aux émotions. A propos de ce rapport guerrier à soi-même que nous avons déjà évoqué, nous voulons souligner qu'il va totalement à l'encontre de la façon de penser de la PNL, puisque nous partons du principe que tout comportement tend à nous permettre de nous adapter aux contextes qui se présentent ; cela implique que nos comportements peuvent avoir au moins une fois une utilité et que, de ce fait, il n'existe rien en nous qu'il soit nécessaire de jeter, de détruire ou de combattre.

Les interventions pratiquées dans le cadre du développement personnel illustrent bien cela. Un comportement non désiré peut très bien disparaître ou cesser de se répéter sans pour autant qu'il ait fallu lui livrer un combat sans merci ; au lieu de cela, nous avons cherché à comprendre ce qu'il signifiait, ce que l'on pouvait en apprendre de positif, quelle était l'intention de ce comportement.

De la même façon, lorsque nous abordons les émotions, nous cherchons à comprendre au lieu de combattre, nous pensons que toutes les émotions, même les plus pénibles, ont un rôle et un message que nous devons comprendre et intégrer si nous voulons ensuite éviter qu'elles ne se répètent ou bien au contraire favoriser leur réapparition dans le cas d'émotions vécues comme positives. Nous développerons ceci en détail plus avant dans ce chapitre.

Ainsi, nous pensons qu'il est possible de choisir ses émotions, c'est-à-dire d'avoir à leur égard une attitude active au lieu d'une attitude passive et soumise. Choisir ses émotions signifie être apte à les reconnaître quand elles se manifestent, et surtout à détecter leur fonction afin de pouvoir ensuite utiliser l'une d'elles comme point de départ pour aller vers une autre émotion mieux adaptée au contexte dans lequel nous sommes alors impliqués. C'est parce que nous sommes capables d'utiliser nos émotions que nous possédons le choix. Quand la PNL s'applique au développement personnel, son objectif est d'enseigner aux individus les moyens d'être libres de leurs choix tant au niveau des comportements que des états intérieurs ou des stratégies, car le malaise psychologique, les expériences vécues de façon négative, pénible ou douloureuse le sont par absence de choix : face à un contexte donné, la personne ne peut réagir autrement qu'avec un vécu négatif.

Nous ne nions certes pas l'existence des expériences négatives ni celle de leur *utilité* telle que nous l'avons décrite plus haut ; ce que nous nions avec véhémence, en revanche, c'est le caractère de fatalité que beaucoup de gens y rattachent. C'est précisément parce qu'ils croient en l'impossibilité de ressentir autre chose que ce qu'ils éprouvent au moment où cela se produit, qu'ils définissent l'expérience négative comme inévitable, fatale, mais pourvue d'un important bénéfice secondaire : la spontanéité. C'est pourquoi nous avons parfois quelques difficultés à faire admettre la notion de choix ; en demeurant victimes de nos états intérieurs, cela nous garantit ce que nous appelons spontanéité, alors qu'en prenant en main nos états intérieurs, nous sommes supposés la perdre. Ceux qui pensent ainsi oublient un aspect fondamental : la responsabilité ; en effet, dès l'instant où nous devenons conscients des processus qui se déroulent en nous, où nous percevons et mettons à profit les messages issus de nos émotions, nous acquérons la responsabilité de nos réponses.

Cependant, nous voulons souligner que, lorsque nous parlons de choix d'émotions, il ne s'agit pas d'en choisir une ou plusieurs sur un menu, mais d'apprendre à utiliser de façon positive ce que nous ressentons.

Par ailleurs, il semble que la notion de richesse, de variété joue un rôle déterminant dans la possibilité de choisir les émotions. Plus nous disposons d'un large éventail d'états intérieurs et plus cela élargit nos options. C'est pourquoi les personnes qui vont de « Je me sens bien » à « Je ne me sens pas bien » ont de façon flagrante beaucoup moins de choix que celles qui possèdent et expriment plus de deux possibilités dans leurs réserves émotionnelles.

Nous avons dit que l'état intérieur était à la base du comportement extérieur, ou que l'émotion produisait un comportement spécifique ; ce qui apparaît d'autre part, c'est que nous ne pouvons plaquer un comportement sur un état intérieur inapproprié sans risquer de produire des incongruences. Si vous vous sentez agressé dans un débat et que vous vous forcez à masquer la colère que vous éprouvez en réaction, cela se révèle dans votre comportement car il est impossible de contrôler consciemment en même temps l'ensemble des messages verbaux et non verbaux émis. En revanche, si vous êtes capable de passer rapidement de la colère à une autre émotion telle que l'intérêt ou la curiosité, vous évitez l'incongruence et vos messages demeurent clairs.

Nous retenons donc comme éléments favorisant le choix : l'aptitude à éprouver des émotions variées et la mobilité que l'on peut assimiler à la souplesse comportementale.

d. Les modèles PNL et le modèle de Cameron-Bandler et Lebeau

Pour illustrer notre propos, nous nous référons d'une part aux enseignements distribués au cours des stages de PNL, et d'autre part au récent ouvrage de Leslie Cameron-Bandler et Michael Lebeau [1] que nous avons évoqué plus haut au sujet de la définition des émotions.

1. *The Emotional Hostage.*

Ces deux sources se rejoignent et se complètent, les idées et les moyens contenus dans le livre sont issus de l'expérience acquise pendant les stages de formation et dans le cadre de la vie quotidienne ou professionnelle.

Dans ce chapitre, nous proposons au lecteur une synthèse des informations en provenance de ces deux références : nous allons d'abord exprimer des idées générales et montrer ce qui caractérise les émotions adaptées aux contextes où elles surgissent, puis développer la notion de message porté par l'émotion ; ensuite, nous montrerons quelles distinctions des métaprogrammes nous utilisons pour mettre en évidence la structure des émotions, enfin, nous présenterons les divers moyens d'action à notre disposition pour apprendre à adapter nos émotions aux différentes situations que nous sommes amenés à rencontrer.

2 - Les caractéristiques des émotions adaptées

Une émotion adaptée est une réaction appropriée au contexte dans lequel elle se produit. Il existe quatre conditions nécessaires pour qu'une émotion soit adaptée :

— **la localisation,**
— **l'expression,**
— **l'utilisation,**
— **la prévention.**

a. La localisation

Si vous investissez la majeure partie de votre énergie dans un projet et que celui-ci échoue, vous ressentez de la déception ; ce sentiment vous informe que vous avez fait ce qui était en votre pouvoir pour la réussite du projet, mais qu'en dépit de cela il n'a pas marché, c'est donc selon toute vraisemblance le signal qu'il va vous falloir changer d'objectif, après avoir analysé les relations de cause à effet qui ont conduit au résultat actuel. Face à un échec, la déception est une émotion adaptée si toutefois vous étiez le principal responsable de ce projet [1]. En revanche, il serait tout à fait inadapté de ressentir de l'allégresse, de l'anxiété, de la terreur ou de la joie dans le même contexte.

---

1. Se reporter au chapitre V, et voir les conditions de réalisabilité d'un objectif.

Nous évoquons le caractère de **localisation** de l'émotion pour parler de la façon dont celle-ci répond au contexte. Il s'agit, selon les circonstances, d'éprouver l'émotion qui convient. Les normes qui nous permettent de savoir si l'émotion convient au contexte sont définies par les réponses aux interrogations suivantes :

— Quel comportement spécifique cette émotion va-t-elle produire dans ce contexte précis ?

— Quelles vont être les conséquences de ce comportement dans ce contexte précis ?

Au chapitre 5, lorsque nous nous intéressions à l'écologie d'un objectif, nous utilisions la même démarche.

Si dans une situation d'échec, nous éprouvons de la joie, cela signifie que nous avons probablement travaillé pour obtenir ce résultat et, dans ce cas, il ne s'agit plus d'un échec. Ce qu'il faut comprendre dans ce raisonnement, c'est que nous appliquons systématiquement le présupposé qui veut que chaque émotion est porteuse d'un message spécifique. En conséquence, si nous éprouvons dans une situation donnée une émotion inadaptée, cela signifie que nous réagissons à une situation différente, il nous reste à déterminer ce qu'elle est et quelle est la signification de l'émotion associée.

Au chapitre 4, dans la partie concernant les relations de cause à effet, nous avons montré comment nous réagissons à une situation qui n'est pas encore arrivée en nous situant dans le cadre du futur. En explorant ce qui va arriver, nous perdons le contact avec ce qui est en train d'arriver, et nous éprouvons alors des émotions adaptées à un contexte qui n'existe que dans notre imagination. Certaines émotions se caractérisent par leur appartenance à un cadre temporel, l'anxiété ne prend de sens que par rapport au futur, on ne peut être anxieux par rapport au passé, nous y reviendrons un peu plus loin.

Ce que nous voulons souligner ici, c'est que la **localisation** de l'émotion représente une caractéristique fondamentale de l'adaptation.

La localisation de l'émotion dépend en grande partie de notre aptitude à identifier contextes, états intérieurs et relations de cause à effet. Quand nous parvenons à savoir reconnaître quelle émotion surgit en nous, cela nous donne les moyens d'agir sur elle, sur notre comportement et donc sur l'interaction. Pour arriver à localiser convenablement ses émotions, la première étape consiste à les reconnaître et surtout à éviter de se contenter de constatations telles que : « Je me sens bien » ou : « Je ne me sens pas bien. » Il importe de s'interroger sur ce que l'on éprouve afin de définir l'état intérieur ainsi apparu, sachant bien que nos émotions ne se réduisent pas à des sensations physiques, ni à des comportements, ni à des jugements de valeur, bien que ces trois éléments comptent dans leur reconnaissance subjective.

Exercice 31 : Individuellement ou par groupe de deux personnes, en cinq étapes.

1 - Sélectionner de trois à six émotions fréquemment ressenties. Pour cet exercice, il est intéressant de sélectionner des émotions vécues comme positives et d'autres vécues comme négatives.

2 - Penser à une situation familière et en rassembler le maximum de détails visuels, auditifs et kinesthésiques afin d'en créer une définition très claire.

3 - Lorsque la scène est claire, penser à une émotion et imaginer quel serait le comportement produit par celle-ci dans la scène évoquée précédemment ; l'interrogation : « Quelles seront les conséquences de cette émotion dans ce contexte ! » sert de guide pour ce travail.

4 - Quand cette émotion a été étudiée, procéder de la même façon avec une autre émotion mais toujours dans le même contexte.

5 - Continuer jusqu'à ce que l'émotion trouvée apparaisse comme la mieux adaptée au contexte défini.

Le but de cet exercie est de permettre à la personne de reconnaître ses émotions et de prendre conscience de l'influence qu'elles exercent sur ses comportements car ces deux points se révèlent essentiels à une bonne localisation de l'émotion par rapport au contexte.

b. L'expression

Il ne suffit pas de reconnaître quel état intérieur apparaît en nous dans une situation donnée, même s'il s'agit de celle qui lui convient, encore faut-il savoir exprimer son émotion. Lorsque nous évoquons l'**expression des émotions**, nous entrons dans le domaine des équivalences complexes et nous savons bien que des différences interindividuelles importantes existent à ce niveau. Chaque être est unique et ses comportements affirment ses différences ; néanmoins, il est des constantes sur lesquelles nous nous fondons pour donner un sens aux messages qui émanent de nos partenaires dans l'interaction. Tout en maintenant les réserves d'usage concernant les équivalences complexes individuelles et selon que nous savons plus ou moins bien observer, nous pouvons reconnaître les émotions de nos interlocuteurs.

Il existe des croyances en usage dans notre société et qui nous incitent à croire qu'il est positif de savoir masquer ses émotions ; beaucoup de gens croient en effet qu'ils sont très forts parce qu'ils ont l'impression de ne rien exprimer. A ce propos resurgit le langage guerrier auquel nous faisions allusion plus haut : « Il ne faut pas donner libre cours à ses émotions », « il faut maîtriser ses émotions ». Nous pensons qu'il est important de préciser que nous ne parlons pas de la même chose en PNL ; les présupposés que nous venons de mentionner se réfèrent à des émotions vécues comme négatives ou pouvant donner lieu à des comportements peu admis par les normes sociales : pleurer, crier, et toutes manifestations qui tendent à faire sortir la personne de son enclos spatial social[1]. Selon notre culture, nous occupons par rapport aux autres un territoire qui se définit par des distances interindividuelles incluant des perceptions visuelles, auditives et kinesthésiques. Si nous sortons de cette bulle, nous entrons dans celle d'un autre individu en transgressant le code proxémique particulier au milieu culturel. Exprimer ses émotions négatives devant des inconnus représente une manière de transgresser ce code en violant la distance spatiale par des gestes d'ampleur et de rythme inhabituels, et l'espace auditif par une élévation du volume de la voix.

Nous apprenons à exprimer nos émotions en fonction de normes culturelles et en fonction de nos différences individuelles. Cela dit, nous pensons que nous ne pouvons pas ne rien exprimer ; en poussant ce raisonnement vers l'absurde, on pourrait dire à la façon de Raymond Devos que « ne rien exprimer », c'est déjà « exprimer quelque chose » ! Lorsque nous affirmons que nous ne pouvons pas ne pas communiquer, il s'agit de la même idée appliquée cette fois au domaine des émotions.

Les difficultés majeures qui créent des problèmes de communication proviennent non d'un manque d'expression mais d'une expression inadaptée. Ce que nous croyons exprimer ne correspond pas à ce que perçoivent nos partenaires.

Lorsque nous ressentons une émotion jugée inacceptable pour diverses raisons et que nous essayons de ne pas l'exprimer, nous produisons la plupart du temps de l'incongruence parce que nous mettons toute notre énergie à associer un comportement et un état intérieur en parfaite discordance l'un par rapport à l'autre.

Lorsque nous voulons exprimer une émotion particulière, nous utilisons un code inconnu de notre interlocuteur et qu'il va interpréter pour chercher à donner un sens à notre comportement d'une façon que nous n'avons pas prévue. En cherchant à nous conformer à certains modèles, nous pouvons croire que, pour exprimer du dynamisme, il est important de « déplacer de l'air », de faire de grands gestes, de parler fort, de se mouvoir sur un rythme rapide, etc. Cela peut très bien être perçu comme de la nervosité ou une autre émotion. L'observateur attentif reconnaît encore de l'incongruence.

Les difficultés d'expression proviennent donc d'une discordance entre l'émotion et le comportement, soit parce que nous ne savons pas recon-

1. La proxémie est l'étude de l'occupation de l'espace social humain, on peut consulter à ce sujet les ouvrages de Edward T. Hall.

naître notre émotion, soit parce que nous ne diposons pas du comportement adéquat.

Cela amène à constater que l'expression congruente d'une émotion est intimement liée à l'aptitude à montrer des comportement variés. Un individu qui exprime ses sentiments positifs comme négatifs de la même façon peut s'attendre à rencontrer à son égard de l'indifférence. Il n'y a là aucune force mais plutôt la preuve d'un handicap et la manifestation évidente d'une limite.

Les acteurs savent bien que leur authenticité passe par un comportement représentatif de l'état intérieur à transmettre par le jeu ; il ne leur suffit pas de ressentir une émotion mais encore de posséder la souplesse comportementale suffisante pour pouvoir l'exprimer d'une manière accessible à ceux auxquel elle s'adresse.

Imaginez que vous venez d'obtenir une promotion depuis longtemps espérée mais difficile à atteindre, vous n'allez probablement pas vous mettre à sauter de joie en poussant des cris de Sioux dans le bureau de votre patron qui vous l'annonce, vous trouvez alors un autre moyen d'exprimer votre satisfaction. De retour à la maison, lorsque vous annoncez la nouvelle devant votre famille, vous utilisez une autre expression de votre émotion, le lendemain, au restaurant entre amis, vous en parlez et vous montrez que vous êtes satisfait avec un comportement qui n'est ni celui que vous avez eu devant votre patron, ni celui que vous avez utilisé en famille. Vous n'avez pas manqué de sincérité, vous avez simplement utilisé le langage approprié à chaque situation pour exprimer votre état intérieur.

L'expression de l'émotion, c'est aussi le choix du comportement élaboré en fonction du contexte. Si nous prenons l'exemple ci-dessus et que nous changeons l'ordre des comportements, nous bouleversons la compréhension du message initial car chaque expression du même état émotionnel est adaptée à la situation.

Quand nous voulons exprimer un sentiment, nous devons penser à notre interlocuteur, comment lui faire comprendre ce que nous voulons qu'il comprenne ? Quelles sont ses attentes ? Vous pouvez très bien vous épuiser à clamer votre amour à votre partenaire, si elle (il) attend de recevoir des cadeaux pour se sentir aimée (é), vos discours ne serviront à rien.

Des difficultés peuvent surgir du fait que nous croyons souvent qu'il n'existe qu'une seule et unique façon d'exprimer un même état intérieur, et qu'en conséquence ceux qui savent adapter leurs comportements manquent de sincérité. Pour notre part, nous pensons au contraire que le fait de donner à nos partenaires les messages qu'ils sont aptes à comprendre, compte tenu de leur personnalité et de leurs critères, c'est faire preuve de respect et de considération à leur égard. Cela dit, il n'en reste pas moins qu'il existe des constantes, des comportements qui expriment de manière spécifique certaines émotions, et que, par définition, elles demeurent, nous permettant ainsi de donner un sens à nos perceptions.

Un sourire peut exprimer beaucoup d'émotions, mais certaines excluent strictement l'usage du sourire. Pour en faire la preuve, essayez en souriant de vous mettre en colère ou de réveiller une vieille et sournoise antipathie à l'égard de quelqu'un. Accéder à ce type d'expérience n'est pas chose aisée avec un sourire, si, malgré tout, vous avez gardé le sourire, celui-ci s'est modifié et il y a de fortes probabilités pour qu'il ressemble davantage à celui d'un requin affamé qu'à celui que vous aviez initialement !

En résumé, nous affirmons que l'expression des émotions résulte d'une connaissance et d'une bonne localisation de celles-ci par rapport aux contextes. L'expression des émotions passe par l'usage de comportements variés assurant la congruence.

L'expression des émotions concerne également les mots utilisés pour les décrire ou en faire part. Nous avons souligné que le choix dépendait en grande partie de la richesse et de la variété des émotions que nous étions capables de ressentir. Ce sont précisément les mots qui confirment l'existence de l'émotion car ils désignent alors certaines zones d'expérience sur nos cartes de la réalité. L'émotion peut bien sûr exister en dehors de ce cadre, mais elle a besoin de s'exprimer à travers des mots pour devenir une expérience transmissible et aussi pour que la personne qui l'éprouve puisse agir sur elle.

Au cours de stages de PNL, un formateur américain a donné pour tâche à ses étudiants de répertorier le maximum d'états intérieurs et d'en bâtir les métaprogrammes. Les résultats de ce travail sont allés au-delà de ses espérances puisque les étudiants ont mis en évidence les métaprogrammes de quatre cents émotions différentes ! Ce qu'il faut remarquer, c'est précisément que la définition de celles-ci passe obligatoirement par l'attribution d'un nom spécifique les désignant.

Cela doit nous conduire à une notion d'exigence dans la définition et la désignation de ce que nous éprouvons, de la même façon que nous cherchons à obtenir une information de haute qualité dans nos stratégies de questionnement.

c. L'utilisation

Utiliser ses émotions consiste à savoir reconnaître le message qu'elles transmettent. A ce sujet, la PNL présuppose que toutes les émotions, même les plus désagréables, valent la peine d'être éprouvées parce qu'elles apportent une information dont la personne peut bénéficier, à condition toutefois de l'identifier.

Nous allons développer cela en détail en traitant des fonctions des émotions, pour l'instant nous retenons que l'état intérieur est compris comme une information. Si nous analysons cela en termes de métaprogrammes, nous remarquons que vivre une émotion requiert au minimum la mise en œuvre des distinctions suivantes :

— orientation *personne/soi*,

— réponse comportementale associée au processus.

Prendre connaissance d'une information nécessite celle des distinctions suivantes :

— un orientation *information/soi*,

— une réponse comportementale *témoin* du processus.

Cela signifie que la personne transforme son état intérieur en une réflexion à propos de celui-ci, et modifie ainsi l'émotion qu'elle éprouve. Quand il s'agit d'états intérieurs vécus comme négatifs, désagréables ou même pénibles, la personne qui parvient à les utiliser dans un premier temps les analyse en s'interrogeant : « Que signifie ce que je ressens ? quel enseignement puis-je en tirer ? », etc. Ensuite, cette interrogation qui lui permet de déchiffrer le message de son émotion la fait simultanément accéder à un état intérieur différent, une métaposition qui précède généralement l'attitude active dans laquelle la personne met en pratique l'information qu'elle a intégrée au cours de l'expérience.

Ainsi, l'utilisation des émotions met en jeu la séquence suivante pour ce qui concerne l'orientation du traitement de l'information :

Personne/soi...information/soi...action/soi ou *action/autres* pour les réponses comportementales, nous observons le passage d'une réponse associée au processus à une métaposition.

D'autres distinctions peuvent intervenir, elles sont alors liées au contexte spécifique, à la nature même de l'émotion ; celles auxquelles nous faisons allusion représentent uniquement les constantes du processus d'utilisation des émotions ; en objectivant sa structure, elles nous permettent de procéder méthodiquement à notre étude.

d. La prévention

La prévention des émotions est une façon de les utiliser qui suppose que la personne sache les utiliser dans le temps et plus précisément dans une sorte d'enchaînement logique. Il est possible de découvrir un ou plusieurs éléments combinés qui déclenchent l'émotion ; elle n'est cependant pas inéluctable et la personne peut agir de façon préventive avant son déclenchement.

Il s'agit essentiellement de prévoir l'apparition d'états intérieurs vécus comme négatifs au point que la personne se sente submergée et ne parvienne plus à déchiffrer l'information de l'émotion. Dans de tels cas, il faut donc agir avant le déclenchement de l'état intérieur. Cela requiert de savoir identifier ce qui déclenche l'émotion, reconnaître un contexte comme pouvant donner lieu à un état intérieur négatif et modifier en conséquence son comportement pour éviter l'expérience. Pour certaines personnes, prendre la parole en public représente un stress si important qu'elles emploient une bonne partie de leur énergie à éviter de se mettre en situation de devoir le faire. Cette attitude est une prévention sans doute peu glorieuse mais efficace contre une situation vécue comme stressante.

Une expérience vécue comme négative, au cours de laquelle la personne a éprouvé une forte humiliation, du désespoir, de la haine, ou toute autre émotion atteignant un degré tel qu'elle s'est trouvée presque paralysée, constitue fréquemment le point de départ du développement d'attitudes préventives.

La prévention des émotions nécessite en termes de métaprogrammes la mise en œuvre des distinctions suivantes (au minimum) :

— orientation : *information* soi et autres,

— réponse comportementale : *comparaison* (*passé/présent*),

— opérateur : cause à effet *présent/futur*.

Dans un premier temps, il s'agit de reconnaître le déclencheur de l'émotion négative, la personne traite ses perceptions selon une orientation *information*, elle cherche à déterminer en quoi la situation qu'elle vit ressemble ou diffère d'une situation passée précédant l'apparition de l'état intérieur négatif. Ensuite, le résultat de la comparaison permet d'établir une relation de cause à effet entre présent et futur, la personne établit en fait au minimum deux conséquences probables du contexte présent qu'elle perçoit :

— elle laisse la situation se répéter dans le présent comme par le passé et cela entraîne l'apparition de l'état intérieur négatif,

ou bien

— elle modifie son comportement présent pour obtenir un résultat différent.

Il y a deux conséquences, deux futurs possibles, l'un est souhaité, l'autre non ; généralement, la personne passe à l'action pour éviter le futur non désiré, mettant ainsi en œuvre une attitude préventive.

Là encore, comme pour l'utilisation des émotions, nous avons souligné les distinctions indispensables au processus de prévention pour en objectiver la structure ; nous sommes conscients que d'autres éléments des métaprogrammes peuvent faire partie d'un comportement de prévention. Leur présence se révèle être en relation avec le contexte, le contenu de la perception, et de ce fait facultative pour ce qui concerne le déroulement même du processus de prévention.

Nous pouvons résumer en insitant sur le fait que quatre qualités définissent les conditions d'adaptation au contexte d'une émotion, il s'agit de :
— **la localisation** : l'émotion est en accord avec ce qui la déclenche ;
— **l'expression** : l'émotion ressentie est en accord avec le comportement qui l'exprime ;
— **l'utilisation** : l'émotion peut être perçue comme une information ;
— **la prévention** : la reconnaissance des déclencheurs permet d'éviter l'apparition d'une émotion paralysante.

La suite de ce chapitre va nous permettre de montrer comment réunir ces conditions d'adaptation ; en termes de métaprogrammes, nous allons passer d'un fractionnement large à un fractionnement étroit qui s'intéresse aux détails ; dans le point suivant, nous allons développer l'aspect fonctionnel des états intérieurs, c'est-à-dire l'information qu'ils contiennent. Quand on comprend le message d'une émotion, on parvient alors à une décision comportementale adaptée et par conséquent, on **utilise** l'émotion.

3 - Les fonctions des émotions

Comme nous l'avons déjà souligné, nous partons du principe que toutes les émotions, même les plus désagréables, peuvent nous apporter quelque chose de positif, à condition toutefois de parvenir à en comprendre le message.

Ce qu'en PNL nous appelons le message de l'émotion, c'est son **attribut fonctionnel**. En d'autres termes, chaque émotion possède une qualité informative propre définie par son attribut fonctionnel, par exemple, celui de la culpabilité se formule habituellement ainsi : la culpabilité signifie que celui qui l'éprouve a transgressé des critères valorisés qui lui sont personnels ou qui appartiennent à d'autres personnes et qu'il veut s'assurer de ne pas recommencer.

Cette définition se démarque nettement de l'idée d'intention ; les émotions n'ont pas d'intention (sauf celles que nous leur prêtons subjectivement et qui sont des traductions ou des interprétations), seulement des fonctions. Nous produisons nos propres états intérieurs, en conséquence, ils ne peuvent avoir d'intention, mais, comme nous ne nous privons pas de leur en donner, cela amène fréquemment à confondre fonction et intention. La notion de fonction de l'émotion procède de la même compréhension que celle qui nous permet de recevoir sans leur prêter d'intention les informations issues d'une rétroaction dans un système. Lorsque vous avez une sensation physique de faim, celle-ci vous informe que vous devez vous nourrir pour la faire cesser, il s'agit d'une fonction, en aucun cas d'une intention. Cela n'exclut pas que vous prêtiez à cette sensation une intention de préservation à votre égard. Nous pouvons placer des intentions dans nos émotions, sensations, comportements, mais nous devons nous souvenir que nos états intérieurs compris en tant qu'information pour notre usage personnel n'en possèdent pas. Ils se caractérisent en revanche par une fonction : l'information, et un attribut fonctionnel : le message transmis.

L'attribut fonctionnel d'une émotion est le contenu du message qu'elle transmet à la personne qui la ressent.

L'aptitude à positiver les émotions vécues comme négatives représente une très importante partie de l'utilisation des émotions. Certaines personnes arrivent en effet à déceler avec acuité ce qu'une situation désagréable peut représenter en termes positifs, d'autres au contraire semblent se complaire dans le négatif. La possibilité de percevoir les attributs fonctionnels d'une émotion semble en relation avec celle qui permet de positiver des situations négatives ou vécues comme telles.

Nous proposons maintenant une liste d'états intérieurs et de leurs attributs fonctionnels qui sont destinés à nous apprendre à recadrer dans le positif nos émotions négatives.

émotion	**attribut fonctionnel**
désespoir	manque de réalisme dans le choix du moment opportun pour abandonner un objectif
frustration	utilisation d'un moyen inadapté à l'objectif visé, des solutions différentes doivent être envisagées
ennui	les buts visés ont été atteints, il est temps d'en contruire de nouveaux
colère	les critères les plus valorisés de la personne ont été transgressés
confusion	il existe un manque d'informations

peur	des mesures de protection doivent être prises
indécision	les critères utilisés doivent être réadaptés
dépassement	des priorités sont à établir
insuffisance	une comparaison *soi/autres* montre que l'on peut faire mieux, le moyen reste à découvrir
regret	on aurait pu agir autrement
culpabilité	des critères personnels ou appartenant à quelqu'un d'autre ont été violés et l'on a besoin de s'assurer de ne pas recommencer
anxiété	un événement futur exige une meilleure préparation que celle dont on dispose à ce moment

Comme nous l'avons indiqué plus haut, cette liste est destinée à donner les moyens de comprendre autrement nos états intérieurs négatifs et ceux que nous observons chez les autres. Lorsqu'il nous arrive de traverser des moments pénibles, il est en effet rassurant de pouvoir penser que ces émotions négatives ont un message à nous révéler ; de la même façon que nous cherchons à tirer un enseignement d'un échec ou d'une erreur, nous cherchons ainsi à apprendre quelque chose de positif de ces expériences.

Cette façon d'envisager les émotions négatives apparaît extrêmement utile dans les contextes de relation d'aide ou de développement personnel car elle conduit à chercher avec la personne des informations puis les solutions qui en résultent, ce qui l'amène à se placer en observateur de ses difficultés, effectuant ainsi une dissociation qui libère sa créativité tout en modifiant l'état intérieur négatif.

En termes de métaprogrammes, l'attribut fonctionnel d'une émotion se fonde sur :

— une orientation *information*,

— des réponses *en désaccord*,

— une référence dans le futur et une relation de cause à effet *présent/futur*.

L'attribut fonctionnel d'une émotion lui donne un sens, ce qui entre dans le cadre d'une orientation *information*, il rompt avec le contexte de l'émotion en apportant son message, ce qui procède d'une réponse ***en désaccord,*** enfin, il fonde son utilité sur un bénéfice futur. C'est en effet parce que l'on intègre son message que l'on devient ensuite capable d'adopter le comportement adéquat. D'autre part, la relation de cause à effet ***présent/futur*** permet à la personne de supporter des expériences négatives même fortement désagréables pourvu qu'elle soit persuadée d'obtenir un bénéfice important à leur issue.

Toutes ces distinctions participent à la fonction des émotions ; à présent, nous allons approfondir cette présentation en cherchant à comprendre comment mettre en évidence cet aspect fonctionnel de l'émotion.

4 - La structure des émotions

Nous avons commencé notre étude à propos des émotions en faisant allusion à des caractères généraux puis à des fonctions, nous poursuivons avec plus de détails maintenant en passant à l'aspect structurel.

En tant qu'expérience subjective, l'émotion possède une structure que l'on peut décrire en termes de métaprogrammes, néanmoins nous n'utilisons pas toutes les distinctions présentées dans les chapitres précédents, mais seulement quelques-unes qui sont représentatives et d'apparition fréquente auxquelles s'associent certains éléments du modèle de généralisation [1].

a. Métaprogramme d'un état intérieur et modèle de généralisation

Avec les distinctions des métaprogrammes, nous possédons un outil descriptif qui nous donne accès à la structure des émotions. Certaines émotions sont très voisines sur le plan de leur structure et ne diffèrent parfois que d'un seul élément, tel est le cas entre la frustration et la déception ; la première est active car la personne n'a pas atteint son but mais elle sait pourtant qu'elle peut l'atteindre et qu'il lui manque seulement de trouver le bon moyen. A l'inverse, la déception est passive, la personne qui éprouve cette émotion se rend compte qu'elle ne peut plus rien faire pour atteindre le but qu'elle s'était fixé. Pour le reste, la frustration et la déception sont très voisines.

Les émotions se composent de différentes distinctions des métaprogram-

1. Voir "Comprendre la PNL", le modèle de généralisation p. 126.

mes et du modèle de généralisation, cependant, ces deux outils n'ont pas la prétention d'en décrire toutes les subtilités. Par ailleurs, nous sommes conscients que chaque individu possède des particularités qui le différencient des autres, cela nous incite à faire preuve de prudence dans nos généralisations. Ainsi, lorsque nous cherchons à définir le métaprogramme d'une émotion, nous devons faire la part entre les différences interindividuelles et les composantes communes à la plupart des gens.

Le but que nous voulons atteindre en prenant connaissance de la structure des émotions, c'est une utilisation efficace de celles-ci. En effet, nous remarquons qu'il suffit parfois de changer un détail pour que l'ensemble se modifie, de même avec les émotions, nous pouvons agir sur un seul élément qui les compose pour les modifier dans un sens positif qui sert nos objectifs.

Nous avons longuement décrit les distinctions des métaprogrammes, en revanche, le modèle de généralisation n'a été que rapidement évoqué dans *Comprendre la PNL*. Ce modèle nous sert à comprendre comment nous donnons un caractère général à un événement, quels sont les détails qui nous permettent d'affirmer que l'expérience observée ou vécue va se répéter ou bien possède un caractère de stabilité dans le temps. Certains formateurs nomment ce modèle « schéma de prédiction », partant du principe qu'il donne les moyens de prévoir les comportements ; cette appellation nous semble faire double emploi avec l'objectif même de l'étude des métaprogrammes qui est précisément de réduire les incertitudes de la communication, en mettant au point des modèles qui permettent, grâce à l'observation d'éléments bien définis, de prévoir et même parfois de généraliser les comportements et les expériences subjectives.

— **Le modèle de généralisation comprend les éléments suivants :**
— **intensité,**
— **durée,**
— **séquence,**
— **fréquence,**
— **intervalle.**

Ces éléments interviennent de façon très inégale selon la subjectivité de chacun et les contextes observés, cependant, nous remarquons des tendances à utiliser plutôt tel élément que tel autre lorsque nous construisons nos certitudes et nos généralisations. Ce modèle participe bien entendu à l'élaboration de nos croyances en filtrant nos perceptions et en nous amenant à interpréter nos expériences.

Si quelqu'un affirme :
— Le marchand de journaux a toujours l'air de mauvaise humeur !
il peut fonder cette généralisation sur différents éléments.
— **L'intensité :** évaluation subjective d'un degré de *mauvaise humeur*.

— **La durée** : le temps que prend l'expérience pour se dérouler du début jusqu'à la fin, l'action de *vendre un journal à quelqu'un* représente-t-elle l'unité de mesure du temps ou bien la personne en utilise-t-elle une autre pour déterminer la durée de la mauvaise humeur ?

— **La fréquence** : à quel rythme des événements semblables se reproduisent-ils ? Et combien de fois le même événement doit-il se reproduire pour que la personne puisse le généraliser ? Quelle unité subjective du temps la personne utilise-t-elle pour définir *toujours, souvent, rarement,* etc.

— **La séquence** : l'ordre dans lequel se déroulent les événements est-il ou non pris en considération ?

— **L'intervalle** : quelle est la durée du laps de temps qui sépare deux événements semblables, c'est-à-dire la durée de la cause à effet ?

Pour ce qui concerne la structure des émotions, nous ne retenons de ce modèle que les notions d'intensité et de fréquence qui rassemblent un grand nombre d'informations.

Exercice 32 : Trouver le métaprogramme d'une émotion par groupes de trois à six personnes, quarante-cinq minutes.

1 - Le groupe établit une liste de trois ou quatre émotions qu'il souhaite explorer.

2 - Chaque personne individuellement pense à l'émotion en évoquant une expérience au cours de laquelle elle l'a éprouvée. Après en avoir construit une représentation très claire, chaque participant note les distinctions des métaprogrammes qui entrent dans son expérience subjective de l'émotion choisie.

3 - Ensemble, les participants font la synthèse de leurs expériences et mettent en évidence les caractères communs et les distinctions des métaprogrammes présentes pour chaque individu.

4 - On reprend ensuite à l'étape 2 pour une autre émotion.

Le but de cet exercice est de permettre à chaque personne de comparer son expérience avec celle des autres pour faire la part de sa subjectivité et découvrir ce qu'il y a de commun entre son expérience et celle des autres participants. En animation de groupe, il peut être intéressant de choisir une liste d'émotions que chacun souhaite explorer, de procéder à l'exercice et d'effectuer enfin une synthèse du travail des différents groupes, de façon à élargir l'expérience à un plus grand nombre de personnes. De plus, cet exercice permet d'accéder à la structure de l'émotion et d'en découvrir l'attribut fonctionnel. Il est utile pour l'exercice d'utiliser toutes les distinctions qui paraissent pertinentes à la fois dans les métaprogrammes et dans le modèle de généralisation.

Nous allons présenter maintenant les autres distinctions sélectionnées dans les métaprogrammes pour définir la structure des émotions.

b. Le cadre du temps

Parmi les autres distinctions des métaprogrammes, celle-ci revêt une grande importance pour situer l'émotion ; nous ne reviendrons pas en détail sur le cadre du temps étudié au chapitre 4 dans la catégorie des opérateurs. Cependant, nous rappelons au lecteur que le temps entre en jeu, d'une part comme référence, d'autre part en fonction des relations de cause à effet établies entre le passé, le présent et le futur.

Ainsi, nous nous posons la question de savoir si la personne qui éprouve une émotion donnée se réfère au passé, au présent ou au futur, ou bien encore si son émotion est la conséquence ou l'élément déclenchant d'une relation de cause à effet.

Imaginez la situation suivante : vous êtes à votre bureau et le téléphone sonne ; au bout du fil, vous reconnaissez la voix d'un de vos plus gros clients, il est très bavard et adore parler avec vous, vous savez que vous ne pourrez pas faire l'économie d'un bon quart d'heure de conversation et vous considérez pourtant la pile de dossiers accumulés que vous devez traiter de toute urgence ; vous éprouvez alors le détestable sentiment d'être dépassé, submergé, et vous avez envie d'éconduire votre interlocuteur. Cependant, vous vous en abstenez car vous êtes en train de penser que ce quart d'heure *perdu* pour les dossiers est un quart d'heure *gagné* pour la vente. La perspective de réaliser une bonne affaire vous aide alors à sortir de votre état de dépassement.

Quand nous vivons l'état intérieur appelé *submergé* ou *dépassé*, cela se situe dans le présent, nous voudrions que tout notre travail soit effectué dans l'instant présent. Or ce n'est pas possible parce que nous avons des limites et cela nous conduit à cette émotion. L'attribut fonctionnel de cette émotion nous indique que nous devons établir des priorités si nous voulons sortir de cet état désagréable. Déterminer des priorités, cela signifie comparer l'importance des tâches à accomplir, mais surtout définir un temps pour les actions à entreprendre. Lorsque nous nous sentons submergés, nous pouvons sortir de cet état en modifiant seulement notre attention par rapport au temps. C'est ce qui se passe dans l'exemple ci-dessus, car, en pensant à ce qui va arriver de positif si elle consacre un moment à son interlocuteur, la personne sort du cadre présent pour passer dans celui d'une relation de cause à effet *présent/futur,* ce qui modifie l'émotion négative *se sentir dépassé.*

Lorsque nous éprouvons du regret, cette émotion prend sa source dans le passé, nous utilisons le passé comme référence et nous formulons notre regret dans des affirmations ou des constatations telles que :

— J'aurais dû...

— Je n'aurais pas dû...

Si nous passons du passé au présent et au futur, cela modifie notre émotion et nous permet de sortir du regret :

— La prochaine fois, je dirai...

Exercice 33 : Individuellement

— Chercher une expérience qui provoque de l'appréhension.

— Obtenir une représentation claire de cette expérience.

— Tout en vivant mentalement cette expérience, porter son attention sur le présent.

Lorsque nous éprouvons de la crainte, de l'appréhension, de l'anxiété à propos de quelque chose, cette émotion nous conduit à vivre dans le présent des éventualités du futur qui, par définition, ne se sont pas produites. En changeant le cadre du temps, c'est-à-dire en passant du futur au présent, cela nous permet donc de modifier notre expérience d'appréhension, de crainte ou d'anxiété. A l'évidence, cela ne suffit pas car ces émotions sont autant de signes d'un manque d'informations à propos d'un événement à venir, cependant, il n'est d'aucune utilité de vivre à l'avance des éventualités désagréables dont on ne peut jamais être certain de l'inévitabilité par définition.

Pour certaines émotions, c'est donc sur le cadre du temps qu'il est pertinent d'agir si l'on veut en modifier l'expérience vécue.

c. Les opérateurs modaux[1]

Les opérateurs modaux définissent des lois dans la représentation du monde dans laquelle vit la personne. Certaines de ces lois sont plus impératives que d'autres, ainsi, nous nous sentons probablement plus engagés dans une décision lorsque nous la présentons ainsi :

— Je dois terminer ce travail avant la fin de la semaine,

plutôt qu'en utilisant un autre opérateur modal :

— Il faudrait que je termine ce travail avant la fin de la semaine.

La seconde affirmation pourrait faire penser qu'il y a un *mais* à la clé :

1. Se reporter aussi au chapitre 4.

— Il faudrait que je termine ce travail avant la fin de la semaine, mais je préfère m'occuper d'autre chose.

Alors que la première affirmation vaut par elle-même et implique de s'y conformer sans contester.

Ainsi, l'opérateur modal choisi caractérise la façon dont la personne se sent obligée, engagée dans une émotion. Certaines émotions sont très liées avec l'opérateur modal, le sentiment de responsabilité par exemple. Comment vous sentez-vous responsable en vous disant :

— c'est à faire,

— c'est à moi de le faire

ou bien

— je peux le faire ?

Selon les contextes, et selon les personnes, l'opérateur change, cependant nous pouvons établir une sorte de liste d'émotions et d'opérateurs modaux habituellement liés dans l'expérience.

Dans cette liste, l'opérateur modal représente un indicateur de l'émotion. Par exemple, *je dois* indique un état *contraint*, *submergé*, *obsédé*. L'observation de la personne complète en confirmant ou non qu'il s'agit bien d'une émotion de ce type. Pour conserver son aspect pratique, nous présentons les opérateurs modaux conjugués à la première personne du singulier.

opérateur modal	**émotion**
— j'ai besoin de [1]	être demandeur, dépendant.
— je dois	être contraint, submergé, obsédé
— je devrais	se sentir obligé
— j'aurais dû	culpabilité, regret
— je n'aurais pas dû	culpabilité, regret
— je pourrai	espoir, optimisme
— je peux	confiance, responsabilité, compétence
— je pouvais	déception
— je ne peux pas	déception, insuffisance
— je veux	motivation, attrait, intérêt, ambition
— je voudrais	velléité
— je ne veux pas	entêtement

1. L'expression "avoir besoin de..." est considérée ici comme synonyme de "il faut".

Il est bien évident que ces états intérieurs se composent de plusieurs éléments, cette liste n'a d'autre ambition que de montrer quels opérateurs modaux peuvent en faire partie. Il est important de prêter attention aux opérateurs modaux que la personne utilise pour faire part de son expérience. Dans un entretien, on peut chercher à savoir ce que notre interlocuteur entend par « sens des responsabilités » ; si nous prêtons attention aux opérateurs modaux qu'il utilise pour en parler, cela nous donne de précieux renseignements particulièrement sur le fait qu'il éprouve ou non cet état intérieur. En effet, si les opérateurs modaux peuvent varier d'une personne à une autre, leur présence ou leur absence représente un élément significatif à propos de l'émotion de la personne. Certaines émotions en effet ne peuvent se dispenser d'être exprimées autrement qu'avec la participation d'un opérateur modal.

Des questions telles que :

— Qu'est-ce qui vous prouve que vous êtes indépendant ?

— Qu'est-ce qui fait que vous êtes déçu ?

— Pour vous, que signifie avoir de l'ambition ?

font surgir des opérateurs modaux.

Dans des contextes de relation d'aide ou de développement personnel, nous rencontrons souvent des états intérieurs que la personne exprime en se disant coincée, ou bloquée. Typiquement, ces expériences sont formulées avec des négations, la personne s'exprime avec des « je ne veux pas » ou des « je ne peux pas » souvent liés d'ailleurs par une notion d'équivalence, le second tenant la place du premier. Pour aider la personne à sortir de ce blocage, nous pouvons, entre autres interventions, l'amener à changer d'opérateur modal pour exprimer son état : par exemple, transformer un sentiment d'impuissance en état de demande en passant d'un « je ne peux pas » à un « j'ai besoin de » ou à un « il me faudrait » a pour résultat de faire entrevoir à la personne de possibles ressources et modifie son émotion négative.

d. Actif et passif, éloignement et rapprochement

1. Actif et passif

Ces distinctions s'ajoutent aux précédentes et entrent dans la composition des émotions, elles concernent l'implication de la personne dans l'émotion. Il y a des états intérieurs actifs et d'autres passifs, ces deux distinctions n'ayant aucun autre caractère de valeur que l'adaptation de l'émotion au contexte.

Quand on se sent impliqué de façon passive dans une situation, cela conduit à ressentir des états de résignation, d'acceptation, de déception, d'espoir, d'attente.

A l'inverse, quand la personne est impliquée de façon active dans la situation, elle ressent de la curiosité, de la détermination, de la confiance en elle, de l'affection, mais aussi de la peur.

Certaines émotions se caractérisent par l'activité ou la passivité, et cela confirme l'observation des données précédentes. Une personne qui s'exprime avec des « je ne peux pas y arriver » se trouve, selon toute vraisemblance, impliquée de façon passive dans son émotion.

Pour détecter l'implication passive d'une personne, nous proposons quelques expressions caractéristiques :

— J'espère que...
— J'aimerais que...
— Ce serait bien si...
— Je souhaite que...
— Je n'y peux rien...
— Ce n'est pas de ma faute...

La personne qui utilise ces expressions se place en victime des événements, elle reconnaît son impuissance à agir sur ce qui est en train d'arriver. Pour tenter de faire basculer cette passivité, on peut utiliser des expressions telles que :

— Qu'allez-vous faire pour... ?
— Comment allez-vous vous y prendre pour... ?
— Quelle décision allez-vous prendre ?

Ces questions sont destinées à déconnecter la personne de son implication passive pour la faire passer dans une implication active. Ce n'est pas toujours facile, vous pouvez obtenir des répliques du style des suivantes :

— Quelle décision allez-vous prendre ?
— Il n'y a qu'à attendre !
— Qu'allez-vous faire pour résoudre ce problème ?
— J'espère que la conjoncture va s'améliorer et que cela résoudra ces difficultés !

Cependant, le simple fait de poser la question représente en termes de métaprogramme un *désaccord* par rapport au contexte de la passivité, cela suffit à légèrement modifier l'expérience de l'interlocuteur et peut donc l'amener à recadrer en mode actif ce qu'il vit passivement.

2. Rapprochement et éloignement

Ces deux distinctions complètent les éléments composant les émotions, nous les avons présentées au chapitre 3 comme entrant dans la catégorie des réponses comportementales. Nous rappelons très brièvement qu'elles définissent la façon dont la personne réagit face à certaines situations. Soit elle se décide à agir pour éviter quelque chose, il s'agit alors d'une réponse d'*éloignement* ; soit elle décide d'aller vers quelque chose et, dans ce cas, il s'agit d'une réponse de *rapprochement*. Nous avions également montré les recoupements de ces deux distinctions avec celles de la vaste catégorie des réponses dites *en accord* et *en désaccord,* pour mettre en évidence que les réponses d'*éloignement* sont parfois jumelées avec celles *en accord*, tandis que celles de *rapprochement* apparaissent plutôt liées avec celles *en désaccord*.

Certains états intérieurs se définissent typiquement dans l'une ou l'autre catégorie.

La fidélité, la constance, la tranquillité, la réserve, la discrétion possèdent une caractéristique d'*éloignement* alors que l'ambition, le goût du risque, le désir, la séduction, l'idéalisme, l'infidélité sont des états intérieurs définis par une réponse comportementale de *rapprochement*.

L'*éloignement* et le *rapprochement* se combinent aussi avec le caractère actif ou passif, ainsi, lorsqu'on a un objectif dans une situation donnée, on se situe déjà dans le cadre de l'activité, lorsqu'on a pas d'objectif, on est dans un cadre passif. L'objectif peut conduire à agir pour s'éloigner ou se rapprocher de quelque chose ; une personne activement impliquée dans une action de *rapprochement* vit des états intérieurs spécifiques tels que la détermination, l'ambition, l'attirance, le désir, la curiosité, mais aussi la frustration ou la peur.

Si la personne est activement impliquée dans une action d'*éloignement* cela lui permet d'éviter de répéter des erreurs et, par extension, les attitudes de prévoyance, de prévention, de préservation, de protection.

Lorsque nous sommes impliqués de façon passive dans une action, cela s'associe fréquemment avec une réponse d'*éloignement* produisant des émotions telles que l'ennui, le sentiment de solitude, l'apitoiement sur soi-même. Et, enfin, lorsque nous trouvons une association entre passivité et réponse de *rapprochement,* nous rencontrons des états intérieurs tels que la patience ou l'espoir.

e. Les comparaisons

Cette distinction appartient à la catégorie des réponses comportementales *en désaccord*, elle représente un élément entrant dans la composition de beaucoup d'émotions. Lorsqu'on se sent insuffisant, il existe dans la plupart des cas une comparaison entre ce que l'on est ou fait et ce que sont ou font les autres. Ce type d'émotion se vit généralement de façon très désagréable, la personne effectue des raccourcis et des jugements de valeur confondant l'individu et les comportements, évaluant l'un à la place des autres. Il est possible de modifier considérablement l'expérience de quelqu'un qui souffre de cette émotion nommée *insuffisance* en lui faisant effectuer des comparaisons d'une autre sorte, par exemple comparer ce qu'il réalise aujourd'hui et ce qu'il réalisait quelques années auparavant dans un domaine où il a progressé. En procédant ainsi, on garde la comparaison en tant que moyen en se contentant de modifier le contenu.

Les comparaisons *soi/autres* entrent aussi dans la composition de la jalousie ; lorsque la personne s'interroge :

— Mais qu'est-ce qu'il(elle) a de plus que moi ?

elle se met en compétition avec un rival et, là encore, souffre de ce qu'elle compare entre eux des éléments incomparables. En effet, nous présupposons que nous ne pouvons pas comparer la valeur humaine de deux personnes, mais seulement des faits, des résultats, des comportements qui ont une valeur dans leur contexte spécifique. Lorsque quelqu'un dit : « Il est meilleur que moi », il généralise un comportement spécifique à la globalité de la personne, il est beaucoup plus exact de dire : « Il est meilleur que moi pour la course à pied ! »

Pour comprendre comment les comparaisons composent certaines émotions, nous devons revenir sur leur mécanisme : pour comparer, nous avons besoin de deux éléments au minimum, l'un est représenté par ce que l'on rencontre et l'autre constitue le modèle, ou la référence. Quand on effectue une comparaison, on associe l'élément rencontré à l'élément référence et on cherche à savoir en quoi le premier s'accorde ou se désaccorde du second. Si la comparaison amène à constater un accord, cela génère des émotions telles que la satisfaction, si à l'inverse elle conduit à un désaccord, ce sont des émotions telles que l'insatisfaction ou la méfiance qui apparaissent.

Les comparaisons *soi/autres* associées à une implication passive produisent des états intérieurs où la personne se sent impuissante, victime des événements ; en revanche, lorsque les comparaisons *soi/autres* sont liées avec une implication active, cela produit de la combativité, l'envie de gagner, le sens de la compétition. Certaines émotions nécessitent la mise en œuvre, d'une comparaison il s'agit notamment de l'hésitation, l'incertitude, ou encore la confusion. Elles se caractérisent par le fait que celui qui les éprouve évalue, compare au moins deux options sans parvenir à trouver une solution *en accord* avec son critère ou son objectif. Lorsque l'issue *en accord* apparaît, cela conduit à une émotion différente qui peut être de la satisfaction, de la certitude, de l'assurance ou de la confiance, la comparaison a alors disparu.

f. L'intensité

Cette distinction appartient au modèle de généralisation présenté dans ce chapitre ; pour ce qui concerne les émotions, elle en définit le degré.

Il y a des émotions que l'on ne peut différencier autrement que par leur intensité variant de légère à forte, c'est le cas de la désapprobation, de l'irritation et de la colère ; ces trois états sont similaires, dans les trois cas, il s'agit d'un critère de la personne qui se trouve contredit, ou transgressé. Selon le degré d'importance accordé à ce critère cela produit une émotion qui varie d'une légère irritation à la colère ou même la fureur !

Il existe bien d'autres exemples où l'intensité de l'émotion joue un rôle considérable. C'est le cas de celui ou de celle qui, pour la première fois, a accordé la permission de minuit à sa fille : dès onze heures, il sursaute au moindre bruit dans l'escalier, se lève de son fauteuil chaque fois qu'il lui semble qu'une voiture s'arrête en bas de chez lui. Chaque minute qui passe augmente l'intensité de l'émotion. La préoccupation initiale devient de l'inquiétude puis se transforme en anxiété aux alentours de minuit moins cinq ! Cet exemple combine également une référence temps déterminante, en effet, la personne qui réagit de la sorte se conduit dans un futur imaginaire au lieu d'être dans le présent, cependant, c'est par une augmentation de l'intensité de l'émotion que cela se manifeste de façon flagrante dans son comportement.

Dans certaines interventions (dissociation VK, changement du vécu subjectif de l'histoire, association d'ancres), nous utilisons notre possibilité de faire varier l'intensité subjective d'une expérience pour renforcer des états de ressource, particulièrement lorsqu'on associe des ressources pour augmenter leur puissance. De la même façon, il est possible d'augmenter ou de diminuer l'intensité d'une émotion, on peut utiliser pour cela différents moyens ; dans la technique de fondu-enchaîné au chapitre 6, cela se fonde sur l'utilisation de données visuelles. On peut également se servir d'autres moyens d'accès en s'appuyant sur les systèmes de représentation sensorielles de la personne. Un sujet auditif est de toute évidence sensible à ce qu'on peut lui dire, et des mots appropriés ont tôt fait de faire varier l'intensité de son émotion.

Pour faire varier l'intensité des émotions chez une personne dont le système dominant est kinesthésique, un des meilleurs moyens, c'est d'établir un rapport solide, un contact très positif, puis de la guider vers l'état souhaité en utilisant le phénomène de mimétisme comportemental qui incite les partenaires d'une interaction à calquer leurs comportements les uns sur les autres.

g. La fréquence

Cette notion appartient également au modèle de généralisation présenté plus haut dans ce chapitre, elle s'en différencie cependant en ce qu'elle concerne le rythme de l'émotion et non la fréquence d'apparition de cette dernière. En effet, nous étudions certains éléments qui entrent dans la composition de l'émotion, la notion de répétition n'est donc pas pertinente ici.

Ce que nous appelons le rythme ou la fréquence d'une émotion, c'est une notion très subjective qui caractérise la façon dont la personne la ressent : est-ce quelque chose de lent ou de rapide ?

Cela n'est sans doute pas aussi évident que les autres éléments présentés jusqu'à présent, néanmoins, lorsque nous vivons un sentiment d'excitation, il se situe dans un rythme rapide qui se manifeste dans le comportement, à l'inverse lorsque nous nous sentons pleins de patience et de calme, nous vivons cela avec un rythme sensiblement plus lent. Lorsque nous évoquons la notion de fréquence, nous nous situons dans une perspective totalement subjective bien que le vécu lent ou rapide de certaines émotions se traduise dans des comportements observables. Dans certains cas, c'est précisément la fréquence de l'émotion qui est ressentie comme une gêne, par exemple lorsque nous sommes pressés, cela peut nous conduire soit à établir des priorités dans ce que nous devons faire, soit à faire précipitamment n'importe quoi. C'est cette dernière option qui nécessite un changement de fréquence. En prenant conscience de la trop forte accélération de son rythme, il demeure toujours possible de s'arrêter quelques secondes, pour respirer profondément et ralentir.

L'efficacité ne donne pas une impression de vitesse, la personne garde son calme et effectue ses tâches les unes après les autres en respectant un rythme adapté ; on observe au contraire le comportement typique des personnes qui *déplacent de l'air* sur un rythme rapide sans pour autant faire preuve d'efficacité.

Quand on se sent dépassé, pressé, stressé, on vit ces émotions avec une fréquence rapide. Les personnes qui éprouvent ces états les commentent fréquemment ainsi : « Je n'ai pas le temps de me retourner », « Je n'ai pas une minute à moi. » D'une manière générale, les états intérieurs que la personne décrit globalement par des affirmations telles que : « Je suis énervé » correspondent avec des rythmes rapides.

D'autres exemples aussi de fréquence rapide s'observent lorsque la timidité produit des comportements de précipitation (mots et gestes essentiellement).

Certaines émotions positives possèdent également une fréquence rapide, c'est le cas de la gaieté et du dynamisme.

Quand nous nous sentons en grande forme, avec une forte motivation pour faire des projets, entreprendre, bouger, créer, inventer, nous vivons cela subjectivement avec un rythme rapide, mais qui n'échappe cependant pas à notre contrôle comme dans les états intérieurs négatifs cités plus haut.

L'excitation et la curiosité se jouent sur des rythmes assez rapides également, en revanche, on trouve des rythmes lents dans des émotions comme la patience. En effet, pour pouvoir être patient, il est nécessaire de savoir différer l'atteinte d'un objectif, cela procède d'une référence future ; l'immédiateté d'un résultat étant par définition exclue dans la patience, cela implique un certain laps de temps entre le projet et ses résultats qui détermine donc un rythme lent.

La patience est un état particulièrement adapté lorsqu'il s'agit de cultiver des bonsaïs ou d'enseigner, aucune de ces activités ne produit de résultats immédiats.

Le calme, la tranquillité, la sérénité possèdent aussi des rythmes lents, il suffit pour s'en convaincre de se souvenir de la dernière fois où l'on s'est dit parce qu'on était vraiment très énervé : « Bon, il est temps de souffler un peu », on a accompagné cela d'un ou de plusieurs gros soupirs et cela a légèrement modifié notre émotion, juste assez peut-être pour qu'un certain calme s'instaure qui nous permette alors de réfléchir et de trouver la solution que la précipitation nous empêchait d'entrevoir.

Lorsque nous ressentons un besoin de calme, nous décrivons souvent cela avec un rythme lent qui nous permet de *prendre notre temps*, de *ne pas être bousculé*.

Certaines émotions négatives se vivent aussi sur un rythme lent, en l'occurrence, on peut citer dans cette catégorie le découragement, le désespoir, l'angoisse, l'abattement, le manque de motivation. Il nous vient parfois à l'esprit de dire, lorsque nous rencontrons quelqu'un qui se montre quelque peu abattu et peu motivé : « Il aurait besoin d'être secoué » ou encore : « Il faudrait qu'il bouge s'il veut en sortir ! » Ces expressions populaires proviennent selon toute vraisemblance de l'observation d'un rythme trop lent et celui qui affirme : « Il aurait besoin d'être secoué », formule en cela la nécessité qu'il ressent de changer le rythme pour changer l'expérience.

Si ces expressions formulent et décrivent la situation, elles ne la résolvent pas tant que ce n'est pas l'intéressé lui-même qui les utilise pour commenter ce qu'il ressent.

L'objectif de cette étude, c'est précisément de nous permettre de reconnaître les différents éléments qui composent nos émotions, sachant ce que nous pouvons rencontrer, cela nous donne aussi les moyens d'agir.

h. La dimension du fractionnement

Nous avons déjà évoqué cette distinction au chapitre 3 concernant les réponses comportementales, ainsi que dans les différentes techniques du menu d'influence sous la définition *chunk size, chunk up* et *chunk down*.

Rappelons seulement que la dimension du fractionnement désigne la quantité d'informations contenues dans le découpage subjectif de l'expérience. Si quelqu'un dit à son garagiste en lui confiant sa voiture à entretenir : « Je compte sur vous pour faire de votre mieux », il se situe dans une généralité et ne donne pas de détails, on dit qu'il utilise un fractionnement large ; s'il avait à la place donné des instructions précises quant à la nature, à l'ordre ou au nombre de tâches à effectuer, nous aurions parlé alors d'un fractionnement étroit s'intéressant pour le même contexte à des détails.

Quand on se sent débordé, on applique un fractionnement trop large, un grand nombre de tâches sont comprises dans le découpage de l'expérience et cela donne l'impression d'obstacles insurmontables. Au lieu de cela, si l'on considère une par une les tâches à accomplir et qu'on les classe par ordre de priorité pour l'objectif, on procède à un découpage étroit de l'expérience qui modifie considérablement l'émotion.

La dimension du fractionnement d'un état intérieur tel que *submergé* ou *débordé* est donc trop large, en la rétrécissant, on modifie la structure de l'état intérieur qui se transforme. En procédant de la sorte, on peut produire de l'efficacité ou de l'organisation qui requièrent un fractionnement étroit.

Les descriptions de comportements typiques d'un fractionnement large ou étroit de l'expérience permettent au lecteur de retrouver les états intérieurs qui en forment la base. Ainsi, pour parvenir à l'état intérieur spécifique d'objectivité qui donne la possibilité d'évaluer sa situation comme de l'extérieur et que nous appelons métaposition ou réponse témoin du processus, il est nécessaire d'appliquer un fractionnement large, en revanche, lorsqu'on est totalement impliqué dans le processus, le fractionnement est étroit, en d'autres termes, pendant qu'elle est dans l'action, la personne ne pense à rien d'autre et ne situe pas ce qu'elle fait ni ce qu'elle éprouve dans un cadre plus large.

Certaines émotions se caractérisent par un fractionnement large, nous avons évoqué le fait de se sentir débordé, submergé, mais aussi le découragement qui survient quand on entreprend des tâches trop importantes, mal mesurées qui, de ce fait, sont vouées à l'échec. Des émotions plus positives sont liées également à un fractionnement assez large, telles que le fait de se sentir solidaire ou soutenu par la solidarité, qui éloignent la personne de ses préoccupations personnelles et la font passer à un niveau collectif. L'optimisme met en jeu l'aptitude à comprendre ce que les différentes circonstances recèlent de positif ; d'une manière générale, la plupart des émotions qui permettent à celui qui les éprouve de se sentir transcender son cadre personnel pour passer dans une dimension ou un cadre plus vaste procèdent d'un fractionnement large.

Au contraire, les personnes qui se montrent irritables, pointilleuses, tatillonnes, qui « cherchent la petite bête », se trouvent dans un état intérieur caractérisé par un fractionnement étroit. Cet état intérieur maintient l'attention de la personne sur les détails, par exemple, vous pouvez trouver très irritant d'être sans cesse appelé au téléphone pour donner des renseignements, au bout du énième coup de fil, vous êtes carrément désagréable, pourtant, si vous appliquiez un fractionnement un peu plus large, vous pourriez vous réjouir de ce que l'ouverture de votre affaire suscite autant de curiosité et penser que tous ces appels proviennent de personnes qui peuvent devenir des clients.

i. Le critère

Nous avons gardé une des plus importantes notions pour la fin de cette présentation des éléments qui entrent dans la structure des émotions. En effet, le critère est dans tous les cas déterminant. Nous rappelons qu'en termes PNL le critère se définit comme la norme qui découle logiquement de la croyance qui l'a produit, le soutient et le maintient.

Par exemple, si nous appliquons la croyance formulée par l'affirmation suivante : pas de réussite sans travail, nous rencontrons des critères correspondant aux équivalences complexes de *réussite* et de *travail*. Le succès aux examens, la réussite professionnelle exprimée avec des chiffres ou des objectifs concrets ayant été atteints, la façon de travailler exprimée en unités de temps, ou en termes de productivité constituent autant de critères issus de la croyance.

Nous ne sommes pas toujours conscients des critères que nous appliquons, cela provient dans beaucoup de cas du fait que nous sommes très associés au processus de l'action en cours et que nous ne prenons pas toujours le temps, et n'avons pas systématiquement le réflexe de nous poser la question : « Qu'est-ce qui est vraiment important dans cette situation ? »

Connaître ses critères est aussi important que connaître son objectif ; nos comportements cherchent à satisfaire nos critères et ils y parviennent remarquablement bien, mais, comme nous ne nous interrogeons pas à leur sujet, nous nous retrouvons parfois en train de nous plaindre d'une situation que nous avons en fait cherchée et plus ou moins suscitée par nos comportements.

Vous vous plaignez d'être en retard et vous vous justifiez en accusant un collaborateur de se montrer trop bavard...

Jusqu'à preuve du contraire, il faut être deux pour bavarder ! [1] donc, vous vous êtes mis en retard parce que vous avez bavardé avec ce collabo-

1. Voir au chapitre 6 le métamodèle pour le langage et particulièrement les relations de cause à effet liées à des verbes "symétriques" qui impliquent la participation d'au moins deux personnes.

rateur, et ce comportement n'a été possible que parce qu'il satisfaisait un critère important à ce moment.

Bien entendu, nos critères changent ou plus exactement leur hiérarchie se modifie selon les circonstances et selon les émotions que nous ressentons. Généralement, nous retrouvons à peu près les mêmes critères dans la plupart des contextes que nous traversons. C'est une des raisons pour lesquelles il est important de noter l'émergence d'un critère important lorsque nous avons une tâche d'évaluation à effectuer. Ce critère valorisé que la personne applique dans un contexte lui sert selon toute probabilité, mais sous une autre forme, dans des situations différentes ; lorsqu'on découvre le critère, on découvre en quelque sorte le fil conducteur des comportements de la personne, il nous sert de guide et nous permet également d'accéder à la croyance comportementale dont il provient.

Nous ne devons jamais sous-estimer l'importance des critères, en fait, ils représentent une partie essentielle de notre subjectivité et c'est pourquoi ils donnent un sens à nos comportements. Si on omet de tenir compte des critères de notre interlocuteur, ce qu'il dit et ce qu'il fait n'a plus aucun sens car nous perdons de vue le *pourquoi* de ses comportements ; lorsque nous appliquons nos propres critères à la place de ceux de l'autre, nous effectuons un déplacement et modifions si considérablement notre compréhension de ses comportements que cela peut nous leurrer totalement à son sujet.

En s'interrogeant sur l'objectif, l'intention et la valeur d'une émotion, le critère apparaît. Des questions telles que :

— Lorsque j'éprouve cela, qu'est-ce que j'obtiens ?

— Lorsque j'éprouve cela, qu'est-ce que j'en apprends ?

— Qu'y a-t-il d'important dans cette émotion ? (Pour moi, pour les autres personnes concernées ?)

sont destinées à nous aider à discerner les critères que nous appliquons dans nos émotions.

j. Résumé et utilisation

Au terme de cette présentation des différents éléments composant les émotions, nous avons rassemblé les distinctions suivantes :

— **le cadre du temps**

— **les opérateurs modaux**

— **l'activité et la passivité**

— **les comparaisons**

— **l'intensité**

— **la fréquence**

— **la dimension du fractionnement**
— **les critères**
Nous allons maintenant à l'aide de ces éléments étudier quelques exemples d'émotions.

Exemples :
1) La paresse

Quand nous évoquons la paresse, nous parlons de cet état intérieur spécifique qui nous incite à ne pas faire ce que nous devrions faire ; cette émotion se vit plus ou moins positivement selon que nous sommes accessibles ou non à des sentiments de culpabilité. La paresse se traduit et parfois se confond aussi avec un manque de motivation. Si nous étudions sa composition, nous trouvons :
— **le cadre du temps : présent,**
— **les opérateurs modaux : « Je devrais... mais je ne veux pas »,**
— **la passivité,**
— les comparaisons sont absentes ou peu significatives,
— l'intensité est ici peu significative,
— **la fréquence : lente,**
— la dimension du fractionnement étroite (la personne est centrée sur elle-même) ou peu significative,
— **le critère : soi.**
Nous remarquons que certaines distinctions ne sont pas significatives, c'est-à-dire qu'elles peuvent varier sans que cela change grand-chose à l'ensemble, du fait qu'elles ne le caractérisent pas de façon déterminante. Pour la paresse, c'est le cas des comparaisons, de l'intensité et de la dimension du fractionnement.
Imaginons que nous voulions transformer cette paresse en curiosité, que nous faudrait-il changer en termes d'éléments entrant dans la structure ?
Nous considérons que la curiosité se manifeste dans des comportements de découverte, de remise en question, de recherche. Quand nous éprouvons de la curiosité, nous sommes animés d'une énergie qui nous pousse à l'action, il y a un désir de posséder une information que nous n'avons pas mais que nous savons exister et que nous supposons utile pour notre objectif. Nous nous situons dans une relation de cause à effet *présent/futur* en agissant dans le présent pour découvrir quelque chose dans le futur ; le fait de croire à l'existence de ce que nous cherchons justifie l'utilisation du modal *pouvoir* (je peux car je le veux) ; cette mise en œuvre s'effectue dans un cadre *actif*, en comparant ce que l'on possède avec ce que l'on

veut et peut posséder, la réponse comportementale est donc un *désaccord* avec comparaison. La curiosité se joue sur une fréquence rapide, et le critère se formule en utilisant des mots tels que *savoir, découvrir, connaître, apprendre*. La dimension du fractionnement n'est pas très significative, mais elle est généralement plus large que celle de la paresse.

Curiosité	**Paresse**
présent/futur	*présent*
« Je peux », « je veux »	« je devrais..., mais je ne veux pas »
actif	*passif*
désaccord	
fréquence rapide	fréquence lente

Si nous comparons les distinctions entrant dans la composition de la paresse et de la curiosité, nous remarquons que ces deux états diffèrent essentiellement sur quatre points.

— le cadre du temps,
— les opérateurs modaux,
— l'activité et la passivité,
— la fréquence.

Ces quatre points nous indiquent ce qu'il va nous falloir modifier pour passer de la paresse à la curiosité. Imaginons que nous voulions convaincre notre paresseux de passer enfin à l'action, il va falloir que nous lui offrions d'obtenir quelque chose de plus intéressant que ce qu'il possède afin qu'il puisse effectuer des réponses *en désaccord* en comparant ce qu'il a et ce qu'il pourrait avoir.

Ou bien, nous pouvons jouer sur son implication et transformer sa passivité en activité en l'amenant à se poser des questions à propos de l'objectif qu'il cherche à atteindre ; en procédant de la sorte, nous utilisons également une relation de cause à effet *présent/futur* (qu'est-ce que ce comportement présent va avoir pour conséquence dans le futur ?).

Si nous voulons travailler sur la fréquence, nous pouvons utiliser des informations visuelles ou auditives se déroulant sur un rythme rapide ; il est en effet difficile de demeurer paresseux en même temps qu'on écoute une musique très rythmée qui incite à bouger.

Nous pouvons aussi bien nous satisfaire de notre observation et laisser notre paresseux à sa paresse.

Toutefois, lorsque nous nous sentons paresseux et que nous voulons sortir de cet état, le fait de connaître les points pouvant nous servir à le modifier nous aide à y parvenir plus rapidement.

5 - Stratégies pour apprendre à adapter ses émotions

L'observation comparative de deux émotions nous fait accéder à la structure de celles-ci comme le montre l'exemple précédent, c'est également le point de départ d'un très important modèle développé par la PNL : **les chaînes génératives.**

On appelle **chaîne générative** une succession d'états intérieurs voisins qui objective une transition.

Deux constatations forment la base des chaînes génératives, d'une part l'observation que les émotions peuvent se modifier, se transformer, et d'autre part que les émotions peuvent être décomposées en éléments comme nous venons de le montrer.

Ainsi, on passe d'un état intérieur à un autre, puis à un autre ; à chaque fois, le changement n'affecte qu'un ou deux éléments, au bout de trois à cinq états différents, on s'aperçoit que l'état initial est complètement modifié, c'est ainsi que l'on est passé du désespoir à la confiance, de la colère à la sérénité, de l'abattement à l'énergie. Ces phénomènes se rencontrent quotidiennement, nous savons tous plus ou moins consciemment les mettre en œuvre. Par exemple, nous avons tendance à oublier les éléments négatifs d'une expérience pour ne garder dans le souvenir éloigné que ses aspects positifs ; cette possibilité d'oubli nous permet de sortir d'états intérieurs pénibles, douloureux, difficiles et cela se produit d'une façon que nous qualifions de *naturelle* car il nous semble ne jamais l'avoir apprise. Ainsi, on définit par l'expression **chaîne générative** l'aptitude à passer d'un état intérieur à un autre en suivant un certain nombre d'étapes. En tant que technique d'intervention, une chaîne générative est destinée à permettre à une personne de passer d'un état intérieur négatif à un état intérieur positif en effectuant une suite d'ancrages des états intérieurs intermédiaires entre le premier et le dernier, pour réaliser précisément une chaîne liant les différents états les uns aux autres.

Nous allons présenter cette technique[1] sous forme d'exercice avec deux personnes et des variantes spécifiques à réaliser individuellement à la fin de ce chapitre. Le travail de développement personnel qui conduit à apprendre à se servir de ses émotions est peut-être plus qu'un autre adapté à l'exercice individuel, car il s'effectue sous forme de réflexion, de dialogue intérieur, de création d'images ou de représentations personnelles de situations.

Nous allons donc présenter successivement les outils permettant à chacun de travailler à utiliser ses émotions individuellement et terminerons avec le plan de la technique appliqué à l'intervention dans la relation d'aide, puis par quelques exemples de chaînes génératives.

Notre démarche s'établit ainsi :

— déterminer l'état intérieur que nous voulons étudier, modifier ou éprouver,

— appliquer la stratégie choisie.

1. Déterminer l'émotion

Avant d'entreprendre un travail quel qu'il soit, nous posons les données du problème, c'est une forme de la stratégie d'objectif qui consiste à chercher et à identifier l'émotion spécifique que nous voulons mettre en évidence. Le travail qui consiste à déterminer ou à sélectionner l'émotion avec laquelle nous allons agir est destiné à vérifier que nous travaillons bien sur l'émotion réellement en cause dans le contexte envisagé.

Ce travail s'effectue dans le cadre du temps (*passé, présent, futur*). Leslie Cameron-Bandler et Michael Lebeau ont présenté ces modèles sous la forme d'exercices et de stratégies que nous avons adaptés. Ces stratégies représentent des moyens d'analyser les expériences en nous posant des questions et en faisant appel à notre imaginaire, elles découlent en droite ligne des autres démarches présentées au chapitre précédent et mettent en jeu notre aptitude à nous associer ou nous dissocier des expériences subjectives que nous vivons.

Pour commencer, nous déterminons les émotions grâce aux modèles *après, au cours de* et *avant*.

1. Se reporter au chapitre 6 pour l'enchaînement d'ancres.

a. Exercice 34 : Le modèle *après*, individuellement, en quatre étapes.

1re étape

Souvenez-vous d'une expérience que vous avez vécue d'une façon désagréable en raison surtout de ce que vous avez ressenti alors et posez-vous les questions suivantes :
— Que se passait-il ?
— Qu'est-ce que je voulais ?

2e étape

— Comment auriez-vous voulu réagir dans cette situation ?
Déterminez précisément le comportement que vous auriez souhaité avoir en répondant à la question.

3e étape :

— Quel émotion spécifique aurait-elle pu générer ce comportement ?

4e étape :

Après avoir trouvé quelle émotion aurait pu vous aider dans ce contexte, imaginez une situation semblable dans l'avenir et vérifiez si cette émotion est bien celle dont vous avez besoin pour produire le comportement que vous désirez.
Si ce n'est pas le cas, revenez à l'étape 3, modifiez l'émotion et passez à nouveau à l'étape 4 pour vérifier si elle convient.

b. Exercice 36 : Le modèle *au cours de*, individuellement, en six étapes.

1re étape

Quelque chose ne vous satisfait pas au cours d'une expérience que vous vivez fréquemment. Essayez de découvrir ce que vous ressentez à ce moment et comment cela détermine votre comportement.

2e étape

Prenez une grande inspiration, imaginez que vous êtes spectateur de votre action, et, de cette perspective, posez-vous la question de savoir ce que vous voulez, quel est votre objectif dans cette situation.

3e étape

Identifiez un ou plusieurs états intérieurs qui vous permettraient d'obtenir ce que vous voulez.

4e étape

— Quel comportement est-il issu directement de cet état intérieur que vous voudriez ressentir dans cette situation ?

— D'autre part, quels sont les comportements qui vous sont habituels lorsque vous ressentez cette émotion ?

— Ces comportements vous seront-ils utiles pour obtenir ce que vous voulez ?

Si la réponse à cette question est « non », revenez à l'étape 3 et choisissez une autre émotion.

5e étape

Imaginez que vous ressentez cette émotion, en quoi cela va-t-il modifier votre comportement ?

Vérifiez que vous atteignez l'objectif souhaité, ainsi que les conséquences pour les autres personnes éventuellement impliquées dans la situation.

6e étape

— Quels sont les moyens qui vous permettront d'avoir accès à cette émotion au moment utile ?

c. Exercice 35 : Le modèle *avant*, individuellement, six étapes.

1re étape

Décrivez une situation en faisant tout particulièrement attention à ce qu'elle contient d'habituel et de différent pour vous.

2e étape

Déterminez ce que vous voulez faire dans cette situation (vous amuser, venir en aide à quelqu'un, vous protéger...).

3e étape

Identifiez l'émotion que vous voulez ressentir dans cette situation.

4e étape

— Quels comportements sont-ils directement issus de cette émotion ?
— Lorsque vous ressentez cette émotion, quels comportements vous sont-ils habituels ?
— Ces comportements sont-ils bien ceux que vous voulez avoir dans cette situation ? Sont-ils en accord avec votre objectif, avec celui des autres personnes éventuellement impliquées ?
Si la réponse est « non », revenez à l'étape 3.

5e étape

Imaginez que vous êtes dans cette situation et que vous ressentez l'émotion que vous avez choisie, que se passe-t-il alors ? Les choses vont-elles dans le sens désiré ? L'émotion est-elle assez intense ? Est-elle appropriée ? (en cas de réponse négative, revenez à l'étape 3 et changez l'émotion sélectionnée).

6e étape

— Quels sont les moyens d'accès à cette émotion ?

2. Gérer les émotions

Ces trois modèles représentent des stratégies pour déterminer quelle émotion est utile dans un contexte donné ; la façon dont on trouve les réponses aux différentes questions donne en partie les moyens d'accéder aux émotions sélectionnées. Il est important à ce niveau de se souvenir des modèles pour accéder aux ressources, car les émotions adaptées aux situations dans lesquelles nous venons de les mettre en œuvre sur le plan imaginaire sont à considérer comme des ressources. Quand on a eu l'occasion de pratiquer les exercices du chapitre précédent et ceux destinés à l'entraînement individuel, cela offre la possibilité de découvrir son lieu de prédilection pour l'accès aux ressources. D'autre part, ces exercices peuvent servir de base à un entretien et à un questionnement, en formant le fil conducteur ou la stratégie de ceux-ci.

Après avoir déterminé de quelle émotion on a besoin, il reste une autre étape qu'on peut résumer par la question :
— Comment l'obtenir ?

Les modèles suivants proposent plusieurs moyens différents, nous les présentons sous forme d'exercices à pratiquer individuellement, cependant, ils peuvent aussi se transposer en modèles à réaliser avec un acteur et un sujet dans le cadre didactique et/ou pour le développement personnel.

a. L'auto-ancrage

Au chapitre précédent, nous avons décrit plusieurs façons d'ancrer (ancres kinesthésiques, visuelles ou auditives) appartenant à la pratique de la relation d'aide ou de développement personnel, ces techniques d'ancrages étaient destinées à être pratiquées par un acteur sur un sujet.

Cette fois, l'acteur et le sujet sont la seule et même personne, l'ancrage réalisé est un ancrage kinesthésique et nous procédons en sept étapes selon le plan détaillé proposé par Leslie Cameron-Bandler et Michael Lebeau.

Exercice 36 : L'auto-ancrage en sept étapes.

1re étape

Sélectionnez et identifiez une émotion que vous souhaitez ressentir.

2e étape

Souvenez-vous d'une expérience passée au cours de laquelle vous avez pleinement éprouvé cette émotion. Quand c'est fait, serrez ou pressez légèrement vos mains l'une contre l'autre. (vous pouvez utiliser n'importe quel autre signal de votre choix, pouvu qu'il s'agisse d'un geste léger et discret).

3e étape

Souvenez-vous de cette expérience passée en évoquant ce que vous avez vu, entendu et surtout éprouvé alors.

4e étape

Lorsque vous vous sentez complètement immergé dans cette expérience, augmentez progessivement l'intensité du signal (en serrant plus fort vos mains ou en accentuant le signal que vous avez choisi). C'est votre ancrage qui est en train de s'établir en s'associant à l'émotion.

5e étape

En maintenant votre ancrage, revenez à la situation présente en conservant votre émotion. Cependant, si elle disparaît, répétez les étapes 2, 3 et 4 et refaites l'ancrage.

6e étape

— Que ressentez-vous maintenant ? Répétez le travail (étapes 2, 3 et 4) si besoin est, afin d'arriver à déclencher l'émotion choisie et à la maintenir après que vous ayez relâché l'ancrage.

7e étape : Vérification

Imaginez en activant votre ancrage une situation future au cours de laquelle vous allez avoir besoin de cette émotion et vérifiez que votre ancrage s'adapte bien à ce que vous attendez. Si vous n'obtenez pas le résultat voulu, il va vous falloir répéter le processus en changeant peut-être d'émotion ou bien en renforcant celle que vous avez choisie ; pour ce faire, ajoutez d'autres expériences passées contenant cette émotion. (voir au chapitre 6 comment associer des ancres pour les renforcer).

b. Schématiser une émotion

Ce modèle est destiné à nous permettre d'utiliser les différents éléments entrant dans la structure des émotions, il recoupe en partie le travail de mise en évidence des distinctions des métaprogrammes, mais en plus succinct, ce qui permet de gagner du temps.

Exercice 37 : Individuellement, en quatre étapes.

1re étape

Identifiez une émotion que vous ressentez.

2e étape

Identifiez les composants significatifs (cadre du temps, opérateurs modaux, *actif/passif,* comparaisons, fréquence, intensité, dimension du fractionnement, critères) de cette émotion en vous posant les questions suivantes :

— Qu'est-ce qui me permet de savoir que je ressens cette émotion et non une autre ?

— Quelles sont les différences entre cette émotion et une autre ?

3e étape

Apportez des modifications qualitatives et/ou quantitatives à l'un des composants identifié comme significatif pour cette émotion, puis faites le même travail avec un autre composant.

4e étape

Notez en quoi cela modifie l'émotion.

Cet exercice a pour but :
— d'apprendre à reconnaître rapidement les composants significatifs d'une émotion ;
— d'apprendre à modifier ces composants.
Après avoir effectué cet exercice, nous allons passer à un autre, destiné celui-là à appliquer l'apprentissage effectué pour modifier une émotion négative.

c. Remanier une émotion négative

L'exercice que nous présentons maintenant représente une étape préliminaire à l'étude des chaînes génératives, il a pour but de permettre de travailler sur une émotion négative et d'apprendre à la transformer ; nous conseillons au cours de cet exercice d'essayer de reconnaître des étapes dans l'évolution entre l'émotion initiale et celle à laquelle on parvient.

Exercice 38 : Individuellement, en quatre étapes.

1re étape

Essayez de prendre conscience des composants significatifs d'une émotion négative que vous ressentez.

2e étape

L'un après l'autre, comme dans l'exercice précédent, modifiez les composants significatifs de cette émotion sur le plan quantitatif et qualitatif.

3e étape

Evaluez les modifications que cela apporte à l'émotion négative initiale, et ce que vous devez changer pour qu'elle devienne acceptable.

4e étape

Continuez ce travail jusqu'à ce que vous obteniez une émotion acceptable.

Tous les exercices présentés ici sont fondés sur l'aptitude à se dissocier, à prendre du recul par rapport à une situation et à utiliser son imagination pour tester différentes options. Il arrive souvent que la pratique de ces exercices nous fasse découvrir que nous ressentons en fait autre chose que ce que nous croyons ressentir. Il existe chez certaines personnes des confusions entre les émotions ressenties réellement et celles dont elles ont conscience.

C'est le cas de la colère qui n'est pas toujours *acceptable* dans le contexte personnel de l'individu et qui se transforme en désespoir, dépression ou une autre émotion. En explorant les différents éléments qui composent nos émotions, nous pouvons ainsi arriver à reconnaître très précisément ce que nous éprouvons, et en même temps cela enrichit notre palette émotionnelle et nous aide à acquérir une attitude active par rapport à ce que nous ressentons.

d. Exprimer une émotion

A présent, nous allons étudier un modèle destiné à nous permettre d'explorer nos moyens d'expression. Nous avons souligné dans ce chapitre, et à maintes reprises au cours de ce travail, que beaucoup de problèmes de communication provenaient d'une expression inadaptée.

Une émotion s'exprime dans un comportement ; lorsque celui-ci est en désaccord totalement ou partiellement avec l'état intérieur, cela produit une incongruence. La difficulté se relie au fait que, pour juger des éventuelles incongruences dans l'expression, nous devons faire la part entre nos propres équivalences complexes pour cet état intérieur et parvenir à ne retenir que quelques points figurant obligatoirement dans l'expression congruente d'une émotion.

L'exercice d'expression que nous proposons va nous y aider.

Exercice 39 : Exprimer une émotion, individuellement, en huit étapes.

1re étape

Identifiez une émotion que vous avez exprimée d'une façon que vous jugez insatisfaisante.

2e étape

Déterminez l'objectif que vous voulez atteindre grâce à l'expression de cette émotion.

3e étape

Imaginez environ cinq expressions possibles de cette émotion en vous servant de votre propre expérience aussi bien que de celle d'autres personnes que vous avez observées.

4e étape

Pour chaque expression, imaginez un petit film dans lequel vous vous mettez en scène éprouvant cette émotion et l'exprimant avec le comportement auquel vous avez pensé.

— Evaluez si cela vous convient, c'est-à-dire si cette expression vous permet d'obtenir votre objectif. Si c'est non, revenez à l'étape précédente et construisez des expressions différentes.

5e étape

Sélectionnez l'une des expressions et vérifiez-la de nouveau afin d'être certain qu'elle vous permet d'atteindre votre objectif.

6e étape

Entrez mentalement dans votre film et permettez-vous d'éprouver pleinement l'émotion.

7e étape

Pensez à une situation prochaine au cours de laquelle vous allez probablement éprouver cette émotion, et imaginez-vous en train de la vivre et de l'exprimer de la manière que vous avez choisie.

8e étape

Répétez l'étape 7 en vérifiant que l'expression choisie vous convient et est en accord avec votre environnement, comme vous le feriez pour vérifier la validité d'un objectif.

Cet exercice représente une mise en pratique de la plupart des techniques étudiées jusqu'à maintenant, il est présenté ici sous sa forme individuelle, mais rien n'empêche de l'adapter pour deux personnes dans un cadre de développement personnel ou de relation d'aide.

3. Les chaînes génératives

Comme nous l'avons évoqué au début de ce chapitre, les chaînes génératives sont des outils destinés à faciliter la transition entre une émotion négative et une émotion acceptable ou un état de ressource.

Tous les modèles de chaînes génératives procèdent de la même succession :

— **le déclencheur de l'émotion,**
— **le respect ou la prise en considération de cette émotion,**
— **la curiosité,**
— **l'assurance,**
— **la confiance.**

La chaîne générative utilise l'attribut fonctionnel de l'émotion pour créer un objectif. On enchaîne ensuite les différentes émotions existant entre celle de départ et celle d'arrivée définie par l'objectif. Ces étapes successives sont liées deux par deux avec des ancrages, ensuite ceux-ci vont être associés de façon à ce que le déclencheur de l'émotion négative conduise directement à l'état de ressource.

Ce type de chaîne se fonde sur une aptitude très largement partagée qui permet de passer d'une émotion à une autre, cependant, cette capacité naturelle de la pensée se manifeste souvent dans un sens désagréable, ainsi, il est fréquent de se sentir dépassé par les événements et que ce sentiment en déclenche un d'incapacité ou d'impuissance qui se transforme en désespoir et enfin en profonde dépression.

Sortir de cette émotion négative prend généralement plus de temps que d'y entrer lorsque cette stratégie s'applique sans participation volontaire de l'intéressé. Les chaînes génératives, cependant, représentent l'un des moyens les plus efficaces pour sortir d'une émotion négative car elles utilisent en effet le même véhicule que celui qui y a conduit la personne.

Nous allons présenter maintenant un modèle type pour installer une chaîne générative sous forme d'exercice avec deux personnes, puis des exemples de chaînes spécifiques à réaliser individuellement pour certaines émotions négatives.

a. Exercice 40 : Installer une chaîne générative en quatre étapes, deux personnes, un acteur et un sujet.

1re étape

L'acteur aide le sujet à identifier l'émotion négative qu'il ressent, il lui en montre l'attribut fonctionnel et, ensemble, ils construisent les étapes qui vont conduire le sujet de cette émotion négative à un état de ressource en fonction de l'objectif de l'attribut fonctionnel. Chaque fois qu'une étape est définie et une émotion spécifique déterminée, l'acteur donne un ancrage au sujet.

2e étape

L'acteur vérifie un à un les ancrages.

3e étape

L'acteur déclenche le premier ancrage et, quand il calibre la réaction associée à celui-ci, il active le deuxième ancrage en relâchant le premier, puis le troisième, etc. jusqu'à ce qu'il ait parcouru toute la chaîne et abouti à l'étape finale : l'état de ressource.

4e étape

Après avoir effectué l'étape 3, l'acteur vérifie que l'ancrage 1 déclenche bien toute la succession d'ancres. Puis, il demande au sujet d'imaginer une situation future au cours de laquelle il pourrait en toute logique éprouver l'émotion négative à partir de laquelle ils ont créé la chaîne générative. Lorsque le sujet en a construit une représentation, l'acteur déclenche l'ancre et vérifie le résultat.

Dans le cadre de relations d'aide ou de développement personnel, les chaînes génératives peuvent s'utiliser quel que soit leur point de départ, même et surtout s'il s'agit d'une émotion vécue comme très négative, voire même paralysante. Cependant, nous devons savoir que plus la personne vit cet état intérieur de façon négative, et plus nous devrons ajouter d'étapes pour atteindre un état de ressource. Il demeure possible de créer en plusieurs fois plusieurs chaînes, c'est-à-dire de se contenter d'étapes modestes conduisant vers l'objectif mais ne l'atteignant pas dès la première tentative.

Lorsqu'on pratique cet exercice avec deux personnes, en tant qu'acteur, il est impératif de s'assurer qu'on utilise bien les mêmes mots qu'emploie le sujet pour définir son émotion et les étapes intermédiaires, sinon, on risque de projeter ses propres critères et de compromettre le résultat.

Maintenant, nous allons passer à la forme individuelle des chaînes génératives en présentant des variantes appropriées à des émotions spécifiques. Pour d'autres émotions, le cheminement est similaire et ces exercices en constituent l'apprentissage.

b. Exercice 41 : Chaîne générative pour la frustration ; individuellement, en cinq étapes.

1re étape

Reconnaissez l'émotion que vous ressentez comme étant une frustration. Pour ce faire, vous pouvez en identifier les composants significatifs et l'attribut fonctionnel.

2e étape

Prenez conscience de ce que cette émotion est en train de vous apprendre grâce à son attribut fonctionnel. La frustration vous indique que vous devez mettre en œuvre d'autres moyens que ceux que vous utilisez habituellement pour atteindre vos objectifs. Il s'agit de modifier votre approche du problème.

3e étape

Essayez en vous posant des questions de savoir si l'objectif que vous cherchez à atteindre en vaut toujours la peine. Si cet objectif ne résiste pas au questionnement que vous appliquez, cela signifie que vous devez laisser tomber. Si votre objectif tient encore après le questionnement, passez à l'étape suivante.

4e étape

Vous vous souvenez à présent de situations passées au cours desquelles vous avez résolu des problèmes similaires en modifiant votre approche, et cela vous permet d'avoir conscience de votre compétence en ce domaine.

5e étape

Imaginez une situation future que vous trouvez frustrante et que vous résolvez en modifiant votre approche des problèmes.

c. Exercice 42 : Chaîne générative pour l'anxiété ; individuellement, en cinq étapes.

1re étape

Reconnaissez l'émotion que vous ressentez comme étant de l'anxiété (composants et attribut fonctionnel).

2e étape

Souvenez-vous que cette émotion vous indique qu'il existe dans votre expérience un événement à venir pour lequel vous manquez de préparation. L'anxiété est un signal qu'il peut être de la plus grande importance de reconnaître.

3e étape

Que pourriez-vous mettre en œuvre pour mieux vous préparer à ce qui va arriver ?
Faites l'inventaire des moyens dont vous avez besoin et de ce que vous pouvez faire.

4e étape

Retrouvez dans votre passé des expériences comparables au cours desquelles vous avez résolu votre difficulté en vous préparant sérieusement aux événements à venir.

5e étape

Imaginez-vous à l'avenir en train de vous préparer à relever un défi.

d. Exercice 43 : Chaîne générative pour le découragement ; individuellement, en cinq étapes.

1re étape

Reconnaissez que l'émotion que vous éprouvez est bien du découragement (composants significatifs et attribut fonctionnel).

2e étape

Prenez conscience du message de cette émotion, le découragement vous indique qu'il est temps de laisser tomber un objectif pour lequel vous vous êtes acharné en vain.

3e étape

Conscient de ce message, vérifiez s'il existe encore dans des limites acceptables quelque chose à faire pour cet objectif. Si votre réponse est « oui », reportez-vous à la chaîne pour la frustration. Si votre réponse est « non », passez à l'étape suivante.

4e étape

Souvenez-vous d'expériences passées que vous avez vécues et au cours desquelles vous avez laissé tomber un objectif, rappelez-vous comment ce changement d'orientation a permis à des opportunités positives d'apparaître. Rassemblez autant d'exemples qu'il vous paraît nécessaire pour que vous vous sentiez rassuré.

5e étape

Imaginez-vous dans une situation future en train d'abandonner un objectif que vous ne pouviez atteindre en faisant confiance à l'aptitude qui vous permet de le faire en temps utile.

Quelle que soit l'émotion négative de laquelle on souhaite sortir, il importe en premier de reconnaître qu'il s'agit bien de cet état intérieur et pas d'autre chose ; les exercices qui ont précédé étaient destinés à donner les moyens de le faire. Ensuite, on réfléchit à propos de l'attribut fonctionnel de l'émotion et on en déchiffre le message.

A partir du moment où le message de l'émotion est identifié, cela ouvre la voie à la curiosité et il devient alors possible de chercher à savoir comment faire pour en tenir compte.

L'étape 4 sert ensuite à localiser la ressource, c'est-à-dire une situation passée au cours de laquelle on a appliqué ce que l'on vient à l'instant de redécouvrir à travers le message de l'émotion. Enfin, l'étape 5 permet de faire une vérification dans une situation à venir.

Ce chapitre nous a permis de mettre en évidence plusieurs modèles dont l'objectif est de nous donner les moyens d'utiliser nos émotions en comprenant leur objectif. Nous avons d'abord évoqué les modèles de détection et de reconnaissance des émotions, ensuite ceux destinés à les gérer. Nous souhaitons, à travers cette approche, avoir offert au lecteur des outils de compréhension et de pratique qu'il pourra utiliser facilement pour son usage personnel et pour mieux comprendre les émotions de ceux qu'il côtoie dans son environnement.

Liste alphabétique des termes techniques de la PNL

A

— accord (voir aussi désaccord)

Les termes *accord* et *désaccord* correspondent aux verbes *to match* et *to mismatch* utilisés en anglais dans le langage de la PNL.

Une réponse comportementale est classée comme étant *en accord* lorsque celle-ci correspond à une mise en phase entre la position initiale et la réaction.

Exemple :

— Voulez-vous m'accompagner au cinéma ?

— Oui, qu'allons nous voir ?

Voir aussi *désaccord*.

— s'accorder

S'adapter, se mettre en phase, se synchroniser avec le comportement du partenaire dans l'interaction. Etablir le rapport équivaut à s'accorder.

— actif, activité

L'activité est une distinction des métaprogrammes entrant dans la catégorie des opérateurs ; on dit qu'une personne présente une attitude active lorsqu'elle s'estime globalement responsable de ce qui lui arrive et entre dans un processus de prise en charge personnelle des situations qu'elle rencontre.

— action

L'action est une distinction des métaprogrammes faisant partie des cinq orientations du traitement de l'information ; c'est une manière de classer les perceptions en fonction de leur caractère dynamique.

Exemple :

— Qu'avez-vous fait jusqu'à présent ?

— analogique (voir aussi digital)

Terme provenant de l'informatique et utilisé en PNL dans les expressions : éléments analogiques de la communication, marquage analogique.

Qualifie les signes non verbaux de la communication par opposition à digital (éléments digitaux de la communication) qui désigne les éléments verbaux, le contenu intellectuel du discours.

— ancrage

L'ancrage est une technique qui provient de la possibilité de créer des réactions conditionnées, c'est-à-dire des programmes comportementaux. Un ancrage est une information visuelle, auditive ou kinesthésique qui déclenche un programme (une séquence) de comportement.

— associé (réponse associée au processus)

On dit qu'une réponse comportementale est associée au processus lorsque la personne qui la produit n'est pas consciente de celui-ci, en d'autres termes lorsqu'elle n'est pas capable d'avoir par rapport au processus en cours une position méta.

— attribut fonctionnel d'une émotion

C'est le contenu du message qu'elle transmet à la personne qui la ressent.

Cette définition procède d'une aptitude à positiver les émotions vécues comme négatives qui représente une très importante partie de l'utilisation des émotions.

— auditif

Terme pouvant qualifier un système de représentation sensoriel ou encore (parfois) la personne qui utilise le système de représentation auditif, c'est-à-dire qui construit sa carte de la réalité essentiellement à partir d'informations auditives.

— AVKO, VAKO

Abréviations pour Auditif, Visuel, Kinesthésique, Olfactif.

C

— cadre du *comme si*

Technique d'accès aux ressources : on suggère à la personne de s'imaginer agissant *comme si* elle possédait les ressources requises dans le contexte en jeu ce qui lui permet d'expérimenter de nouveaux comportements.

— cadre de contraste

Technique de mise en évidence d'une ressource adaptée au contexte par différenciation entre l'état présent et l'état désiré.

— **calibrage, calibrer**

Observer les éléments visuels, auditifs et kinesthésiques qui caractérisent une personne à un moment précis de son expérience. Le calibrage se fonde sur le fait qu'un état intérieur spécifique détermine des éléments observables caractéristiques de ce dernier.
Il peut être intéressant de remarquer si l'on s'attache à calibrer plutôt visuellement ou plutôt auditivement.

— **cause à effet, relation de cause à effet**

Association logique au niveau subjectif de deux faits ; la relation de cause à effet signifie qu'un fait est la conséquence de l'autre. Ce type de relation prend place dans n'importe quel contexte. En PNL, on cherche à savoir quels sont les faits liés par la relation de cause à effet et comment ils sont organisés dans le temps.

— **centré sur soi**

Type d'organisation de l'index de référence où la personne ne tient compte que de ses propres critères.

— **Changement, changement du vécu subjectif d'une expérience passée, changement d'histoire**

Ces expressions désignent une technique d'intervention qui consiste à aider la personne à modifier (atténuer, positiver) sa perception négative d'une expérience passée.

— **chevauchement**

Le chevauchement est une technique qui sert à passer d'un système de représentation sensoriel à un autre. Si par exemple quelqu'un imagine visuellement une scène, on lui suggère les bruits associés à cette représentation, ainsi, le sytème auditif vient chevaucher le système visuel.

— **choses**

Lorsque la personne traite les informations qu'elle perçoit en s'orientant vers les choses, elle agit sur son environnement comme s'il était peuplé d'objets qu'elle peut manœuvrer à sa guise, classer, ranger, étiqueter, etc. Voir chapitre deux.

— **clés d'accès visuelles**

Cette expression désigne l'ensemble des mouvements involontaires des yeux traduisant l'évocation et la création consciente ou inconsciente d'images ou de sons, le dialogue intérieur et l'utilisation du système kinesthésique.

— **commandes imbriquées**

Technique de suggestion utilisée par Milton Erickson, définie par Grinder et Bandler dans *Trance Formation* comme entrant dans l'environnement syntaxique des présuppositions ou le modèle du langage de l'hypnose de Milton Erickson. Une commande imbriquée est un ordre que l'on insère dans une autre phrase, seul le marquage analogique permet de le reconnaître. Par exemple dans la phrase : « Vous ne s'avez pas si vous allez *fermer la fenêtre maintenant* ou attendre que le soleil se cache pour le faire », les mots en italique constituent la commande imbriquée, on ne peut distinguer à la prononciation « fermez » de « fermer » (en anglais, c'est encore plus simple), cependant, pour que la personne à qui cela s'adresse comprenne, il faut que ces mots soient associés à un autre signe spécifique afin qu'à un certain niveau de conscience ils soient reconnus comme appartenant à un même ensemble ; on y associe généralement une variation de la qualité de la voix (ton, volume, hauteur du son, rythme).

— **comparaison**

Omission par comparaison, réponse *en désaccord* par comparaison.

Dans le premier cas, il s'agit d'une transgression du métamodèle pour le langage par laquelle on attribue une valeur comparative à un élément en omettant de mentionner à quoi il est comparé, par exemple : « Les vacances à la montagne, c'est mieux ! »

Dans le second cas, cela désigne un type de réponse comportementale *en désaccord*. L'individu qui réagit ainsi a tendance devant chaque situation qu'il rencontre à mesurer entre elles des valeurs qu'il attribue subjectivement et à comparer ce qui se présente à lui de nouveau avec quelque chose qu'il connaît déjà ; il peut par exemple effectuer des comparaisons entre lui et les autres.

— **contester**

Refus d'accepter les propos de l'interlocuteur ; le terme contester regroupe plusieurs points du menu d'influence.

— **contexte**

Définit la situation et le type de situation dans lesquels on se trouve au moment de l'interaction. On définit un contexte à la manière des objectifs, en observant les règles d'une description utilisant des termes sensoriels (AVKO), et précisant les équivalences complexes impliquées.

— **contre-exemple**

En termes de métaprogrammes, il s'agit d'un type de réponse comportementale *en désaccord*.

Par rapport au menu d'influence, le contre-exemple est défini comme une technique de contestation.

— critère

Les critères sont des filtres subjectifs dont l'existence découle directement des croyances. Par exemple, si une personne croit que le monde est dangereux, elle peut avoir *la sécurité* comme critère et accorder plus ou moins de valeur à ce qu'elle rencontre selon que cela satisfait ou non son critère de sécurité.

— croyance, croyance comportementale

Terme souvent utilisé en PNL, il définit une certitude de la personne qui forme la trame et sous-tend ses comportements. On essaie de trouver la ou les croyances d'une personne et de les formuler en une phrase. La croyance est un présupposé, un filtre dont on se sert pour donner un sens à son expérience et qui génère les critères et les valeurs. La croyance en termes PNL n'a rien à voir avec une idéologie ou une religion à l'exception du fait qu'il s'agit, quand on a une croyance, de l'accepter sans la remettre en question. Les croyances ainsi définies par la PNL sont la plupart du temps inconscientes.

D

— déplacé, déplacement

Terme qualifiant une organisation de l'index de référence dans laquelle la personne applique ses critères à une autre.

— désactiver, désactiver une ancre ou neutraliser une ancre

Technique visant à annuler l'effet d'un ancrage.

— désaccord, réponses en désaccord

Voir aussi *accord*, réponses *en accord*.

Le terme *désaccord* correspond au verbe *to mismatch* utilisé en anglais dans le langage de la PNL. On dit qu'une réponse comportementale est *en désaccord* lorsqu'elle sort du contexte de la proposition qui l'a suscitée. On distingue trois expressions de réponses *en désaccord* : la polarité, le contre-exemple, la comparaison.

— digital

Se dit en opposition avec analogique des éléments verbaux, c'est-à-dire du contenu intellectuel du langage. On parle aussi d'éléments digitaux de la communication.

— **dimension du fractionnement ou *chunk size***

L'expression dimension du fractionnement correspond à l'anglais *chunk size* et sert à délimiter comment la personne découpe son expérience subjective. La notion de dimension du fractionnement s'applique en PNL à comprendre quelle est la partie de l'expérience traitée au plan subjectif ; quand quelqu'un s'exprime, comment fractionne-t-il ce dont il parle ? A-t-il tendance à passer à des niveaux logiques supérieurs (élargir le débat) ou bien s'intéresse-t-il plutôt aux détails (rétrécir le débat) qu'à l'ensemble ? Cherche-t-il des analogies ?

Dans le langage PNL, on retrouve le terme *chunk* sous les formes suivantes :

— *chunk up,*
— *chunk down,*
— *lateral chunking,*
— *chunk size.*

Pour les définitions et les illustrations de ces termes, se reporter au chapitre III.

— **dissociation, dissociation Visuelle-Kinesthésique**

La dissociation est un processus qui permet à la personne d'identifier deux ou plusieurs éléments comme étant différents et séparés les uns des autres.

La dissociation Visuelle-Kinesthésique est une technique d'intervention destinée à faire travailler mentalement la personne sur une image visuelle séparée des sensations kinesthésiques négatives qu'elle contient et/ou provoque. En maintenant la personne dissociée, on lui apprend à se distancer par rapport à ses difficultés.

— **distorsion**

La distorsion est un universel de modelage de l'expérience qui objective des processus de substitution et de modification des données perçues dans notre expérience.

— **divination**

La divination est une transgression du métamodèle pour le langage appartenant à la catégorie des distorsions. Elle consiste à projeter ses propres critères sur les autres et à penser à leur place, faisant alors comme si on lisait dans leur pensée.

E

— **éloignement (voir aussi *rapprochement*)**

Ce terme correspond à l'anglais *away* utilisé dans le langage PNL pour décrire ce type de réponse comportementale.

Les réponses comportementales dites *d'éloignement* concernent l'attitude des personnes qui s'engagent dans une action, une interaction, ou n'importe quel contexte pour s'éloigner de quelque chose ou l'éviter.

— **équivalence complexe**
L'équivalence complexe d'un critère se compose des éléments observables de ce critère. L'équivalence complexe est aussi parfois appelée **équivalence comportementale**.

— **état désiré (voir aussi état présent)**
L'état désiré, c'est l'objectif que la personne veut atteindre en entreprenant une démarche de changement. Dans le questionnement d'objectif, nous cherchons à faire préciser ce qui caractérise l'état présent et l'état désiré, et quelles sont leurs différences.

— **état intérieur**
Cité avec le comportement extérieur et les processus internes ou organisation intérieure comme étant un élément de base de l'expérience subjective de la personne.
L'état intérieur représente les conditions émotionnelles spécifiques déterminant un comportement.

— **état présent**
L'état présent, c'est le contexte initial du changement, il peut être exprimé en termes de comportement extérieur, état intérieur, processus internes, spécifiques à une situation donnée.

F

— **fondu enchaîné**
Technique d'intervention consistant à faire visualiser au sujet successivement deux images, l'une positive, l'autre négative, et à faire répéter l'opération de façon à ce que l'image positive prenne le dessus sur l'autre (voir chapitre VI).

— **fréquence**
La fréquence est l'une des distinctions du modèle de généralisation, elle est également utilisée en tant qu'élément entrant dans la composition des émotions (voir chapitre VII).

— **futur**
projeter au futur
Action d'imaginer ou de faire imaginer une situation donnée dans l'avenir.

futur référence
On dit qu'une personne a une référence située dans le futur lorsqu'elle agit dans le présent essentiellement en fonction de ce qui va arriver à la suite de son action.

G
— **généralisation**
Processus qui a pour effet de tirer une loi à partir d'un seul exemple. La généralisation fait partie des universels de modelage de l'expérience. Les généralisations se manifestent par des transgressions du métamodèle pour le langage.

I
— **incongruence/congruence**
On appelle incongruence en opposition avec congruence un désaccord observable dans le comportement entre les différents moyens d'expression de la personne ou entre son état intérieur et son comportement extérieur. On différencie les incongruences simultanées des incongruences séquentielles qui se remarquent lorsque deux comportements congruents mais contradictoires ou en désaccord l'un par rapport à l'autre se succèdent.

— **index de référence**
L'index de référence est le modèle du monde et l'ensemble des critères auquel l'individu se réfère pendant l'interaction en cours.

— **information**
Lorsque nous appliquons cette orientation au cours d'une expérience, cela nous permet de retenir et de sélectionner les informations que nous percevons en fonction de ce qu'elles apportent de nouveau ou de connu en termes de savoir ou de compétence dans ce contexte. Ensuite, le traitement *information* nous permet de trouver des mots pour exprimer ce que nous venons de rencontrer, afin d'analyser ce que nous pouvons en apprendre ou attendre d'une autre situation comparable en termes de connaissance.

K
— **kinesthésique**
Le terme kinesthésique est utilisé pour désigner les perceptions autres que visuelles et auditives, c'est-à-dire les perceptions du toucher, du goût et de l'odorat ainsi que les sensations internes et les émotions. Le terme kinesthésique définit un système de représentation sensorielle, ainsi que le choix des mots qui l'objective : on dit un système de représentation kinesthésique, des termes kinesthésiques.

L

— lieu

Traiter les informations perçues au cours des expériences en s'orientant vers le lieu consiste à les classer selon leur appartenance ou leur relation avec un endroit quelconque ou en provenance.

M

— menu d'influence

Ensemble de treize techniques utilisant le langage et destinées à réorienter ou à recadrer affirmations et présupposés.

— métamodèle pour le langage

Mis au point par Grinder et Bandler, présenté en détail dans *The Structure of Magic*, le métamodèle pour le langage est constitué d'un ensemble de techniques utilisant le langage pour contester ou clarifier le contenu des informations verbales que nous échangeons dans l'interaction.

— métaposition

Autre terme pour désigner les réponses témoin du processus, c'est-à-dire qui mettent la personne en situation de spectateur du déroulement des événements. Voir aussi réponses témoin et associées dans la catégorie des réponses comportementales des métaprogrammes.

— métaprogrammes

Les métaprogrammes sont un moyen de codage de ce qui apparaît dans la communication appartenir au monde subjectif, c'est-à-dire aux croyances comportementales et aux critères.

— modèle de généralisation

Ce modèle nous sert à comprendre comment nous donnons un caractère général à un événement, quels sont les détails qui nous permettent d'affirmer que l'expérience observée ou vécue va se répéter ou bien possède un caractère de stabilité dans le temps.

O

— objectif, stratégie d'objectif

On nomme objectif le but que la personne cherche à atteindre par un comportement spécifique. Dans le contexte du développement personnel, l'objectif est l'état désiré. La stratégie d'objectif est l'ensemble des procédés de questionnement permettant de faire exprimer l'objectif.

— **omission**

L'omission est un universel de modelage de l'expérience. C'est un processus qui filtre les données de l'expérience de façon à en masquer certaines. Les omissions qui se manifestent dans le langage constituent une transgression du métamodèle.

— **opérateurs**

Catégorie d'éléments des métaprogrammes, ils concernent les motivations de la personne en mettant en évidence ses références.

— **opérateurs modaux**

Variations (conjugaisons et synonymes) des verbes devoir, vouloir, pouvoir et falloir. Dans le cadre du métamodèle pour le langage, les opérateurs modaux indiquent une omission ; dans le cadre des métaprogrammes, ils indiquent la forme verbale de la motivation ou de l'engagement d'une personne dans une action.

P

— **passé, référence au passé**

On dit qu'une personne utilise le passé comme référence quand elle a recours de façon dominante à des explications ou des justifications issues du passé pour des événements présents ou futurs.

— **permuté, permutation**

Lorsque ce ne sont plus ses propres critères que l'on applique dans l'interaction mais ceux de l'autre ou de quelqu'un d'autre, on entre dans la catégorie *permutation*. Comme l'indique ce terme, nous n'utilisons plus notre jugement ni nos références, mais ceux de l'autre personne.

— **personnes**

Cette orientation du traitement de l'information concerne le fait de classer les informations venues du monde extérieur en fonction des êtres qui le peuplent.

— **polarité, réponses polarisées**

Réponse comportementale *en désaccord* se manifestant par une opposition, une contradiction, une prise de position antagoniste dans l'interaction.

— **présent, référence au présent**

On dit qu'une personne utilise une référence issue du présent lorsque ses comportements présents ou futurs sont expliqués ou justifiés par un argument tiré du présent.

— présent réceptif : *up-time*

Quand on est en présent réceptif, cela signifie que l'attention se porte essentiellement sur ce qui se passe dans l'environnement ; par exemple, si vous êtes en train de parler devant un groupe en étant vigilant aux signes de compréhension ou d'incompréhension émis par les participants, on peut dire que vous fonctionnez en présent réceptif.

— présent intérieur ou *down-time*

Quand on est en présent intérieur, cela signifie que l'on porte la majeure partie de son attention sur ce qui se passe en soi, on se centre sur ses impressions kinesthésiques, son dialogue intérieur ou l'on pense en images.

— processus internes (autre appellation de l'organisation intérieure, encore appelée *ordonnancement interne* par certaines écoles de PNL et correspondant à l'expression *internal computation* ou, plus récemment, *internal processes*)

L'expression *processus interne* remplace de plus en plus souvent celui d'organisation intérieure ou ordonnancement interne qui était supposé traduire *internal computation*.

Chez Cameron-Bandler et Lebeau, F. Stass, et A. Linden, on trouve *internal processes*, que nous traduisons par processus internes et qui correspond mieux à l'idée de séquence ou d'enchaînement qu'organisation intérieure.

Les processus internes correspondent à ce qui se passe dans notre pensée lorsque nous apprenons une compétence ou un comportement ; ils représentent l'aptitude à générer des programmes comportementaux et définissent des séquences : l'expression processus interne correspond au terme *programmation* de la PNL.

Q

— quantifieurs universels

Mots qui révèlent une généralisation : tout, tout le monde, personne, jamais, toujours, etc.

R

— rapport

En anglais *rapport*, ce qu'en PNL on nomme rapport, c'est le contact positif entre deux ou plusieurs personnes dans une interaction. Le rapport s'accompagne d'un mimétisme comportemental qui provient du fait de l'accord des partenaires de l'interaction (voir s'accorder).

— rapprochement (voir aussi *éloignement*)

Ce terme correspond à l'anglais *towards* utilisé dans le langage PNL pour désigner ce type de réponse comportementale. Les réponses comportementales de rapprochement se manifestent à l'inverse des réponses d'éloignement, c'est-à-dire qu'elles conduisent la personne à chercher à se rapprocher d'un objectif. Lorsqu'elle s'engage dans une action, c'est parce qu'elle espère obtenir quelque chose et non pour quitter ce qu'elle possède déjà.

— **recadrage**
Le recadrage est une technique d'intervention qui consiste à resituer un problème de façon à en faire ressortir des aspects différents et passés inaperçus jusqu'alors. Le recadrage peut être réalisé selon un protocole précis détaillé au chapitre VI ou bien en une seule phrase.

— **redéfinition, redéfinir**
Technique citée dans le menu d'influence. Redéfinir consiste à traduire ou utiliser ses propres mots à la place de ceux que l'interlocuteur a choisis pour s'exprimer.

— **référence extérieure (opérateurs)**
Une personne utilise une référence extérieure lorsqu'elle cherche en dehors de sa propre expérience les moyens d'assurer une croyance ou une certitude.

— **référence intérieure (opérateurs)**
Une personne utilise une référence intérieure lorsqu'elle puise en elle-même ses certitudes et ce qui motive ses comportements.

— **reformulation, reformuler**
Technique consistant à répéter ce que vient de dire son interlocuteur en y mettant le cas échéant une note interrogative. La reformulation doit inciter l'interlocuteur à continuer à parler.

— **répartition soi/autres**
La répartition *soi/autres* fait partie du traitement de l'information, elle s'applique à toutes ses orientations qu'elle accompagne et précise. Cependant, on la trouve parfois considérée en tant que telle, c'est-à-dire définissant une manière de traiter les informations orientée vers la personne elle-même ou vers ses interlocuteurs.

— **réponses comportementales**
Les réponses comportementales (appelées aussi *fonctions* par certains formateurs d'après le terme anglais *function*) désignent des réactions, des modèles de fonctionnement observables dans les comportements. Elles regroupent six différentes catégories qui permettent de découvrir à travers

les comportements d'un individu ses critères et ses modèles de fonctionnement ; ceux-ci, comme les orientations du traitement de l'information, n'ont pas valeur de jugement, ils vont nous offrir les moyens d'esquisser le méta-programme de notre interlocuteur et de déduire en fonction de cela les comportements compatibles avec cette organisation.

— ressource, état de ressource

Une ressource est un moyen défini comme utile par la personne pour atteindre son objectif. Par exemple, la confiance en soi peut être une ressource dans le contexte *parler en public*. L'état de ressource est l'état intérieur dans lequel la personne possède et applique le comportement adapté et défini comme une ressource.

S

— simultané, organisation de l'index simultanée, indexation simultanée, simultanéité

Nous appliquons une indexation simultanée quand nous demeurons conscients de nos propres critères tout en comprenant et tenant compte de ceux de notre interlocuteur. Il s'agit de faire cohabiter deux modèles du monde différents.

— stockage d'ancres (association d'ancres)

Technique destinée à renforcer un ancrage en y associant d'autres ressources.

T

— temps fluide, temps immobile (*in time, through time*)

Une personne fonctionne en temps fluide (cette expression correspond à *in time*) lorsqu'elle sait tenir compte de l'environnement du temps et des modifications qu'il impose pour s'y adapter. Une personne fonctionne en temps immobile, *through time*, lorsqu'elle maintient figés à travers le temps certains critères, comportements ou croyances.

Les notions de temps fluide et de temps immobile peuvent coexister chez la même personne dans des contextes différents.

— traitement de l'information

Le traitement de l'information porte parfois le nom de *catégories de tri*, traduction approximative de l'expression qu'utilisent les américains *sorting categories*.

Le traitement de l'information, c'est précisément la manière dont la personne prend en compte et donne un sens aux informations qu'elle recueille au cours des expériences vécues grâce à sa perception sensorielle. Le traitement de l'information comprend cinq orientations : action, information, lieu, personnes, choses et une répartition *soi/autres* applicable seule ou associée à chaque orientation. Ces orientations constituent les filtres à travers lesquels les informations sont traitées.

U

— **universels de modelage de l'expérience :**
Les universels de modelage de l'expérience sont des filtres qui agissent entre notre perception et la représentation linguistique de celle-ci d'une part, et la représentation linguistique de notre perception et les mots sélectionnés pour véhiculer un message destiné à la traduire d'autre part. On distingue l'omission, la généralisation et la distorsion.

Conclusion

Nous avons montré dans ce travail quels étaient à l'heure actuelle les derniers développements de la PNL et comment, à partir des techniques de base, s'étaient élaborées les techniques avancées présentées ici.

Nous espérons avoir traité des questions les plus importantes de façon détaillée tout en restant dans un cadre didactique ne s'éloignant jamais de l'aspect des applications pratiques d'une connaissance ou d'un modèle.

La tentation de l'emprisonnement théorique est permanente et nous la redoutons car nous savons qu'elle représente une menace pour le dynamisme de la PNL.

Les modèles présentés dans ce travail nous permettent une approche plus souple et plus nuancée des phénomènes de communication interpersonnelle. Comme les autres découvertes de la PNL, après avoir représenté une base de réflexion, ces modèles aboutiront à d'autres découvertes venant s'ajouter à ces connaissances. L'objectif PNL est d'améliorer notre compréhension des phénomènes de la communication et celle de la subjectivité de l'expérience ; nous travaillons en maintenant une double orientation, celle de l'information qui sert à dégager les structures de l'expérience, et celle indispensable de la personne qui donne sa dimension réelle à notre recherche.

Ce sont ces deux aspects qui garantissent le maintien de l'esprit d'ouverture, de tolérance et de créativité propre à cette démarche. Si nous sommes parvenus à les faire partager à nos lecteurs tout au long de ces pages, nous aurons atteint là un objectif essentiel.

Bibliographie

– Richard Bandler et John Grinder
The Structure of Magic,
éditions Science and Behavior Books, Palo Alto, 1976.
Reframing
Use your brain for a change,
Real People Press, Moab, Utah, 1985.
Traduit en français. *Un cerveau pour changer*,
Paris, Dunod, 2000.

– Gregory Bateson
Vers une écologie de l'esprit,
éditions Le Seuil, 1991.

– Leslie Cameron-Bandler, David Gordon, Michael Lebeau
The Emprint Method,
Know How,
éditions Future Pace Inc., San Rafael, 1985.

– Leslie Cameron-Bandler et Michael Lebeau
The Emotional Hostage,
éditions Future Pace Inc., San Rafael, 1986.

– Milton Erickson
L'Hypnose thérapeutique,
éditions ESF, Paris, 2000.

– Edward T. Hall
La Dimension cachée,
Le Langage silencieux,
La Danse de la vie
éditions Le Seuil, 1978, 1984, 1992.

– E. Herrigel
Le Zen dans l'art chevaleresque du tir à l'arc,
éditions Dervy-Livres, 1997.

– Genie Laborde
Influencing with Integrity,
éditions Science and Behavior Books et Syntony Inc., 1983.

– Stanley Milgram
Soumission à l'autorité,
éditions Calmann-Lévy, 1974.

– Carl Rogers, Max Pages
Le Développement de la personne,
éditions Dunod, 2005.

– Virginia Satir
People Making,
éditions Science and Behavior Books, Palo Alto, 1972.

– Daisetz T. Suzuki
Essai sur le bouddhisme zen,
éditions Albin Michel, 2003.

– Don-D. Jackson, Janet Helmick Beavin, Paul Watzlawick
Une logique de la communication,
éditions Le Seuil, 1979.

– Paul Watzlawick, John Weakland, Richard Fisch
Changements, Paradoxes et psychothérapie
éditions Le Seuil, 2000.

– Paul Watzlawick
Faites vous-même votre malheur,
La Réalité de la réalité,
éditions Le Seuil, 1990 et 2000.

Achevé d'imprimer en août 2007
sur les presses de la Nouvelle Imprimerie Laballery
58500 Clamecy
Dépôt légal : août 2007
Numéro d'éditeur : 3257
Numéro d'impression : 708073

Imprimé en France